히브리서
강 해

예수와 제사

히브리서 강해 **예수와 제사**

2013년 3월 4일 초판 1쇄 발행
2014년 8월 5일 초판 2쇄 발행

지은이 | 김서택
펴낸이 | 박영호
펴낸곳 | 도서출판 솔로몬

주소 | 서울시 동작구 사당로 155 신주빌딩 B1
전화 | 599-1482
팩스 | 592-2104
직영서점 | 596-5225

등록일 | 1990년 7월 31일
등록번호 | 제 16-24호

ISBN 978-89-8255-505-3 03230

히브리서 강해

예수와 제사

김서택

새 언약의 중보 히브리서 8:1-13

하나님의 아들 예수 히브리서 1:1-3

대제사장의 자격 히브리서 5:1-14

완전한 제사장 히브리서 7:1-28

우리가 히브리서를 연구하고 설교할 수 있다는 것은 놀라운 축복이며 매력이 아닐 수 없습니다. 우리가 음식을 먹을 때에 환자나 어린이들은 주로 죽 같은 유동식을 먹지만 운동선수나 육체 노동하는 사람들은 밥이나 고기를 든든하게 먹어야 힘을 쓸 수 있습니다. 마찬가지로 히브리서는 성경 전체에서도 아주 단단한 음식에 속하기 때문에 우리가 이것을 제대로 먹어서 소화를 하면 대단한 힘을 내게 될 것입니다.

구원의 필요성 히브리서 2:1-18

히브리서는 단순한 교리나 교훈집이 아니라 구약 성경을 통해서 예수님의 죽음이 하나님께 바쳐지는 제사였으며 그가 대제사장의 죽음을 죽으셨다는 것을 여러 논문형식으로 논증하고 있습니다. 그래서 구약 성경에 상당한 지식이 없는 분은 히브리서의 논리를 따라가는 것이 쉽지만은 않습니다. 그러나 저는 히브리서가 어느 누구나 이해할 수 있고, 우리 상황에 잘 적용될 수 있도록 쉽게 썼습니다.

그리스도 안의 새 생활 히브리서 13:1-9

믿음의 능력 히브리서 11:1-7

믿음의 경주 히브리서 12:1-13

New Testament

HEBREWS

솔로몬

차례

머리말

우리가 히브리서를 연구하고 설교할 수 있다는 것은 놀라운 축복이며 매력이 아닐 수 없습니다. 우리가 음식을 먹을 때에 환자나 어린이들은 주로 죽 같은 유동식을 먹지만 운동선수나 육체 노동하는 사람들은 밥이나 고기를 든든하게 먹어야 힘을 쓸 수 있습니다. 마찬가지로 히브리서는 성경 전체에서도 아주 단단한 음식에 속하기 때문에 우리가 이것을 제대로 먹어서 소화를 하면 거대한 힘을 내게 될 것입니다.

히브리서는 누가 썼으며, 누구에게 보낸 글인지 정확하게 알려지지 않고 있습니다. 어떤 사람은 히브리서에 대하여 말하기를 '사상은 바울의 사상이지만 문체는 다른 사람의 것이다' 라고 말하기도 합니다. 히브리서의 수신자는 유대교에서 개종한 예수를 믿는 사람인 것은 틀림이 없는데 이 사람들이 예루살렘에 거주했는지, 아니면 로마에 있었는지, 알렉산드리아에 있었는지, 쿰란 공동체에 있었는지 정확하게 알 수 없습니다. 그러나 히브리서 저자는 예수님은 십자가 위에서 우리를 대속하는 제사를 드리셨으며 대제사장으로 하나님의 보좌 우편에서 지금도 우리를 위하여 일하고 계신다는 것을 분명히 밝히고 있습니다.

히브리서는 단순한 교리나 교훈집이 아니라 구약 성경을 통해서 예수님의 죽음이 하나님께 바쳐지는 제사였으며 그가 대제사장의 죽음을 죽으셨다는 것을 여러 논문형식으로 논증하고 있습니다. 그래서 구약 성경에 상당한 지식이 없는 분은 히브리서의 논리를 따라가는 것이 쉽지 않습니다.

그러나 저는 히브리서를 누구나 잘 이해할 수 있고 현재 우리 실정에 잘 적용될 수 있도록 쉽게 설교하려고 애를 썼습니다.

저의 히브리서 강해는 일전에 『대제사장 예수』라는 제목으로 이미 빛을 보았습니다. 그러나 출판사 사정도 있고, 내용 중에 시간이 지나 적절하지 못한 예화들을 조금 수정해서 솔로몬 출판사를 통해서 『예수와 제사』라는 제목으로 다시 출판을 하게 되었습니다. 독자 여러분들의 양해를 바라며 이 설교집을 통해 히브리서를 다시 한 번 깊이 이해하고 축복받는 기회가 되시기를 바랍니다.

대구 수성교 옆에서
김서택 목사

CHAPTER • 01

하나님의 아들 예수

히브리서 1:1-3

우리가 히브리서를 보면 어떤 수준 높은 논문을 보는 것 같은 느낌이 들 정도로 그 내용이 어렵습니다. 예를 들어, 컴퓨터 프로그램 중에서 가장 핵심적인 기술은 보통 사람들이 보면 무엇인지 도저히 알지 못할 것입니다. 그러나 전문가들이 그런 기술이나 프로그램을 본다면 이것이 얼마나 중요한 것인지 알고 긴장을 하게 될 것입니다. 마찬가지로 히브리서는 성경 중에서 가장 수준이 높은 내용을 가진 서신이라고 말할 수 있습니다. 기독교 진리는 많은 내용이 있습니다. 그 중에는 하나님에 대한 지식도 있고 성령이나 교회에 대한 진리 혹은 우리의 중생이나 성화에 대한 진리도 있습니다. 우리 기독교 진리 중에서 가장 어려운 진리가 하나님의 아들 예수 그리스도에 대한 진리이고 그 중에서도 예수님의 대속의 죽음에 대한 것입니다. 그래서 어떤 사람들은 예수를 믿는다고 하면서도 예수님의 대속의 죽음은 믿지 못하겠다는 사람들도 있습니다.

그러나 옛날 청교도들은 예수님의 대속의 죽음과 십자가에 대한 진리를 사랑하였습니다. 그래서 그들은 일 년에 한 차례씩 따로 시간을 내어서 예수님의 대속의 죽음에 대한 설교를 하루 종일 들었다는 기록이 있습니다.

히브리서는 바로 예수님의 죽으심이 어떻게 우리의 모든 죄를 대신하는 제사가 될 수 있었는가 하는 것을 논증하는 편지입니다. 히브리서가 히브리서라는 이름이 붙게 된 것은 이 서신이 어떤 히브리인들에게 보내어졌다고 생각하기 때문입니다. 그러나 솔직히 말해서 히브리서는 누가 기록한 글인지, 또 누구에게 보내어졌는지 분명하지 않습니다. 단지 히브리서는 예수님이 하나님의 아들로서 우리 인간들의 모든 죄를 대신하는 대속의 죽음을 죽으셨다는 것을 탁월하게 논증하고 있습니다.

대형 사고가 터져서 많은 사람들이 죽거나 다치게 되면 대개 누가 책임을 지느냐 하는 문제가 생기게 됩니다. 대체로 보면 할 수 있는 한 서로 책임을 지지 않으려고 합니다. 그리고 사고를 당한 가족들에게 누가 나와서 사고 경위를 설명하느냐에 따라서 그 사고의 비중이나 회사의 관심 정도를 알게 됩니다. 대개 높은 직책에 있는 사람들은 얼굴도 보이지 않고 말단 직원들이 나와서 이리 뛰고 저리 뛴다면 그 회사는 지금 어떻게 해서든지 발뺌을 하려고 하는 것입니다. 그러나 그 회사에서 가장 높은 직책에 있는 사장이 직접 나와서 해명을 하고 책임을 지겠다고 약속을 한다면 그 회사는 사고에 대해서 상당히 높은 수준의 관심을 갖고 있는 것입니다. 그런데 거기서 한 걸음 더 나아가서 사장이 작업복을 입고 사고 현장에 가서 직접 이마에 땀을 흘리면서 구조 작업을 돕는다면 사람들은 상당히 감동을 받게 될 것입니다.

히브리서의 전체 주제는 예수님의 제사입니다. 즉 히브리서가 말씀하는 것은 어떻게 예수님이 십자가 위에서 죽으신 것이 우리 모든 사람의 죄를 대신하는 대속의 죽음이 될 수 있느냐하는 것입니다. 사실은 누가 보기에도 예수님이 십자가 위에서 죽으신 것은 정치적인 희생양으로 죽으신 것이지 하나님께 바쳐지는 제사 같아 보이지는 않습니다. 그러나 예수님은 자신의 죽음이 우리 모든 인간들의 죄를 대속하는 죽음이라는 것을 말씀하셨습니다. 그러나 예수님의 죽음이 인간들의 죄를 대신하는 것이라는 사실은 구약 이스라엘 백성들이 오랫동안 지켜왔던 제사를 통해서 미리 예견된 것이었습니다. 어떻게 보면 히브리서는 구약 레위기의 해답이라고 말할 수 있습니다.

레위기에는 이스라엘 백성들에게 제사장이 백성들의 죄를 위하여 어떻게 제사를 드리는지 말씀하고 있다면, 히브리서는 예수께서 십자가 위에서 죽으심으로 어떻게 이 모든 제사를 대신하게 되셨는지 설명하고 있습니다. 그래서 히브리서는 예수 그리스도께서 죽으심으로 우리의 죄 문제가 완전히 해결 되었으며 어떻게 우리 인류에게 하나님의 사랑과 평화가 주어지게 되었는지 그리스도의 죽음의 제사적인 기능에 초점을 맞추어서 설명을 하고 있습니다.

대체로 성경학자들은 히브리서가 유대인들에게 보내어진 편지로 된 말씀이라는 것은 인정을 합니다. 그리고 그 유대인들이 상당히 구약 제사와 밀접한 관계가 있는 자들이라는 것도 알 수 있습니다. 이 사람들은 아직도 모세의 제사법을 중요하게 생각하고 있는 것 같고 천사도 중요하게 생각하고 있는 것 같습니다. 그러나 이 유대인들이 어디에 있는 유대인들을 말하는지에 대해서는 알 수가 없습니다. 어떤 사람들은 예루살렘이나 팔레스타인에 있는 유대인이라고 하기도 하고, 어떤 사람들은 로마에 있는 유대인들이라고 하기도 합니다. 혹은 알렉산드리아에 있는 유대인들이라고 하기도 합니다. 그러나 구체적으로 어느 유대인 집단을 말하는지는 확인할 수가 없습니다.

이 사람들은 이미 복음을 받고 예수를 믿는 사람들이었습니다. 그리고 신앙으로 인하여 이미 어느 정도 핍박을 받은 것 같고 여기에 겁을 먹어서 다시 유대교로 돌아가려고 하는 시점에 있었던 것 같습니다. 그래서 누군가가 이 사람들에게 고난이 무서워서 다시 유대교로 돌아가서는 안 된다는 것을 깨우치기 위해서 이 편지를 쓴 것 같습니다.

그리고 히브리서를 쓴 저자에 대해서도 사도 바울이라는 추측이 많았습니다. 왜냐하면 히브리서가 가지고 있는 사상이나 해박한 구약 성경에 대한 지식이 너무나도 사도 바울적이기 때문입니다. 그러나 히브리서 안에서 저자는 자기가 사도가 아니며 사도로부터 복음을 전해들은 자라고 밝히고 있습니다(2:3). 그리고 히브리서에서 사용하고 있는 헬라어가 바울이 사용하는 헬라어와는 좀 다르게 알렉산드리아적인 색채가 강하다고 보고 있습니다. 그래서 어떤 사람들은 바울이 히브리어로 쓴 것을 누가가 헬라어로 번역을 했을 것이라고 추측하기도 합니다.

칼빈같은 학자는 히브리서의 저자에 대하여 바울이 쓰지 않았고 누가가 썼을 것이라고 주장을 합니다. 혹은 사람에 따라서 아볼로나 바나바 또는 브리스길라와 아굴라 등등의 많은 주장들이 있지만 히브리서의 저자는 아직까지 분명히 밝혀진 바가 없습니다. 그러니까 히브리서의 저자는 자기 자신이나 심지어는 이 글을 받는 사람들에 대해서도 거의 언급을 하지 않고 오직 대제사장이신 그리스도만 밝히는데 집중하고 있는 것을 볼 수 있습니다.

히브리서는 결코 가볍게 읽을 수 있는 책은 아닙니다. 히브리서는 여러 개의 논문으로 구성되어 있는 아주 수준이 높은 책이며 음식으로 치면 단단한 음식에 속하는 것입니다. 그러나 이 히브리서가 없었더라면 왜 하나님께서 그렇게 오랫동안 이스라엘 백성들에게 제사를 드리게 하셨으며 우리 인간에게 있어서 죄 문제가 얼마나 심각한 문제였는지 잘 깨닫지 못했을 것입니다. 우리에게는 우리를 힘들게 하는 많은 어려움들이 있습니다. 이 모든 어려움들을 해결하는 방법이 하나님과 우리 사이에 끊어진 은혜를 다시 연결해서 회복하는데 있습니다. 이것은 우리 인간의 힘으로는 절대로 불가능한 것입니다. 그러나 예수님께서 친히 몸을 가지고 이 세상에 오셔서 자신을 하나님 앞에 거룩한 제물로 바쳤을 때 죄의 담은 허물어지고 하나님의 용서와 축복이 우리에게 다시 주어지게 되었습니다.

우리 인간을 향한 하나님의 관심

이 세상에 많은 미스터리가 있지만 그 모든 미스터리 중의 미스터리가 하나님에게 아들이 있었다는 사실입니다. 사실은 하나님에 대한 지식조차도 거의 많은 인간들에게는 감추어져 있었고 오직 이스라엘 백성들에게만 공개되었었는데 하나님의 아들에 대한 지식은 이스라엘 자손들에게 조차도 감추어진 비밀이었습니다. 그런데 우리 인간들이 죄에서 구원을 얻는데 있어서 핵심적인 역할을 하는 분이 바로 하나님의 아들이었습니다. 하나님께서 인간들에게 아들의 존재에 대하여 공개를 하시고 특히 아들을 사람의 모양으로 이 세상에 보내신 것은 우리 인간들에 대한 하나님의 최고의 사랑이자 관심의 표현이었던 것입니다.

우리 사람들에게 있어서 가장 불쌍하고 고통스러운 것은 다른 사람들로부터 아무런 관심의 대상이 되지 못할 때 일입니다. 예를 들어, 부모님이 늙고 병들었는데 자식들이 전혀 찾아가지도 않고 보살펴드리지도 않을 때 부모님은 자신이 무가치하다고 느끼게 될 것입니다. 이것은 자식에게 있어서도 마찬가지입니다. 부모가 자식을 키우면서 자식에 대하여 전혀 관심을 가져주지 않을 때 사실상 그 부모는 자식을 죽이고 있는 것입니다. 사람들은 다른 사람의 사랑과 존경을 받지 못할 때 자기 자신에 대하여 높은 자존감을 가질 수도 없고 살아야 할 이유도 발견하지 못하게 됩니다.

그런데 우리 인간에게 있어서 가장 무서운 것은 하나님으로부터 전혀 관심이나 사랑을 받지 못하게 되는 것입니다. 성경 말씀을 보면 하나님은 우리 인간들에 대하여 전혀 무관심하지 않으셨다고 말씀하고 있습니다.

1절 옛적에 선지자들로 여러 부분과 여러 모양으로 우리 조상들에게 말씀하신 하나님이

인간의 죄가 얼마나 무서운지 하나님과 우리 사이의 모든 관계를 다 끊어 버렸습니다. 우리 인간들은 하나님의 사랑과 축복이 있어야 아름답게 살 수가 있는데 죄는 하나님의 사랑과 관심과 모든 축복을 다 끊어 버렸습니다. 사실 이것보다 더 큰 대형사고는 없을 것입니다. 대형사고라고 하는 것이 무엇입니까? 비행기가 추락하거나 큰 빌딩에 화재가 나서 많은 사람들이 다치거나 죽거나 하는 것입니다. 우리 인간에게 있어서 가장 큰 사고는 우리 인간들이 하나님으로부터 단절 되어서 하나님의 도우심 없이 우리 인간의 힘만으로 살아야 하는 것입니다.

원래 하나님이 만드신 이 세상은 하나님의 은혜와 사랑이 충만하게 공급이 되던 곳이었습니다. 그러나 인간이 교만하여 하나님을 대적했을 때 하나님의 은혜와 사랑의 공급이 완전히 끊어지게 되었습니다. 만약 요즘 우리가 살고 있는 이 사회에 무슨 발전소 사고가 터져서 전기 공급이 완전히 끊어지면 어떻게 되겠습니까? 일단 고층 아파트에 엘리베이터가 운행되지 않을 것입니다. 10층, 20층이 넘는 아파트를 걸어서 오르내려야 합니다. 그리고 난방이 되지 않고 수도가 공급이 되지 않을 것입니다. 지하철의 운행이 중단이 될 것이며 밤에는 전혀 전기가 들어오지 않게 될 것입니다. 그러면 밤에는 집집마다 초를 켠다고 난리를 칠 것이며 겨울이면 이불을 있는 대로 다 꺼내서 덮어야 할 것입니다. 수도가 공급이 되지 않아 화장실은 악취로 코를 찌를 것입니다. 사실 지금 우리가 살고 있는 이 세상은 그런 세상입니다. 단지 우리가 그것을 느끼지 못할 뿐이고 이래도 좋다고 하면서 살아가고 있는 것뿐입니다.

그런데 인간의 죄의 장벽은 너무나도 두꺼워서 하나님의 은혜에 도달할 수가 없었습니다. 그러나 하나님께서는 그 인간의 무지와 고집의 장벽을 뚫고 아주 오래 전부터 말씀을 주셨습니다.

여기서 '여러 부분과 여러 모양으로 우리 조상들에게 말씀하신 하나님'이라는 말을 통해서 일단 이 히브리서는 성경에 대하여 어느 정도 지식이 있는 유대인들을 대상으로 하고 있다는 것을 알 수 있습니다. 하나님께서는 오직 이스라엘 백성들에게만 말씀을 주셨던 것입니다. 이것은 엄청난 것이었습니다. 하나님께서 이스라엘 백성들에게 주신 말씀은 인격적인 하나님 자신을 가장 자세하게 알려주신 것입니다. 그리고 하나님의 사랑과 계획과 능력을 알려주신 것이었습니다. 또한 이스라엘 백성들은 실제로 하나님의 능력을 체험했습니다.

하나님께서는 옛날 세계에서 가장 강하던 이집트를 열 가지 재앙으로 치시고 이스라엘 백성들을 건져내셨습니다. 그리고 무기도 제대로 갖추지 못한 이스라엘 백성들이 가나안 땅을 차지하게 하셨습니다. 하나님은 선지자의 예언이나 이스라엘의 역사를 통해서 하나님에 대한 많은 진리를 알게 하셨습니다.

그러나 이 모든 말씀이 완전한 하나님의 계시는 아니었습니다. 하나님께서 이스라엘 백성들에게 주신 예언은 모두 장차 하나님의 아들이 오셔서 이루실 나라에 대한 예표였습니다. 그리고 이스라엘 백성들이 체험했던 축복과 능력도 장차 그리스도가 오셔서 이루실 나라의 맛보기였습니다. 그러나 중요한 것은 하나님께서는 죄에 빠진 인간들에게 완전히 무관심하지 않으시고 많은 말씀과 은혜로 사랑을 보여주신 것입니다.

하나님의 아들의 오심

예수 그리스도가 이 세상에 오신 것은 우리 인간에 대한 하나님의 관심과 또 우리 인간들이 안고 있는 문제의 심각성을 보여주는 것입니다.

2절 이 모든 날 마지막에 아들로 우리에게 말씀하셨으니 이 아들을 만유의 후사로 세우시고 또 저로 말미암아 모든 세계를 지으셨느니라

우리가 어떤 사실을 다른 사람에게 알릴 때 그 사건의 비중이나 성격에 따라서 전달하는 사람이나 전달하는 방식을 다르게 합니다. 예를 들어, 백화점에 무슨 광고 전단 같은 것을 고객들에게 보낼 때에는 별로 중요하지 않으니까 보통 우편으로 보낼 것입니다. 그러나 재산과 관계되는 연락은 반드시 등기로 보내야 합니다. 그리고 생명에 관계되는 것은 직접 가서 전달을 해야 할 때가 있습니다. 미국 군대는 전사자가 생기면 전화나 우편으로 알리지 않고 정복을 입은 담당 장교가 직접 유족을 찾아가서 정식으로 전사 사실을 알리게 되어 있습니다. 그리고 어떤 회사에서 사고가 났을 때 중요하지 않은 사고는 밑에 있는 실무자 선에서 나와서 설명을 할 것입니다. 그러나 사고가 아주 크고 심각한 것일 때에는 대표자가 직접 나와서 사과를 하고 책임 있는 발언을 해야 유족들이나 사고를 당한 사람들이 어느 정도 수용을 할 것입니다. 그런데 하나님께서 우리 인간의 문제를 위해서 하나님의 아들을 직접 이 세상에 보내신 것은 엄청난 사건이 아닐 수 없습니다.

우리는 하나님의 아들이 이 세상에 오신 것에 대하여 크게 두 가지 의미를 생각해볼 수 있습니다. 하나는 하나님께서 결코 우리 인간의 문제를 가볍게 보시지 않는다는 뜻입니다. 하나님께서 우리 인간의 문제를 조금이라

도 가볍게 생각하셨다면 굳이 하나님의 아들을 직접 이 세상에 보내실 필요가 없으셨을 것입니다. 그러나 하나님께서는 우리 인간들을 너무나도 귀하게 생각하시기 때문에 당신의 아들을 직접 우리에게 보내신 것입니다. 만일 그렇지 않다면 천사 중 하나나 혹은 천사 중 조금 높은 계급의 천사를 보내었어도 충분할 것입니다.

또 하나는 인간의 죄 문제가 우리 인간의 생명에 결정적으로 중요한 영향을 미치는 것을 보여줍니다. 만일 죄 문제가 쉽게 해결될 수 있는 것이라면 편지 한 장이나 전화 한 통화면 해결이 될 수 있을 것입니다. 그러나 하나님의 아들이 육신을 입고 직접 오셔서 육성으로 하나님의 뜻을 들려준 것은 인간의 죄 문제가 바로 생명과 직결되는 중요한 문제인 것을 보여줍니다. 그리고 이 생명도 일시적인 생명이 아니라 영원한 생명을 결정하는 중요한 문제라는 것을 보여주는 것입니다.

하나님의 아들이 육성으로 직접 하나님의 뜻을 전하신 것은 하나님께서 우리 인간에게 하시는 메시지의 전달 방식 중에서 최선의 방법을 택하신 것입니다. 그래서 예수님이 오셔서 육성으로 전하신 하나님의 뜻보다 더 중요한 것은 없습니다. 이것은 최종적이고 완전한 하나님의 뜻인 것입니다. 그리고 이것만 해도 엄청나고 대단한 것인데 예수님께서는 그 몸을 가지시고 예루살렘에 가셔서 직접 십자가 위에 죽으심으로 우리 모든 인간들의 죄를 대신 감당하셨습니다.

오늘 성경은 아들에 대하여 이렇게 말씀하고 있습니다.

2절 후반 '이 아들을 만유의 후사로 세우시고 저로 말미암아 모든 세계를 지으셨느니라' 라 하십니다. 이 세상에 있는 모든 것들이 피조물입니다. 지구도 피조물이고 사람들도 피조물이고 천사도 피조물이고 마귀도 피조물입니다. 여기서 피조물이라고 하는 것은 하나님이 만드신 대상이라는 뜻입니다. 사람을 예로 들어 말하면 책상이나 의자, 승용차나 전화기 모두 사람이 만든 것입니다. 이런 것들은 마음에 들지 않으면 얼마든지 폐기할 수 있습니다. 재료만 있으면 얼마든지 다시 만들 수 있기 때문입니다. 사람이 책상을 폐기했다고 해서 사형을 당하지 않습니다. 왜냐하면 사람의 생명은 책상과 비교할 수 없기 때문입니다.

그러나 인간은 사람의 생명은 만들 수 없습니다. 이것은 하나님이 주시는 것입니다. 마찬가지로 예수 그리스도는 피조물이 아닙니다. 우리 인간들이나 천사들과는 본질적으로 틀린 분이십니다. 이 우주에 있는 모든 것을 다 합쳐도 예수님과는 바꿀 수 없습니다. 사실 하나님께서는 우리 인간들에 대해서 이렇게 관심을 가지실 필요가 없으십니다. 인간들은 하나님 앞에서 개미나 마찬가지로 피조물일 뿐입니다. 그런데 하나님은 우리를 너무 사랑하셨습니다. 그래서 아무 가치 없는 우리들을 살리기 위해서 아들과 바꾸시기로 작정하셨습니다.

'이 아들을 만유의 후사로 세우셨다' 고 했는데 '후사' 는 상속자를 말합니다. 하나님께서 아들을 언제 모든 피조물의 주인으로 삼으셨다는 것인지 견해 차이가 있습니다. 즉 어떤 사람은 창조 전이라고 하기도 하고, 어떤 사람은 육신으로 오셔서 죽으셨다가 부활하신 후라고 하기도 합니다. 그러나 하나님의 영원한 뜻 가운데 아들은 모든 피조 세계의 주인으로 정해져 있었습니다. '그로 말미암아 모든 세계를 지으셨다' 고 했는데 어려운 것이 '말미암아' 라는 말입니다. 이것은 '아들과 함께 지었다' 는 뜻도 되고 '아들을 위해서 지었다' 는 뜻도 될 것입니다.

어떤 집에서 아버지가 아들을 너무 좋아할 때 아들을 위해서 놀이터도 만들 것이며, 장난감도 사서 줄 것입니다. 그 집에 있는 모든 것은 아들 때문에 의미가 있는 것이며 아들이 없으면 그 모든 것은 의미가 없을 것입니다. 마찬가지로 하나님께서 이 세상의 모든 것들을 만드실 때 아들을 위해서 그리고 이 모든 것이 아들을 기쁘게 하며 아들과 함께 하나님께 기쁨이 되도록 하기 위해서 만드셨습니다. 그런데 하나님께서 그렇게 믿었던 인간들이 하나님을 대적해서 타락했습니다. 물론 하나님께서는 인간들을 다 멸망시키시고 다시 만드시면 될 것입니다. 그러면 다시 만든 인간들은 타락을 하지 않는다는 보장이 있습니까? 그래서 하나님께서는 우리 인간의 문제를 두고서 깊은 고민을 하신 것입니다. 그리고 하신 것이 무엇입니까? 인간들을 너무 사랑하셔서 모두 멸망시키지 않고 아들이 이 모든 책임을 다 지기로 한 것입니다.

그리스도의 정체성

오늘 우리는 어떤 사람에 대해서 '도대체 그 사람의 정체가 뭐야?' 라고 하든지 아니면 '당신의 정체성을 되찾도록 하세요' 라는 말을 하곤 합니다. 여기서 어떤 사람의 '정체성' 이라고 하는 것은 '가장 그 사람다운 상태나 모습' 을 말하는 것입니다. 예를 들어, 가정에서 아버지는 아버지다운 모습이 있을 것이며 자식은 자식다운 모습이 있을 것입니다. 아버지가 사업에 실패하신 후에 가출을 해서 거리에서 노숙을 하고 있다면 그 아버지는 아버지로서의 모습을 잃어버린 것입니다. 그 아버지가 자신의 모습을 되찾으려면 직장을 회복하고 가정으로 다시 돌아가서 부인이나 자식들의 신뢰를 다시 회복해야 하는 것입니다.

예수님께서 몸을 입고 이 세상에 오신 것은 우리의 모든 죄와 허물을 예수님이 전부다 책임지시기 위해서였습니다. 그리고 예수님께서 손에 못이 박히시고 옆구리에 창이 박히신 것은 영원히 우리와 떨어지지 않겠다는 약속을 하신 것입니다.

구약 시대에 히브리 노예들은 모두 칠년이 되면 자유를 얻게 되어 있었습니다. 그러나 독신으로 노예가 되었는데 주인이 배필을 줌으로 결혼을 해서 자식을 낳은 사람들이 있었습니다. 이 사람들은 자유인이 되려면 아내와 아이를 포기해야만 했습니다. 그런데 이 사람이 아내와 아이를 사랑해서 이들을 포기하지 않으려고 하면 귀에 송곳으로 구멍을 뚫어서 자유를 포기할 수 있었습니다. 이스라엘에서 가장 멋진 사람들은 바로 이렇게 귀에 구멍을 뚫은 노예들이었습니다. 이 사람들은 얼마든지 자유를 얻어서 더 잘살 수 있고 더 행복할 수 있지만 노예로 있는 아내와 아이들을 위해서 자유를 영구적으로 포기한 사람들이었습니다.

예수님께서는 우리들을 위해서 하나님의 아들의 지위와 영광을 포기하셨습니다.

3절 이는 하나님의 영광의 광채시요 그 본체의 형상이시라 그의 능력의 말씀으로 만물을 붙드시며 죄를 정결케 하는 일을 하시고 높은 곳에 계신 위엄의 우편에 앉으셨느니라

예수님은 원래 '하나님의 영광의 광채시요 그 본체의 형상이라' 고 했습니다. '영광의 광채' 라는 말은 가장 빛나는 부분이라는 뜻입니다. 그리고 '본체의 형상' 이라는 것은 본체를 그대로 똑같이 본떴다는 뜻을 가지고 있습니다.

그리스도는 하나님 아버지와 영광이나 능력이나 신성이 똑같으신 분이십니다. 예수 그리스도는 성부 하나님에 비하여 뒤떨어지거나 부족한 부분이 전혀 없으신 완전한 신성을 가지신 분이십니다. 그래서 빌립이 예수님께 '하나님을 보여 달라' 고 했을 때 예수님은 '나를 본 자는 이미 아버지를 보았다' 고 대답하셨습니다. 하나님의 영광은 우리 인간의 눈에는 보이지 않습니다. 그러나 그리스도는 볼 수 있게 오셨습니다. 그래서 우리 인간들

은 예수님이 하나님의 아들이신 것을 알지 못했습니다. 심지어는 세례 요한 같은 선지자도 예수님에게 세례를 주었을 때 성령이 비둘기 모양으로 그 위에 임하시는 것을 보기 전에는 예수님이 하나님의 아들이신지 완전히는 알지 못했다고 했습니다. 심지어는 예수님의 동생들도 예수님이 죽으셨다가 부활하시기 전까지는 자기 형님이나 오빠가 하나님의 아들인지 몰랐다고 말씀하고 있습니다.

예수님이 이 세상에 오신 것은 하나님의 나라를 이 세상에 주시기 위해서입니다. 하나님의 은혜와 축복을 우리에게 마음껏 한없이 부어주시기 위해서 오셨습니다. 그런데 그 하나님의 은혜와 축복을 막는 것이 무엇이었습니까? 바로 우리 인간들의 교만이요 죄였습니다.

오늘 본문 말씀은 예수님이 하신 일을 '능력의 말씀으로 만물을 붙드시는 일'과 '죄를 정결케 하는 일을 하셨다'고 말하고 있습니다.

여기서 '만물을 붙든다'는 것은 만물이 우리가 생각하는 것보다 대단히 약하다는 것을 의미합니다. 우리가 보기에 우리가 살고 있는 이 세상이나 우주가 영원히 지속될 것 같은데 그렇지가 않고 대단히 약한 재질로 되어 있어서 자꾸 부서지려고 하고, 자꾸 무너지려고 한다는 뜻입니다. 그런데 이 모든 것을 붙들고 있는 것은 능력의 말씀입니다. 즉 하나님의 말씀이 우리 눈에 보이는 이 모든 세계보다 더 힘이 있다는 뜻입니다.

높은 산에 가보면 케이블카가 사람들을 태우고 산꼭대기까지 올라갑니다. 사람들이 케이블카를 타고 그 높은 데까지 올라갈 수 있는 것은 줄이 모든 것을 든든하게 붙들고 있기 때문입니다. 만일 그 줄이 끊어지면 케이블카는 땅에 떨어지고 말 것입니다. 마찬가지로 하나님의 말씀이 효력을 잃어버리면 이 세상은 그 자리에서 박살이 나고 말 것입니다. 그러나 그리스도께서 능력의 말씀으로 이 세상을 붙들고 계십니다. 이 세상에서 우리가 하나님의 말씀을 붙드는 것보다 더 확실한 것은 없습니다.

우리가 보이는 이 세상에 모든 좋은 것은 마치 집을 장식하고 있는 장판이나 벽지와 같은 것입니다. 그 속에는 모두 철근과 콘크리트가 집을 지탱하고 있습니다. 마찬가지로 우리가 보는 세상은 아름다운 집이나 경제력이나 문화적인 것들로 장식되고 있지만 이 세상을 붙드는 것은 믿음이요 하나님의 말씀입니다. 벽에 못을 박을 때 잘못하면 비어 있는 곳에 못을 박을 때가 있습니다. 그러면 못이 빠지면서 거기에 걸려 있는 모든 것이 다 떨어져서 깨어지게 됩니다. 못은 콘크리트 벽에 확실하게 박아야 합니다. 예수님께서 선지자들을 통해서 주신 말씀들은 모두 확실한 하나님의 말씀입니다.

그런데 이 세상을 자꾸 부서지게 만들고 망하게 만드는 것은 인간의 죄입니다. 예수님께서 하신 가장 중요한 일은 바로 인간을 망하게 만드는 죄 문제를 완전히 해결을 하신 것입니다. '죄를 정결케 하는 일을 하시고 높은 곳에 계신 위엄의 우편에 앉으셨느니라' 고 말씀하고 있습니다.

우리 인간들의 행복을 위해서 가장 중요한 것은 하나님과 우리 사이에 끼여 있는 죄를 정결케 하는 것입니다. 이것보다 더 중요한 것은 없습니다. 이것이 해결되지 않으면 우리 인간들에게는 아무런 소망이 없습니다. 예수님께서는 이것을 해결하시고 능력의 보좌에 앉으셨다고 말씀하고 있습니다. 이것은 서서 열심히 봉사하고 있다는 뜻이 아닙니다. 이미 다 해결을 하셨고 이제 우리 인간들이 해야 할 것은 이것을 믿고 그 믿음을 가지고 살아가면 되는 것입니다.

예수님께서는 영원히 우리와 함께 계시기 위해서 육신으로 오셨고 못자국을 가지셨습니다. 이제 우리와 예수 그리스도는 떼려야 뗄 수 없는 한 가족입니다. 누구든지 예수 믿는 자는 저주가 없고 심판이 없습니다. 그러나 그리스도를 믿지 않는 자는 언제 떨어질지 모르는 케이블카를 타고 홍을 내고 있는 사람들과 같습니다. 우리에게는 이중적인 끈이 있습니다. 하나는 능력의 말씀입니다. 그리고 다른 하나는 예수 그리스도의 못자국난 손입니다.

그러면 왜 하나님께서는 모든 인간들을 다 똑같이 구원하지 아니하시고 이렇게 예수를 믿는 자들만 구원하셨을까요? 그것은 하나님께서 우리 인간들에게 요구하시는 것이 하나가 있기 때문입니다. 그것은 다시 하나님을 믿는 것이며 이제 다시는 하나님을 대적하지 않는 것입니다. 하나님께서는 우리들이 같은 일을 반복해서 하는 것을 원치 않으십니다. 그래서 누구든지 초라한 육신으로 오신 예수를 영접하는 자는 하나님을 믿는 것입니다. 그리고 예수님께서 십자가 위에서 죽으신 것이 나를 대신한 죽음이라는 것을 믿는 믿음을 하나님께 대한 겸손과 복종으로 요구하신 것입니다.

사실 십자가에서 죽은 죄수를 믿는다는 것은 결코 기분 좋은 일은 아닐 것입니다. 특히 십자가 위에서 죽은 사람이 나를 위해서 할 수 있는 것이 무엇이 있겠습니까? 당시 유대인들이 했듯이 '십자가 위에서 내려와서 너도 구원하고 우리도 구원하라' 는 생각이 들 것입니다. 그러나 나의 죄를 대신해서 십자가에서 죽은 예수를 믿는 것은 과거의 내 모든 죄와 이 몸뚱이와 모순된 삶과 불행했던 모든 과거를 하나님께 다 맡기는 것입니다. 그러면 하나님께서 우리의 썩은 삶과 예수님을 바꿔치기 하셔서 우리의 옛사람은 죽은 것으로 만드시고 우리 안에 예수가 살게 하시는 것입니다.

우리가 기독교 안에서 내 자신을 찾을 수 있는 이유는 하나님께서 이만큼 나를 사랑하신 줄 알게 되었기 때문입니다. 우리가 얼마나 가치 있는 사람입니까? 하나님께서 자기 아들을 죽게 하실 정도로 나를 가치 있게 생각하셨습니다. 우리는 모두 하나님의 아들의 생명과 바꾼 사람들입니다. 우리는 모두 하나님의 아들입니다. 영원한 하나님의 영광의 상속자들입니다. 이제 우리는 이 세상에서 과거에 집착하고 욕심 부리던 것을 다 내려놓고 하나님의 무한한 사랑과 축복을 향하여 함께 나아가기를 바랍니다.

CHAPTER • 02

천사보다 아름다운 이름

히브리서 1:4-14

요즘 뉴욕이나 런던 같은 외국 거리에 가보면 삼성이나 LG같은 한국 기업들의 간판이 크게 세워져 있는 것을 볼 수 있습니다. 이런 것을 보면 회사가 성공하는데 그 기업의 이름의 가치가 얼마나 중요한지 잘 알 수 있습니다. 요즘은 특히 브랜드 시대라고 말을 하는데 유명한 명품은 고객들의 머릿속에 아예 그 회사 상품의 가치는 다른 회사 가치와 다르다는 인식이 되어 있고 그 브랜드 때문에 그 회사 상품이 더 비싸게 팔리는 것을 볼 수 있습니다. 특히 유명한 브랜드 회사는 불황이라는 것이 없습니다.

요즘같이 경쟁이 치열한 현실에서 기업이 살아남기 위해서는 두 가지가 꼭 필요합니다. 하나는 분명하게 책임을 지는 경영이고, 또 하나는 다른 어떤 회사도 따라올 수 없는 기술의 우위를 가지는 것입니다. 많은 기업들이 실패하는 이유는 책임 있는 경영을 잘하지 못해서 그렇습니다. 그리고 최고 경영자가 핵심적인 기술을 개발하지 못하고 엉뚱한 쪽에 많은 투자를 하게 되면 결국 회사는 빚더미에 빠지고 마는 것입니다.

하나님께서 온 세상을 창조하시고 또 역사를 이끌어 나가시는 것도 어떤 의미에서는 경영이라고 볼 수 있습니다. 이 아름답고 완벽한 세상이 만들어지는데 있어서 핵심적인 기술 없이는 불가능했습니다. 오늘 말씀은 그 분에 대한 말씀을 하고 있습니다. 즉 하나님의 아들이 그냥 아들이라고 해서 편하게 놀고만 계셨던 것이 아니라 이 창조의 세계에 뛰어들어서 직접 자신의 기술로 온 세상을 만드신 것입니다. 그러나 이 아들의 더 놀라운 것은 인간이 마귀와 손을 잡고 이 창조 세계를 회복 불가능하게 파괴시켰을 때 자신의 목숨을 희생해서 하나님의 구원 경영을 회복시키신 것입니다. 그러나 놀랍게도 거의 모든 인간들은 이 세상의 현재와 미래의 운명에 대하여 가장 중요한 이 아들에 대하여 너무나도 모르고 있는 것입니다.

히브리서는 여러 편의 논문으로 구성되어 있습니다. 그 첫 번째 논문이 바로 오늘 이 본문입니다. 이 본문은 예수 그리스도가 하나님의 아들로서 천사에 비하여 얼마나 탁월한 위치에 있는가 하는 것을 구약 성경을 통해서 증명을 하고 있는 내용입니다.

그런데 대체로 히브리서가 저자의 말대로 어려운 말씀으로 되어 있지만 시작을 그리스도를 천사와 비교하는 점에서 우리는 잘 이해가 되지 않을 수 있습니다. 왜냐하면 우리 문화로는 천사라는 존재를 잘 알지 못하기 때문입니다. 또한 우리 시대에서는 천사가 나타난다든지 활동을 하는 것을 보지도 못했고 듣지도 못했습니다. 그러나 이스라엘 사람들은 조상들로부터 분명히 천사의 존재에 대하여 들었고 특히 그들이 하나님의 말씀을 잃어버렸을 때에는 더욱 더 미신적인 신앙으로 흘러서 천사를 굉장히 사모하고 중요시하는 경향으로 흐르기도 했습니다. 이런 점에서 볼 때 예수 그리스도가 하나님의 아들로서 천사보다 훨씬 높은 위치에 있다는 본문의 주장은 우리의 마음에 별로 와 닿지 않을 수가 있습니다. 그러나 본문 저자의 의도에 있어서도 그렇게 천사는 중요하지 않습니다. 왜냐하면 저자의 논리에 있어서 천사의 존재는 어차피 도입의 한 수단에 불과하고 저자는 구약 성경에서 다윗의 고백이나 다윗의 통치를 통해서 하나님의 아들에 대하여 더 정확하게 알 수 있다고 보고 있기 때문입니다.

물론 오늘 우리들은 복음서의 여러 기록들을 통하여 예수님께서 하나님의 아들이라는 것을 쉽게 알 수 있습니다. 그러나 초대 교회 당시 유대인들에게는 신약 성경 보다는 구약 성경이 훨씬 더 익숙해 있었고 아직 바울의 서신 같은 내용을 잘 몰랐을 것입니다. 그래서 히브리서 저자는 구약 성경을 통해서 하나님의 아들의 존재와 역할에 대하여 논증을 하려고 하는 것입니다.

본문 저자는 천사보다는 오히려 다윗의 고백이나 다윗의 왕위를 통해서 예수 그리스도의 탁월한 위치를 증명해 보이려고 하기 때문에 결과적으로는 큰 차이가 없다고 보아야 할 것입니다. 그럼에도 불구하고 오늘 본문이 예수님을 천사와 비교하는 것에서 그리스도에 대한 논증을 시작하는 것을 볼 때 이 히브리서를 받아보고 있는 사람들이 천사에 대하여 상당히 잘못된 수준까지 가 있는 것을 간접적으로 알 수 있습니다.

오늘 본문은 구약 성경에서 일곱 개의 말씀을 인용하는 것으로 되어 있습니다. 그런데 앞에 있는 두 개는 아버지와 아들의 관계에 대하여, 그 다음 두 개는 천사에 대하여, 마지막 세 개는 그리스도의 위치와 영원한 통치에 대하여 말씀을 하고 있습니다.

우리는 본문에 대하여 왜 그리스도에 대하여 이렇게 어려운 성경적 증명을 해야 하는지 의문을 가질 수 있습니다. 그 의문에 대한 설명은 하나님의 아들이 이 세상의 창조와 구원에 있어서 가장 중요한 사람임에도 불구하고 사람들은 그의 존재나 역할에 대하여 너무나도 모르고 있다는 것입니다.

하나님의 아들은 온 세상을 창조하는데 있어서 핵심적인 기술을 가진 사람과 같습니다. 그런데 하나님의 아들은 창조만이 아니라 죄로 인하여 멸망하는 세상을 구원하는데 있어서도 가장 중요한 핵심적인 분이었습니다. 그럼에도 불구하고 구약 시대에는 감추어져 있었습니다. 오히려 겉으로 드러난 것은 천사들이 나타나고 다윗의 자손들이 드러났습니다. 그래서 오늘 본문의 저자는 하나님의 아들이야말로 얼마나 귀한 분이시며 얼마나 찬양받아야 할 분이신지 보여주려고 하는 것입니다.

더욱 아름다운 이름

4절 저가 천사보다 얼마큼 뛰어남은 저희보다 더욱 아름다운 이름을 기업으로 얻으심이니

여기에 보면 '저가 천사보다 얼마큼 뛰어나다' 라고 표현하고 있는 것을 볼 수 있습니다. 여기서 '얼마큼 뛰어나다' 는 것은 많이 뛰어나지 않고 '어느 정도 뛰어나다' 는 뜻이 아닙니다. 원래부터도 천사보다 뛰어 나셨는데 어떤 일을 통해서 훨씬 더 뛰어나게 되셨다는 뜻입니다. 이것은 하나님의 아들의 지위와 신분에 중대한 변화가 있음을 의미합니다. 그러면서 '더욱 아름다운 이름을 기업으로 얻으셨음이니' 라고 말씀하고 있습니다. 여기서 '더욱 아름다운 이름' 이 과연 무엇이겠습니까? 그것은 하나님의 아들이 인간으로 오셔서 우리를 대신하여 죽으심으로 우리의 구주가 되신 것입니다.

오늘 본문을 잘 이해를 하려면 10절 이하를 먼저 보아야 할 것입니다.

10-12절 또 주여 태초에 주께서 땅의 기초를 두셨으며 하늘도 주의 손으로 지으신 바라. 그것들은 멸망할 것이나 오직 주는 영존할 것이요 그것들은 다 옷과 같이 낡아지리니 의복처럼 갈아입을 것이요 그것들이 옷과 같이 변할 것이나 주는 여전하여 연대가 다함이 없으리라

여기서 '주여' 라고 부르는 자는 바로 하나님의 아들을 말하는 것입니다. 하나님의 아들은 온 우주를 창조하는데 있어서 핵심적인 역할을 한 기술자라고 볼 수 있습니다. 물론 하나님께서는 온 세상을 말씀으로 창조하셨습니다. 그러나 모든 피조물을 만드는데 어떻게 기술이 없을 수 있겠습니까? 그 모든 기술을 가지고 직접 창조에 뛰어든 분이 바로 아들이신 것입니다. 하나님의 아들은 하늘과 땅과 모든 피조물들을 만들 때 그 핵심적인 기술을 가진 분이시고 모든 것을 직접 다 만드셨습니다. 그래서 하나님의 아들이 이 세상에 오셨을 때 인간들의 모든 병을 다 고치신 것은 그가 우리를 만드신 장본인이시기 때문입니다. 예수님은 우리의 모든 정신적인 병이나 육체적인 병이나 모든 불행을 다 고치실 수 있는 유일한 기술을 가지신 분이십니다.

오래 전 미국에서 어떤 분이 고속도로에서 포드회사 차를 몰고 가다가 고장이 나서 차를 세워놓고 누군가가 도와주기를 기다리고 있었답니다. 그런데 어떤 신사 분이 차를 세우더니 금방 고쳐주었습니다. 누구신가 물어보았더니 자기가 바로 그 차를 설계하고 제작한 포드라고 대답을 하더라는 것입니다. 포드는 얼마든지 자기 회사 차를 고칠 수 있었습니다. 왜냐하면 그 자동차를 자기가 개발했기 때문에 그 차에 관한 것은 모르는 것이 없었던 것입니다.

원래 하나님의 아들은 피조물이 아닙니다. 하나님의 아들은 아들이라는 신분 자체만으로도 충분히 경배를 받으시고 찬양을 받으실 분이십니다. 그러나 하나님의 아들은 과감하게 이 피조 세계와 관계를 맺으셨습니다. 그것은 기술자가 되어서 모든 피조물들을 직접 설계하고 만드신 것입니다. 피조물들 중에서 아들이 모르는 것은 없고 아들이 고치지 못할 것이 없습니다. 물론 모든 만물의 창조를 명령하시고 계획하신 분은 하나님 아버지이시지만 아들은 그 핵심적인 기술자였던 것입니다. 그래서 이 세상에 있는 모든 것들은 하나님의 아들을 좋아해야 정상입니다. 왜냐하면 그가 실제로 우리를 만드신 분이시기 때문입니다.

그런데 오늘 본문을 보면 '더욱 아름다운 이름을 기업으로 얻으셨다' 고 말씀하고 있습니다. '기업으로 얻었다' 는 것은 아들의 영원한 명칭이 되었고 직위가 되었다는 뜻입니다.

하나님의 아들은 하나님의 아들 자신의 신분만으로도 경배와 찬송을 받으실 분이십니다. 그러나 이 세상 모든 것을 직접 다 만드셨습니다. 우리는 만드신 분이신데 어떻게 우리가 이 아들을 좋아하지 않을 수 있겠습니까? 그러나 더 중요한 일이 일어났습니다. 그것은 우리 인간의 타락과 죄를 이 하나님의 아들이 책임지시기 위해서 스스로 중요한 결정을 내리셨기 때문입니다. 그것은 자신이 하나님의 아들의 영광을 포기하고 우리와 똑같은 피조물의 몸이 되시고 신분이 되신 것입니다. 이것은 너무나도 엄청난 일이어서 우리 인간들이 좀처럼 믿지 못하는 부분입니다. 우리와 똑같이 태어나고 우리와 똑같은 몸을 가진 분이 어떻게 영원한 하나님의 아들이 될 수 있느냐 하는 것입니다. 그런데 이것을 그 본인이 하셨고 급기야는 죽었다가 다시 살아나심으로 육신을 가지고 하나님의 보좌 우편으로 올라가셨습니다. 거기서 그리스도는 영원히 우리 믿는 자들의 주가 되셨고 온 세상의 심판주가 되셨습니다. 이것이 바로 그리스도가 더 높아지신 것입니다.

원래 구약 성경에서 아들에 대해서 여러 가지 명칭으로 표현되고 있는 것을 볼 수 있습니다. 어느 곳에는 '여호와의 사자' 라 하기도 하고 또 '천사' 라고 하기도 하고 혹은 '여호와' 라고 표현하기도 했습니다. 그래서 어떻게 보면 성부 하나님과 천사 사이의 좀 어중간한 위치인 것 같기도 하고 어떤 곳에는 천사인지 아들인지 구별이 잘 되지 않는 곳도 있습니다. 그러나 아들이 이 세상에 오셔서 죽으시고 살아나셨을 때 분명한 이름을 얻게 되었는데 그 이름이 바로 '예수 그리스도 하나님의 아들 우리 주' 입니다. 세상에 이 이름보다 더 위대한 이름은 없습니다. 그리고 이 이름보다 더 권세 있고 이 이름보다 더 영광스러운 결과를 가져오는 것도 없을 것입니다.

아들에 대한 증거

히브리서에서 처음으로 인용하고 있는 두 구절은 그리스도의 아들 되심에 대한 구절입니다.

5절 하나님께서 어느 때에 천사 중 누구에게 네가 내 아들이라 오늘날 내가 너를 낳았다 하셨으며 또 다시 나는 그에게 아버지가 되고 그는 내게 아들이 되리라 하셨느뇨

즉, 하나님께서는 어느 천사에게도 너는 '내 아들이라' 고 하신 적도 없고 또 '오늘날 내가 너를 낳았다' 고 말씀하시지 않으셨다는 것입니다.

우선 우리가 천사에 대하여 생각해 볼 수 있는 것은 천사는 우리와는 달리 영적인 피조물입니다. 마귀나 천사는 모두 우리 같은 몸을 가지지 않고 다른 영적인 몸을 가진 피조물입니다. 이들은 이 세상에 있지 않고 하나님의 보좌 앞에서 하나님을 예배하며 하나님을 섬기며 살고 있습니다. 그런데 우리 인간과의 관계는 주로 두 가지를 통해서 나타납니다.

하나는 구약 시대에 하나님의 메시지를 전달하는 심부름꾼으로 나타납니다. 구약 시대나 지금이나 하나님의 말씀은 너무나도 귀한 것입니다. 그래서 보통의 방법으로 하면 인간들이 잘 믿지 않으니까 천사를 심부름꾼으로 해서 하나님의 말씀을 주셨습니다. 그런데 신약 시대에는 예수 그리스도가 오셨고 천사와는 비교할 수 없는 강력한 성령의 역사가 있기 때문에 이제는 거의 천사를 통한 말씀의 전달은 없다고 보아야 할 것입니다. 천사

는 오늘처럼 이렇게 하나님의 말씀이 강력하기 전에, 즉 하나님의 말씀이 아주 미미하던 시대에 전달하는 역할을 감당했던 것입니다. 그것도 늘 한 것은 아니고 선지자들이 제대로 활동할 수 없을 때 보충적으로 수고를 했습니다. 그리고 천사의 또 하나의 중요한 수단은 심판하는 수단이었습니다. 그래서 소돔과 고모라가 멸망을 할 때에도 천사가 왔고 앗수르의 군대 십팔만 오천 명이 죽을 때에도 천사가 왔던 것입니다. 이것은 오늘날도 마찬가지일 것이라고 생각됩니다. 많은 사람들이 죽는 대형사고 같은 것이 일어났을 때 우리 눈에는 보이지 않지만 천사가 그런 일에 입회를 한다고 생각됩니다.

그래서 오늘 본문에서도 천사는 바람으로, 불꽃으로 삼으신다고 말씀하셨습니다.

7절 또 천사들에 관하여는 그는 그의 천사들을 바람으로, 그의 사역자들을 불꽃으로 삼으시느니라 하셨으되

하나님께서 천사를 바람으로, 불꽃으로 삼으시면 어떻게 되겠습니까? 순식간에 불이 붙어서 모든 것을 다 태워버릴 것입니다. 오늘날도 천사는 눈에 보이지 않지만 여전히 하나님의 명을 받아서 세상을 심판하는 역할은 한다고 보아야 합니다. 그래서 우연한 재앙이라고 하는 것은 존재하지 않습니다. 우리 인간들이 보기에 우연히 재앙이 터져서 많은 사람들이 억울하게 죽는 것 같지만 실제로 하나님 앞에서 죄가 많이 쌓였고 하나님의 경고가 있었음에도 불구하고 무시하고 고집을 부리다가 소돔과 고모라같이 멸망을 당하는 것입니다.

오늘 성경이 말씀하는 것은 천사는 우리가 잘 모르지만 분명히 있고 우리 인간들보다 훨씬 영광스러운 상태에 있는 것은 사실입니다. 그러나 천

사는 우리를 창조하지 않았고 우리를 구원하지도 않았습니다. 천사들이 하는 것은 하나님의 말씀의 전달자 역할을 일시적으로 했던 것과 세상을 심판할 때에 입회를 해서 심판을 하는 일은 지금도 하고 있는 것입니다.

그러나 하나님의 아들은 우리를 구원하기 위하여 엄청난 결정을 내리시고 실행에 옮기셨습니다.

5절에 '너는 내 아들이라 오늘날 내가 너를 낳았도다' 라고 했습니다. 이 말씀은 시편 2편에서 나온 말씀입니다. 이 말씀의 배경은 다윗의 후손들이 이스라엘의 왕이 될 때 주위에 있는 열방들이 그를 시기하며 그를 대적하려고 하지만 하나님께서 그를 세우셨기 때문에 그에게 경배하지 않는 자는 모두 철장으로 부수어버린다는 내용입니다. 그런데 오늘 히브리서 기자는 이것이 다윗의 후손에게 하신 말씀이지만 궁극적으로는 아들에게 하신 말씀이라는 것입니다. 그러나 하나님의 아들이 육신적으로 아버지에게서 태어난 것을 말하는 것은 아니고 그가 성육신이 되어 인간이 되신 것을 두고 하시는 말씀입니다. 모든 인간들은 어머니의 뱃속에서 처음 만들어지지만 하나님의 아들은 어머니의 뱃속에서 만들어지지 않았습니다. 아들은 아버지로부터 나셨고 인간이 되신 것은 그가 이 세상에 사명을 가지고 오신 것입니다.

그런데 이 아들이 인간이 되어서 여자의 몸에서 태어났지만 그는 여전히 하나님의 아들이지 인간의 아들은 아닌 것입니다. 그는 다른 인간이나 천사들과 같을 수가 없었습니다. 이 아들이 다른 부분이 무엇입니까? 그는 우리와 똑같은 성품이나 육신을 입었지만 죄가 없으신 분이셨습니다. 그리고 하나님의 말씀을 절대적으로 믿고 순종하셨습니다.

그러나 그리스도는 너무나도 우리와 똑같은 인간이 되셨기 때문에 아무도 그를 하나님의 아들로 인정하려고 하지 않았습니다. 그때 하나님께서 친히 그리스도를 자신의 아들로 인정하셨습니다. '이는 내 사랑하는 아들이요 내 기뻐하는 자라' 고 말씀하셨습니다.

5절 후반에 '나는 그에게 아버지가 되고 그는 내게 아들이 되리라 하셨느뇨' 라고 되어 있습니다. 이 구절은 다윗이 성전을 지으려고 했을 때 하나님께서 네 몸에서 나는 아들이 성전을 지을 것이라고 하시면서 하신 말씀입니다.

즉, 네 몸에서 난 아들이 성전을 짓게 되는데 나는 그의 아버지가 되고 그는 내 아들이 되리라고 하셨습니다. 이것은 그 전에는 아들이 아니었는데 성전을 지음으로 아들이 되었다는 뜻이 아닙니다. 그가 비천한 육신의 몸으로 왔지만 여전히 내 아들이고 그가 나의 뜻을 이루기 위하여 죽었을 때 그 죽음이 그냥 죽은 것이 아니고 내 뜻에 따라서 나와의 약속에 따라서 죽은 것이기 때문에 내가 내 아들을 책임질 수밖에 없다는 뜻입니다.

이것을 볼 때 히브리서 저자는 하나님의 아들의 역할을 가장 잘 알 수 있는 것이 다윗의 고백과 통치라고 보고 있습니다. 즉 어떻게 아무 자격도 없는 다윗이나 다윗의 후손이 이스라엘의 왕이 될 수 있습니까? 그들이 돈이나 힘이 많은 것도 아니고 혈통이 좋은 것도 아니고 정치적인 세력이 있는 것도 아닌데 어떻게 이스라엘의 왕이 되어서 다스릴 수 있습니까? 그래서 온 열방이 분노하며 그의 결박을 끊어버리자고 소리를 지릅니다. 그러나 이스라엘을 다스리는 자는 다윗이 아니고 그리스도였던 것입니다. 다윗은 그냥 그리스도의 대리자에 불과했습니다. 예수님도 마찬가지입니다. 예수님이 유명한 것도 아니고 정치적인 세력이 있는 것도 아닌데 어떻게 우리의 왕이 될 수 있습니까? 그것이 바로 하나님의 약속이고 하나님의 능력인 것입니다.

솔로몬은 다윗보다 훨씬 어리고 신앙도 부족한데 어떻게 성전을 지을 수가 있습니까? 그리고 솔로몬이 지은 성전이 어떻게 하나님의 참 성전이라고 장담을 할 수 있겠습니까? 그것은 솔로몬의 성전이 전부가 아니고 그리스도가 오셔서 단번에 자신을 제물로 하나님께 바치는 것을 전제로 믿기 때문에 성전이 될 수 있는 것입니다.

결국 그리스도가 세상에 다시 오실 때 온 세상은 그에게 경배하며 기뻐하면서 맞이하게 될 것입니다.

6절 또 맏아들을 이끌어 세상에 다시 들어 오게 하실 때에 하나님의 모든 천사가 저에게 경배할찌어다 말씀하시며

이것은 이미 구약 시대에 하나님의 아들이 구원을 다 이루시고 세상에 다시 오실 것을 예언하신 말씀입니다. 구약 시대에 이미 아들이 모든 구원을 다 이루시고 세상에 오실 때 모든 천사들과 모든 피조물들이 기뻐하면서 예수님을 영접하게 될 것입니다.

그리스도의 영원한 통치

하나님의 아들은 우리 인간들의 죄를 다 책임지시기 위해서 인간이 되셨습니다. 이것은 하나님의 아들로서는 너무나도 비참한 모습이 아닐 수 없었었습니다. 그러나 그리스도는 아버지로부터 받은 약속이 두 가지 있었습니다. 하나는 아들이 죽으면 다시 살리겠다는 약속이었습니다. 그리고 그가 다시 살아나신 후에는 예수를 믿는 자는 아무 것도 따지지 않고 무조건 모든 죄를 다 용서하시며 하나님의 아들을 삼으시고 성령을 무제한적으로 주시겠다는 것입니다. 그리고 또 하나는 온 세상을 다스리는 심판의 왕으로 세우시겠다는 것입니다. 아들은 아버지의 말씀대로 죽었고 아버지는 이 아들을 다시 살리셨습니다. 아들은 부활하신 후에 온 세상을 다스리는 권한을 아버지로부터 받으셨습니다.

8, 9절 아들에 관하여는 하나님이여 주의 보좌가 영영하며 주의 나라의 홀은 공평한 홀이니이다. 네가 의를 사랑하고 불법을 미워하였으니 그러므로 하나님 곧 너의 하나님이 즐거움의 기름을 네게 부어 네 동류들보다 승하게 하셨도다

다윗의 시에서 놀라게 되는 것은 두 하나님이 나타나는 것입니다. 하나님께서 또 나의 하나님에게 말씀을 하십니다. 이것을 어떻게 그 구약 시대 사람들이 이해를 할 수 있었겠습니까? 그러나 다윗은 두 분의 주를 알고 있었습니다. 원래 하나님이신 주가 계시고 또 늘 우리와 함께 하시고 우리를 지켜주시는 나의 주가 계신 것입니다.

아들은 부활하신 후에 하나님의 보좌 우편에서 온 세상을 통치하십니다. 우리가 그리스도의 통치를 제대로 이해하려면 구약 시대 성부께서 어떻게 통치하셨나 하는 것을 알 필요가 있습니다. 하나님께서는 이스라엘 자손들을 말씀으로 은혜로 직접 통치하셨습니다. 하나님께서는 이스라엘 자손들에게는 은혜와 사랑과 축복을 부어주셨습니다. 그리고 이방 나라들은 왕을 통하여 대리로 통치하셨고 양심이나 법이나 역사를 통하여 심판하셨습니다. 그런데 신약 시대에 아들의 통치는 아버지의 통치와 근본적으로는 일치합니다. 그러나 다른 것이 있다면 우리 믿는 자들을 교회로 모이게 하시고 우리에게 성령을 부어주시는 것입니다. 그래서 우리 믿는 자들로 하여금 복음과 성령의 능력으로 온 세상을 정복하게 하셨습니다.

지금도 우리 주님은 하나님의 보좌 우편에서 우리의 기도를 중보하십니다. 우리에게 능력과 믿음과 성령을 더 부어주셔서 우리로 하여금 모든 악의 세력을 이기고 믿음으로 승리하도록 하십니다.

그러나 이 모든 것으로 그리스도의 통치가 모두 다 끝난 것은 아닙니다.

오늘 본문은 이 세상의 미래 운명에 대해 두 가지를 말씀하고 있습니다.

하나는 이 세상이 영구적으로 이런 상태로 지속이 되는 것이 아니고 한번은 옷을 갈아입듯이 갈아입어야 한다는 것입니다.

예수님은 부활하신 후 하늘에 계시기 때문에 어느 누구도 그를 땅으로 끌어내릴 수가 없습니다. 또한 예수님은 부활하신 후에 다시 죽지 않으시기 때문에 그의 통치는 영원하십니다. 예수님은 영원히 우리를 도와주실 수 있고 우리를 지켜주실 수 있습니다.

타락한 인간은 마귀와 손을 잡고 하나님이 만드신 세계를 너무나도 비참하게 파괴시켰습니다. 그러나 그것도 모자라서 지금도 인간들은 마귀와 손을 잡고 이 세상을 멸망시키려 하고 있습니다. 그러나 그리스도께서는 이 세상이 그렇게 쉽게 망하지 못하도록 장치를 해 놓으셨습니다. 그리고 예수를 믿는 사람들과 함께 이 세상을 지키고 사랑으로 악을 이기게 하시는 것입니다. 그래서 우리는 더욱 더 큰 믿음과 은혜를 받아서 사탄의 세력을 이겨야 합니다.

11, 12절 그것들은 멸망할 것이나 오직 주는 영존할 것이요 그것들은 다 옷과 같이 낡아지리니 의복처럼 갈아입을 것이요 그것들이 옷과 같이 변할 것이나 주는 여전하여 연대가 다함이 없으리라

이 세상은 원래 하나님께서 아름답게 만드셨지만 인간의 죄가 세상을 파괴시켰습니다. 그러나 하나님께서는 이 세상이 쉽게 망하지 않도록 끝까지 경영을 하십니다. 그 경영의 핵심에 아들이 있습니다. 물론 하나님께서는 이 세상을 영원히 지키시지는 않으십니다. 왜냐하면 어차피 이 세상은 옷처럼 낡아지게 되어 있고 언젠가는 갈아입어야 할 세상이기 때문입니다.

그러나 하나님께서는 이 세상에서 우리 믿는 자들의 훈련이 다 끝날 때까지는 이 세상을 그대로 유지시켜 주십니다. 물론 중간에 때때로 인간의

죄가 도를 넘으면 갑자기 재앙이 올 수가 있습니다. 이 세상의 구조 자체가 인간의 죄가 어느 수위를 넘어서면 자동적으로 재앙이 오게 설계가 되어 있습니다. 그러나 이 세상이 완전히 망하지는 않도록 그리스도께서 스물네 시간 지켜주십니다. 그리고 우리 성도들의 구원이 완전해질 때 이 세상을 철거해버릴 것입니다. 그래서 마치 이 세상이 영원할 것처럼 이 세상을 붙들고 산 사람들은 이 세상에 철거될 때에 이 세상과 함께 망하게 될 것입니다.

그래서 우리는 이 세상을 하나의 무대로 생각해야 합니다. 우리는 이 세상사는 동안에 열심히 신앙생활을 하고 때가 되면 무대를 떠나야 하는 것입니다. 그래서 이 세상사는 동안에 할 수 있는 대로 많은 사람을 감동시키는 아름다운 삶을 살아야 합니다.

그리고 최종적으로 예수님은 다시 이 세상에 영광의 주로 오실 것입니다. 그때가 바로 이 인류 역사가 마칠 때이며 마귀와 그리스도께 순종치 않던 자들이 심판을 받을 때입니다.

13절 어느 때에 천사 중 누구에게 내가 네 원수로 네 발등상 되게 하기까지 너는 내 우편에 앉았으라 하셨느뇨

그리스도께서는 지금 하나님의 보좌 우편에서 세상을 망하게 하려는 마귀나 야망을 가진 자들의 하는 짓을 막으셔서 이 세상의 평화가 유지되게 하십니다. 그 대신에 우리 믿는 자들로 하여금 더 기도하게 하시고 더 능력받게 하셔서 믿음으로 이기게 하십니다. 그러다가 더 이상 믿을 사람이 없을 정도로 모든 사람들이 다 믿게 되었을 때 온 세상 사람들이 다 볼 수 있게 이 세상에 다시 오실 것입니다. 그때에는 연약한 아기의 모습으로 오시는 것이 아니라 온 세상을 심판하시는 영광의 주로 오실 것입니다. 그때에

는 예수님을 찌른 자도 볼 것이라고 했습니다.

14절 모든 천사들은 부리는 영으로서 구원 얻을 후사들을 위하여 섬기라고 보내심이 아니뇨

여기서 히브리서 기자는 우리가 천사들보다 더 우월한 위치에 있음을 분명히 말하고 있습니다. 천사들이 우리를 섬기는 자들이지 우리가 천사를 숭배하거나 천사을 섬기려고 해서는 안 되는 것입니다. 그러나 천사들도 우리의 구원을 기뻐합니다. 왜냐하면 우리 인간들의 구원이 완성되지 않으면 천사들도 완전한 상태에 있지 못하기 때문입니다. 우리가 천사들과 함께 하나님을 높여드릴 때 천사들도 온전하게 기뻐하게 될 것입니다.

우리가 오늘 말씀을 보면 천사와 하나님의 아들을 비교하는 것으로 되어 있지만 실제로는 다윗의 고백이나 다윗의 통치를 통해서 그때까지 숨어 있던 그리스도의 정체가 나타나는 것을 볼 수 있습니다. 이 우주가 생기고 이렇게 잘 돌아가는 핵심에는 아들이 있었습니다. 이 아들이 얼마나 귀한 분이신가 하면 모든 피조물 중에서 이 아들이 만들지 않은 것이 하나도 없습니다. 그러나 이 아들은 우리 인간을 구원하기 위하여 비참해지시고 욕을 먹으시고 죽으심으로 더 뛰어난 신분과 지위를 얻게 되었습니다. 그래서 이제는 우리에게 무한대로 성령을 부어주시고 우리에게 능히 세상을 이길 수 있는 지혜와 믿음을 부어주시는 것입니다. 그리스도의 허락이 없이는 전쟁이 터질 수도 없고 재앙이 일어날 수도 없습니다. 단지 천사들이 하는 것은 재앙의 현장에 입회를 해서 심판하는 것을 실행하는 일을 할 뿐입니다.

예수님께서는 육신을 입고 오셔서 죽으심으로 하늘과 땅을 연결시키시고 하나님과 세상을 화해하게 하셨습니다. 이 세상은 다 옷처럼 낡아지고

나중에는 없어지겠지만 믿음으로 산 사람들은 영원한 보석처럼 남게 될 것입니다. 이것이 결국 하나님께서 온 우주를 만드시고 경영하시는 목적인 것입니다. 우리가 더 하나님의 뜻에 맞게 변하기를 바랍니다. 우리가 더 하나님의 뜻으로 충만하여서 하나님을 온전히 기쁘시게 하는 믿음의 삶을 살 수 있기를 바랍니다.

CHAPTER · 03

구원의 필요성

히브리서 2:1-18

우리가 가끔 텔레비전에서 액션 영화를 보면 악당들이 비행기나 배, 버스에 폭탄을 설치해 놓고 사람들을 협박하면서 다 죽이려고 할 때 경찰이나 정보요원들이 그곳에 몰래 들어가서 목숨을 걸고 시간과 싸워가면서 그들이 설치해놓은 폭탄들을 해체해서 거기에 있는 사람들을 살리는 것을 볼 때가 있습니다.

물론 그것은 영화이기는 하지만 만일 그것이 사실이라면 그렇게 자기 목숨을 걸고 폭발하려고 하는 배나 비행기, 버스 안에 들어가서 폭발물을 해체하고 사람을 살릴 만큼 용감하고 희생적인 경찰이나 정보요원은 많지 않을 것입니다. 그러나 실제로 우리가 살고 있는 이 세상은 마치 서서히 침몰해하는 배와 같습니다. 오늘이나 내일 당장 이 지구가 폭발하거나 물속에 가라앉는 것은 아니지만 성경은 여러 곳에서 이 세상이 하나님의 진노의 심판을 당할 것을 말씀하고 있습니다. 그런데 하나님의 아들이 우리 인간들을 사랑해서 이 세상에 자신의 목숨을 걸고 오셨습니다. 예수님이 우리 인간을 구원하는 것은 아주 고도의 기술이 필요한 것이었습니다. 그런데 정작 구원이 필요한 우리 인간들은 자신들의 멸망을 믿지 않고 또 구원의 필요성을 느끼지 못하고 있습니다. 이때 하나님의 아들이 해야 할 일은 구원의 문제도 해결해야 하지만 우리 인간들에게 구원이 필요하다는 것을 설득해야 합니다.

마크 트웨인의 소설 중에 『왕자와 거지』라는 유명한 이야기가 있습니다. 이 동화를 보면 빈민가에 사는 한 거지 소년은 왕자를 동경하고, 또 왕궁에 갇혀 사는 왕자는 다른 아이들처럼 왕궁 밖에 나가서 진흙탕에서 한번 실컷 뒹굴면서 노는 것을 동경하다가 서로 만나게 되었습니다. 그때 왕자는 거지 소년의 옷을 입고 왕궁 밖에 나가서 거지가 되고 거지 소년은 왕자의 옷을 입고 왕궁에서 왕자 노릇을 하는 내용입니다. 나중에 왕이 죽어서 이 거지 소년이 왕이 될 뻔 했을 때 거지가 된 왕자가 다시 돌아와서 자기가 왕자라는 것을 주장하지만 아무도 이 거지의 말을 믿으려고 하지 않습니다. 그런데 왕자가 된 거지는 한사코 자기는 왕자가 아니고 저 거지가 왕자가 맞다는 것입니다. 결국 거지가 된 왕자가 옥쇄를 둔 위치를 알아내는 것으로 왕자인 것이 증명이 되어서 왕이 되는데 한번 거지 생활도 해 보고 감옥에도 들어가 보았기 때문에 굉장히 백성들을 사랑하는 왕이 되었다는 이야기입니다.

그러나 왕자가 거지가 되고 거지가 왕자가 되는 것은 어디까지나 이야기에서나 가능한 것이지 실제로는 실현 불가능한 일입니다. 그러나 우리가 성경을 보면 이런 불가능한 일이 실제로 우리에게 일어난 것을 알 수 있습니다. 어거스틴은 예수님에 대하여 말하기를 '하나님의 아들이 사람이 된 것은 사람으로 하여금 하나님의 아들이 되게 하기 위해서이다' 라고 했습니다. 이런 엄청난 일이 우리에게 실제로 일어난 것입니다. 즉 지극히 높으신 하나님의 아들이 우리와 똑같은 사람이 되셔서 우리 믿는 자들을 지극히 높으신 하나님의 아들이 되게 하신 것입니다.

우리는 히브리서를 살펴보면서 몇 가지 특징을 찾아볼 수 있습니다. 그

한 가지는 히브리서가 대단히 수직적인 관계에서 우리의 문제를 보고 있다는 것입니다. 즉 우리와 하나님과 천사와 같은 수직적인 관계에서 우리의 문제를 보고 있습니다. 히브리서에서는 이 세상의 많은 일이나 복잡한 사회 문제 같은 것은 일체 거론도 하지 않습니다. 그뿐 아니라 히브리서는 오직 구약 성경만 인용하는 여러 편의 논문으로 되어 있다는 것입니다. 히브리서는 오직 구약 성경만 인용을 해서 복음의 위대한 내용을 하나씩 증명해 나가고 있습니다. 오늘 본문 말씀은 그 두 번째 논문에 해당이 되는데 그 주제는 '하나님의 아들이 우리의 형제가 되는 것' 입니다. 우리가 앞의 본문에서 살펴본 것은 그리스도가 천사보다 높으신 하나님의 아들이시지만 낮아지심으로 온 세상을 통치하는 신분을 받으셨다는 것이었습니다. 그러나 오늘 본문에서는 그리스도의 낮아지심의 극치에 해당되는 문제를 논증하고 있습니다. 그것은 그리스도가 죽음의 고통을 당하심으로 우리의 형제가 되셨다는 것입니다.

여기서 우리의 형제라는 말은 우리가 모두 영광스러운 하나님의 아들이 되는 것을 의미합니다. 오늘 본문은 과연 하나님의 아들이 우리 모든 죄인들을 하나님의 아들이 되게 할 수 있느냐는 것을 설명을 하고 있습니다. 성경은 그것이 가능하다고 말씀하고 있습니다. 하나님의 아들은 우리같이 버림을 당한 자들을 천사보다 더 높은 하나님의 아들들이 되게 하시기 위해서 우리와 똑같은 자가 되신 것입니다.

이 엄청난 복음

히브리서의 저자는 그리스도의 낮아지심에 대하여 더 설명하기 전에 우리들에게 보다 조심스럽고 진실한 자세를 요구하고 있습니다. 왜냐하면 지금 여기서 설명하려고 하는 것은 너무나도 엄청난 진리이고 보배이기 때문입니다. 예를 들어, 어떤 사람이 수십억 원 되는 보석을 손에 가지고 있거나 혹은 주머니에 넣고 있다면 대단히 조심을 해야 할 것입니다. 왜냐하면 자칫 잘못해서 이 비싼 보석을 잃어버리기라도 한다면 그 손해를 회복할 길이 없기 때문입니다.

전에 어느 집에서 비싼 다이아몬드 반지를 쓰레기통에 버리게 되었습니다. 그런데 그 쓰레기는 이미 청소차에 의해서 쓰레기 하치장에 버려졌습니다. 그 반지를 잃은 주인은 미화원들의 도움을 받아서 온 쓰레기장을 뒤져서 결국 그 다이아몬드 반지를 찾았다고 합니다. 그러나 거의 대개의 경우에는 한번 잃어버린 보석을 다시 찾는다는 것은 불가능한 일일 것입니다.

1절 그러므로 모든 들은 것을 우리가 더욱 간절히 삼갈찌니 혹 흘러 떠내려갈까 염려하노라

히브리서 저자는 우리가 들은 하나님의 말씀을 간절하게 간직하라고 권면을 하고 있습니다. 왜냐하면 그렇게 하지 않으면 잘못해서 '흘러 떠내려가서' 잃어버릴 수도 있기 때문입니다. 여기서 '흘러 떠내려간다'는 말은 반지 같은 것이 손에서 빠져 달아나는 것을 의미한다고 합니다.

그러면서 우리가 들은 이 복음을 구약 이스라엘 백성들과 비교해서 설명을 합니다.

2절, 3절상 천사들로 하신 말씀이 견고하게 되어 모든 범죄함과 순종치 아니함이 공변된 보응을 받았거든 우리가 이같이 큰 구원을 등한히 여기면 어찌 피하리요

구약 이스라엘 백성들은 이 세상에서 가장 큰 복을 받은 백성들이었습

니다. 그들은 하나님의 백성으로 택함을 받은 자들이었고 오직 율법의 말씀대로 순종해서 살기만 하면 어느 누구도 그들을 이길 수 없었고 멸망을 당하지 않았습니다. 기도하기만 하면 무엇이든지 응답을 받는 축복의 백성들이었습니다. 이스라엘 백성들은 하나님으로부터 너무나도 많은 말씀을 받았습니다. 그 말씀 하나 하나가 축복이요 능력이요 보배였던 것입니다. 이스라엘 백성들은 그 많은 말씀들을 모두 잔소리 정도로 생각하고 소홀하게 대했습니다. 그 결과 이스라엘 백성들은 그 엄청난 약속과 축복을 가지고도 비참하게 멸망하고 말았습니다. 왜냐하면 율법에는 조건이 있기 때문입니다. 즉 이스라엘 백성들이 하나님의 율법 말씀에 순종하면 복을 받지만 하나님의 율법을 버리고 우상을 섬기면 저주를 받게 됩니다. 하나님의 말씀은 축복도 성취가 되지만 저주도 성취됩니다. 그래서 이스라엘 백성들은 하나님께서 천사를 통하여 주셨던 율법의 말씀을 업신여기고 귀찮게 여김으로 저주를 받아 멸망을 당했습니다.

그러나 우리가 믿는 이 기독교는 천사를 통해서 주신 것이 아니고 하나님의 아들이 직접 사람이 되셔서 우리에게 주신 것입니다. 이 복음에도 조건이 있습니다. 누구든지 믿으면 구원을 받지만 믿지 않으면 '흘러 떠내려가게 되는 것' 입니다. 즉 이 세상에서 가장 불행한 것이 거저 주는 구원을 믿지 않아서 그냥 그대로 이 세상에 남게 되는 것입니다. 이것이야말로 가장 귀한 보석을 놓쳐버리는 것입니다. 우리가 보기에 이 세상에서 신앙을 가지지 않고 자기 나름대로 성공적인 삶을 사는 것이 똑똑한 것 같지만 실제로는 가장 비참한 선택을 한 것입니다.

그래서 우리는 이 복음의 진리를 이 세상의 다른 어떤 것과 비교하거나 바꿀 생각을 해서는 안 됩니다. 또 내가 믿고 싶으면 믿어주고 믿기 싫으면 믿지 않아도 되는 가벼운 것으로 생각해서도 안 됩니다. 우리는 이 복음 진리를 나의 생명의 밧줄로 생각해서 다른 것은 다 잃어버려도 이것만큼은 목숨을 걸고 붙들어야 우리의 생명이 흘러 떠내려가지 않게 되는 것입니다. 지금 우리가 가지고 있는 성경은 구약도 모든 것이 이미 다 성취되었고 밝혀졌기 때문이 한 말씀 한 말씀이 모두 축복이고 능력이고 기적입니다. 우리는 이 보석들을 단 한 개라도 잃어버려서는 안 되는 것입니다. 이 말씀을 붙들고 기도하면 놀라운 응답이 있고 성령의 부으시는 능력이 있고 기적이 일어나는데 무엇 때문에 다른 것을 붙들려고 합니까?

3절하, 4절 이 구원은 처음에 주로 말씀하신 바요 들은 자들이 우리에게 확증한 바니 하나님도 표적들과 기사들과 여러가지 능력과 및 자기 뜻을 따라 성령의 나눠주신 것으로써 저희와 함께 증거하셨느니라

우리의 이 구원은 구약 이스라엘 백성들이 받았던 축복과 비교가 되지 않는 그야말로 어마어마한 것입니다. 우리는 복음을 듣고 예수를 믿게 되었을 때 우리가 상상할 수 없는 엄청난 신분과 축복을 받는 것입니다. 그래서 우리는 이제 이스라엘 자손들이 했던 것처럼 하나님을 의심해서 세상을 사랑하거나 사람들에게 인정을 받으려고 해서는 안 됩니다. 우리는 오직 하나님이 주신 것만 붙들고 이것 하나만으로 만족해야 하는 것입니다.

인간의 가치

우리 인간의 가치는 도대체 얼마나 될까요? 가끔 쓰나미나 전쟁, 지진 같은 재앙으로 한꺼번에 사람들이 수만 명씩 죽어갈 때 사람의 가치라고 하는 것은 그야말로 하루살이 같은 벌레보다 못한 것 같습니다. 특히 이 광대한 우주 속에서, 아니 거기서 한 걸음 더 나아가서 영광된 하나님의 천사들 앞에서 우리 인간들을 볼 때 너무나 초라하고 보잘것없는 모습이 아닐

수 없습니다. 그래서 오늘 본문은 이 아름다운 피조세계 가운데서 우리 인간들의 모습을 잠시 생각해 봅니다.

6절 오직 누가 어디 증거하여 가로되 사람이 무엇이관대 주께서 저를 생각하시며 인자가 무엇이관대 주께서 저를 권고하시나이까

이것은 시편 8편의 말씀입니다. 이 시를 보면 다윗이 하나님이 손가락으로 만드신 해와 달과 별들과 그 모든 우주를 생각할 때 우리 인간이라는 존재가 얼마나 작고 보잘것없는지 생각하지 않을 수 없다는 것입니다.

우리 인간들이 큰 바다와 큰 산과 큰 사막에 갔을 때 우리는 개미와 같고 아무런 힘도 능력도 없습니다. 그런데 하물며 이 넓은 우주 속에서 인간의 모습은 얼마나 보잘것없습니까? 특히 우리 인간들을 천사들과 비교해볼 때 말할 수 없이 초라한 모습이며 거기에다가 우리 모든 인간들은 죄를 지어서 죄의 쇠고랑을 차고 있는 죄수의 신분입니다. 하나님께서는 우리를 기억하실 필요도 없고 신경을 쓰실 가치도 없습니다.

지금도 교도소 안에는 죄를 지은 사람들이 많습니다. 그러나 바깥세상에서는 감옥 안에 갇혀 있는 분들에 대하여 별로 기억 하지 않고 생각도 하지 않을 것입니다. 그럼에도 불구하고 하루도 빼놓지 않고 감옥에 있는 사람을 생각하고 찾아가는 사람이 있습니다. 그 사람은 그의 부인이든지 어머니일 것입니다. 사랑이라고 하는 것이 얼마나 위대한 것인가 하면 생각할 필요가 없는 사람을 생각하게 하고 찾아갈 필요가 없는 사람을 위해서 땅 끝까지 찾아가는 것입니다.

사실 우리 모든 인간들은 하나님 앞에서 생각할 가치도 없고 기억할 가치도 없는 너무나도 보잘것없는 자들이었습니다. 그런데 이런 우리들을 하나님께서 사랑하신 것입니다.

7절, 8절상 저를 잠간 동안 천사보다 못하게 하시며 영광과 존귀로 관 씌우시며 만물을 그 발 아래 복종케 하셨느니라

여기서 '저를 잠간 동안 천사보다 못하게 하셨다' 라고 했는데 천사보다 못하게 된 자란 누구를 말할까요? 어떻게 보면 우리 인간들을 말하는 것 같고 어떻게 보면 그리스도를 말하는 것 같습니다. 그러나 오늘 히브리서에서는 그리스도로 설명을 하고 있습니다. 결국 그리스도가 천사보다 낮아지지 아니하셨더라면 우리는 영광과 존귀의 관을 쓸 수도 없고 만물을 우리 발아래 복종시킬 수도 없습니다.

하나님의 아들이 낮아지신 것은 우리를 모두 자기와 똑같은 하나님의 아들이 되게 하시기 위해서입니다. 우리로 하여금 영광과 존귀의 관을 쓰게 하시고 모든 만물을 발아래 복종케 하는 자가 되게 하기 위해서입니다. 결국 우리 발아래 복종하는 자 속에 천사도 포함되게 되는 것입니다.

하나님의 구원 계획이 무엇인가 하면 죄로 인하여 저 비참한 감옥 맨 밑바닥에 버림받은 우리 인간들을 건져내셔서 최고로 영광스러운 왕같은 자들로 만드는 것입니다. 하나님께서는 장차 오는 세상을 우리에게 모두 다 주실 것입니다.

5절 하나님이 우리의 말한바 장차 오는 세상을 천사들에게는 복종케 하심이 아니라

이것을 생각하면 마귀는 얼마나 시기심이 생기겠습니까? 자기 발밑에서 늘 종노릇 하던 자들이 단 한 순간 예수를 믿음으로 영원히 하나님의 아들의 영광과 축복을 받는 자들이 되는데 배가 아파서 견디지 못하지요. 그래서 마귀는 할 수 있는 대로 한 사람이라도 예수 믿지 못하도록 발광을 하

는 것입니다.

우리나라에서 누구든지 대통령이 되면 모든 권력자들이 대통령에게 복종하지 않을 수 없습니다. 대통령이 무식해서 공부를 많이 하지 못했든지, 감옥에서 죄수였든지, 군대에서 병장 출신이든지 일단 대통령이 되고 나면 군대의 참모총장이나 경찰청장이나 대법원 판사나 아무리 큰 회사의 재벌이라도 대통령의 명령에 복종하게 됩니다. 그러나 장차는 이 세상의 모든 것들이 예수 믿는 사람들에게 복종하게 됩니다.

그래서 우리가 태어나서 사는 동안 예수를 알게 되고 예수를 믿게 되는 것은 우주가 생긴 이래로 최고의 복을 받는 기회입니다. 이 복을 흘려보내지 않으려면 믿음이 있어야 합니다. 아무리 이 세상의 좋은 것들이 우리를 유혹하고, 아무리 이 세상의 좋은 것들이 우리를 하나님의 말씀에서 떼어놓으려고 해도 결사적으로 붙들어야 하는 것입니다. 만약 이 믿음의 가치를 소홀하게 생각해서 느슨하게 붙들면 영원히 후회하게 될 것입니다.

그리스도의 형제 되심

우리에게 가장 궁금한 것 중 하나는 과연 그리스도가 낮아지셨다고 해서 모든 믿는 자들을 하나님의 아들로 만들 수 있느냐 하는 것입니다.

9절 오직 우리가 천사들보다 잠간 동안 못하게 하심을 입은 자 곧 죽음의 고난 받으심을 인하여 영광과 존귀로 관 쓰신 예수를 보니 이를 행하심은 하나님의 은혜로 말미암아 모든 사람을 위하여 죽음을 맛보려 하심이라

오늘 본문에서 가장 중요한 쟁점이 바로 여기에 있습니다. 아무리 그리스도가 우리를 하나님의 아들로 만들고 싶어 한다고 하더라도 우리와 하나

님은 엄청난 차이가 있습니다. 하나님은 창조자이시고 영원하시며 영원한 영광 가운데 계시는 분이십니다. 거기에 비하여 우리는 모두 흙으로 만들어진 피조물이며 육체를 가지고 있고 영원하지 못한 자들입니다. 그런데 어떻게 우리가 하나님처럼 될 수 있겠습니까? 그저 하나님처럼 되는 것도 아니고 진짜 하나님의 아들이 될 수 있겠습니까?

예를 들어, 요즘은 사람들이 애완견들을 아주 귀하게 키우는 것 같습니다. 그래서 애완견에게 옷을 입히고 신발도 신기고 심지어 외출을 갈 때에는 애완견 호텔에 맡깁니다. 그러나 그렇다고 개가 사람이 될 수 있는 것은 아닙니다. 그러나 예수님께서 하신 것은 우리를 진짜 하나님의 아들이 되게 하신 것입니다. 이것을 어떻게 우리가 증명할 수 있겠습니까?

우선 성경은 몇 가지를 증거로 제시하고 있습니다.

첫째는 하나님의 아들이 실제로 천사보다 못한 인간의 몸을 입고 오셨다는 사실입니다. 그런데 하나님의 아들이 인간이 되시면서 일시적으로 되는 방법도 있고 영구적으로 되는 방법도 있을 것입니다. 그러나 예수님은 영구적으로 인간이 되셨습니다. 그래서 사람으로 출생하셨고 사람으로 죽으셨고 사람으로 부활하셨습니다.

여기에 보면 '죽음을 맛보려 하심이라' 고 했습니다. '죽음을 맛본다' 는 것은 살짝 죽었다는 뜻이 아닙니다. 예수님은 죽을 수 없는 분이십니다. 그럼에도 불구하고 죽으신 것입니다. 그 이유는 우리와 하나가 되시기 위해서입니다. 우리와 연합을 하셔서 우리의 모든 죄는 다 가져가시고 예수님의 의를 우리에게 주시기 위해서입니다. 예수님은 십자가에 죽으심으로 우리와 연합을 하셨습니다. 예수님의 손의 못자국과 창자국이 우리와 연합한 표시입니다. 예수님이 부활하셨을 때 우리 모두가 다 하나님의 아들로 살아난 것입니다.

그러나 두 번째로 우리가 알아야 할 것은 하나님의 아들이 단순히 사람이 되셨다고만 해서 우리가 하나님의 아들이 될 수 있는 것은 아닙니다. 우리가 하나님의 아들이 될 수 있는 것은 그의 죽으심입니다. 예수님이 죽지 않으셨더라면 우리는 하나님의 아들이 될 수가 없습니다. 왜냐하면 예수님이 죽으심으로 우리와 예수님이 바뀌어졌기 때문입니다. 그래서 우리에게 가장 중요한 것은 예수님의 죽으심입니다. 예수님은 죽으시고 우리는 그 죽음을 믿음으로 우리는 죽은 예수님과 하나가 되어 부활해서 같이 살아나는 것입니다.

이 모든 것을 우리 머리로는 도무지 이해하기가 어려울 것입니다. 그러나 이 두 가지는 반드시 알아야 합니다. 예수님은 죽으시고 우리는 믿고 그러면 죽은 예수님과 하나가 되어 우리가 하나님의 아들로 살아난다는 것입니다.

지금 우리는 죄인으로 살아 있는 것이 아니라 하나님의 아들로 살아있습니다. 그래서 우리가 기도할 때 하나님께 '아바 아버지' 라고 부르는 것입니다. 여기의 이 '아바' 라고 하는 것은 친 자식이 자기 아버지를 부를 때 사용하는 호칭입니다. 우리나라의 '아빠' 와 같은 것입니다.

아버지가 외출하셨다가 돌아오셨을 때 친아들과 놀러온 아들의 친구는 태도가 다릅니다. 친아들은 연방 '아빠!' 를 부르면서 목에 매달릴 것입니다. 그러나 놀러 온 친구는 좀 떨어진 곳에서 멀뚱하게 보면서 인사하고 자기 집으로 갈 것입니다. 우리는 사실 하나님의 친아들은 아닙니다. 그런데 하나님께서는 우리 안에 친아들의 영을 부어주셨습니다. 그래서 하나님을 친아들이 아버지를 대하듯이 친숙하게 대하게 되는 것입니다.

세 번째로 그리스도는 온 세상을 창조하신 분이십니다. 그리스도는 온 세상을 창조하신 능력으로 한번 망가진 인생인 우리를 얼마든지 고칠 수 있습니다. 그러나 우리를 하나님의 아들이 되게 할 수는 없습니다. 그리스도께서 우리를 하나님의 아들이 되게 하기 위하여는 더 큰 일을 하셔야만 했습니다. 그것은 우리를 '거룩하게 하시는 것' 입니다. 예수님 자신이 우리의 죄를 모두 다 책임지심으로 우리의 모든 죄를 없게 하셨을 때 창조의 능력과 거룩하게 하심으로 우리를 하나님의 자녀로 삼으실 수 있게 되신 것입니다.

10, 11절 만물이 인하고 만물이 말미암은 자에게는 많은 아들을 이끌어 영광에 들어가게 하시는 일에 저희 구원의 주를 고난으로 말미암아 온전케 하심이 합당하도다. 거룩하게 하시는 자와 거룩하게 함을 입은 자들이 다 하나에서 난지라 그러므로 형제라 부르시기를 부끄러워 아니하시고

그래서 본문에서는 그리스도에 대하여 '만물이 말미암은 자' 라고 말하고 '거룩하게 하시는 이' 라고도 말하고 있습니 다. 결국 이 두 가지가 다 있기 때문에 우리가 하나님의 아들이 될 수 있는 것입니다. 다시 말해서 그리스도가 천사거나 다른 피조물이셨더라면 우리를 회복시킬 수는 있을지 몰라도 하나님의 아들이 되게 할 수는 없습니다. 우리를 아들 되게 하는 것은 아들만이 하실 수 있는 것이며 그것도 우리의 모든 죄를 다 없게 하셔야만 하실 수 있으셨습니다.

그리고 네 번째로는 성경에 우리가 하나님의 자녀가 되는 약속들이 있습니다.

12절에 보면 '내가 주의 이름을 내 형제들에게 선포하고' 라고 되어 있습니다. 우리가 주님의 형제들인 것입니다. 놀라운 것은 예수님께서 마리아에게 태어나셨을 때 형제들이 있었습니다. 그러나 그 형제들은 육신의 형제들이었습니다. 그들도 예수님을 하나님의 아들로 믿을 때 우리와 같은 진짜 형제가 될 수 있었습니다.

13절 또 다시 내가 그를 의지하리라 하시고 또 다시 볼찌어다 나와 및 하나님께서 내게 주신 자녀라 하셨으니

성경에서 그리스도는 우리를 형제라고 부르셨고 또 하나님의 자녀라고 하셨습니다. 그러니까 우리는 예수를 믿음으로 틀림없는 하나님의 아들이 되는 것이고 예수 그리스도의 동생이 되는 것입니다. 하나님께서는 우리가 이 세상에서 하나님의 아들로 살아가기를 바라십니다. 이것이 우리를 구원하신 가장 중요한 목적입니다. 특히 유대인들에게 있어서 아버지와 아들의 관계는 특별히 가까웠습니다. 아들은 아버지의 축소판이라 할 정도로 아버지를 닮았습니다. 오늘 하나님께서 우리에게 기대하시는 것은 우리가 하나님을 그대로 닮은 모습으로 이 세상에서 살아가는 것입니다. 그렇게 할 때 다른 사람들이 우리가 하는 행동이나 태도를 보고 '아, 하나님은 저런 분이시구나' 하는 것을 알게 될 것입니다.

지금 우리의 걱정은 세상의 것을 많이 가지지 못한 것이 아닙니다. 우리가 하나님의 자녀라고 하면서도 하나님을 조금밖에 닮지 못한 것입니다. 우리가 나중에 죽어서는 하나님의 아들의 축복을 차지하려고 하면서 이 세상에서는 마귀의 자녀들처럼 산다면 그것은 옳지 않은 것입니다. 우리에게서 하나님의 모습이 나타나려고 하면 자꾸 자기 자신을 죽이면 됩니다. 예수님이 하셨던 것처럼 자기를 십자가에 못 박아서 할 말은 하지 않고 화를 낼 때 화를 내지 않고 어려운 가운데 기뻐하고 감사할 때 하나님의 아들의 모습이 나타나게 될 것입니다.

인간의 운명

본문 말씀보다 우리 인간의 운명과 처지를 더 생생하게 표현해주고 있

는 말씀은 없을 것입니다. 성경이 보여주는 이것이 바로 우리 인간의 모습이요 처지입니다.

14, 15절 자녀들은 혈육에 함께 속하였으매 그도 또한 한 모양으로 혈육에 함께 속하심은 사망으로 말미암아 사망의 세력을 잡은 자 곧 마귀를 없이 하시며 또 죽기를 무서워하므로 일생에 매여 종노릇하는 모든 자들을 놓아 주려 하심이니

모든 인간들은 '한 평생 죽기를 무서워서' 죽지 않으려고 몸부림치면서 사는 형편입니다. 인간은 마치 몸에 무시무시한 시한폭탄을 감고 살아가는 자들과 같습니다. 우리가 일하는 동안에도 시한폭탄의 시계는 돌아갑니다. 잠을 자는 동안에도 이 시계는 돌아갑니다. 그러다가 어느 한 순간 폭탄이 터지면서 인간은 죽는 것입니다. 사람이 죽을 때 겪는 고통은 이 세상 살면서 겪는 어떤 고통보다 더 클 것입니다. 그러나 더 무서운 것은 죽은 뒤에 나를 기다리고 있는 것이 무엇인지 알지 못하며 죽은 사람은 썩어서 없어진다는 것입니다.

사람들은 굶어 죽지 않기 위해서 열심히 일을 해야 합니다. 사람이 굶어 죽는 것이 얼마나 비참하고 고통스러운지 모릅니다. 또 사람들은 매를 맞으면 너무 아프기 때문에 매를 맞지 않기 위해서 시키는 대로 할 수밖에 없습니다. 사람들에게 가장 무서운 것은 역시 죽음입니다. 사람들은 이 죽음이 무서워서 죽을 때까지 사는 것 자체를 종노릇을 해야 하는 것입니다. 즉 살기 위해서는 무슨 일이든지 해야 하고 살기 위해서는 권력자가 시키는 대로 해야 하고 집에서 쫓겨나지 않으려면 무엇이든지 해야 하는 것입니다.

그러나 이것은 우리 눈에 보이는 세계이고 눈에 보이지 않는 세계에는 마귀가 모든 것을 다 지배하고 있습니다.

'사망으로 말미암아 사망의 세력을 잡은 자 마귀를 없이 하시며' 라고 말하고 있습니다. 여기서 말하는 '사망' 은 육체적인 죽음이 아니라 영적인 죽음을 말합니다. 즉 하나님께서 죄 때문에 우리 인간들을 다 버리셨을 때 영적인 사망이 오게 되었습니다. 우리는 하나님의 성령을 받아야 아름답고 능력 있게 살 수 있는데 성령의 능력과 말씀과 기도의 능력이 끊어져버리니까 자동적으로 조폭 두목 같은 마귀가 우리의 왕이 되게 되었습니다. 마귀는 눈에 보이지 않는 사회의 풍습이나 제도를 통해서 우리 인간들을 지배하고 특히 하나님을 믿지 못하도록 방해를 하고 죄를 짓도록 충동질을 했던 것입니다. 그런데 예수님이 오심으로 마귀는 우리를 지배할 수 있는 모든 권한을 잃어버리게 되었습니다. 마귀는 단 한 사람도 지배할 수 없게 되었습니다. 단지 마귀는 거짓으로 사람들을 속여서 아직도 지배를 하고 있습니다. 이런 자들에게 복음이 증거되고 그들이 예수의 이름을 부르면 마귀는 또 도망을 가게 되어 있습니다.

예수님께서 이 세상에 오신 것은 눈에 보이지 않는 감옥에 갇힌 죄수들을 풀어주시기 위해서입니다. 예수님이 십자가에 죽으셨을 때 온 세상을 가두고 있는 수용소의 철망이 무너지게 되었습니다. 구약 출애굽 때 모세의 지도하에 이백만명이 넘는 사람들이 애굽을 탈출했습니다. 그러나 예수님의 십자가는 이백만명이 아니라 온 세상을 가두고 있는 마귀의 철망을 무너트린 것입니다. 이제는 누구든지 마음껏 하나님께로 돌아올 수 있습니다. 그것을 막는 자들은 하나님께서 모세의 지팡이 보다 더 강한 지팡이로 치실 것입니다.

오늘은 위대한 해방의 시대입니다. 누구든지 죄에서 해방될 수 있고 미신에서 해방될 수 있습니다. 예수님은 '수고하고 무거운 짐진 자들아 다 내게로 오라 내가 너희를 쉬게 하리라' 고 말씀하셨습니다.

우리가 그렇게 할 수 있는 이유가 어디에 있습니까? 우리의 대제사장이 살아 있기 때문입니다.

17, 18절 그러므로 저가 범사에 형제들과 같이 되심이 마땅하도다 이는 하나님의 일에 자비하고 충성된 대제사장이 되어 백성의 죄를 구속하려 하심이라 자기가 시험을 받아 고난을 당하셨은즉 시험 받는 자들을 능히 도우시느니라

구약 이스라엘의 대제사장의 자격은 반드시 이스라엘 형제 중의 한 사람이어야 한다는 것입니다. 천사는 절대로 대제사장이 될 수 없습니다. 왜냐하면 우리의 죄를 위해서 기도할 수 있는 제사장은 우리가 겪는 고통을 아는 자이어야 하기 때문입니다.

우리는 한번 용서를 받는다고 해서 더 이상 죄를 짓지 않는 것이 아닙니다. 우리는 자꾸 죄를 짓습니다. 그것 때문에 우리의 대제사장이신 예수님은 항상 살아서 우리의 기도를 들으시고 예배를 받으십니다. 그래서 우리가 아무리 자주 죄를 지어도 하나님 앞에서 다 해결해 주십니다. 뿐만 아니라 예수님은 이 세상에서 많은 시험을 받으셨습니다. 그래서 실제로 우리를 도우실 수 있습니다. 우리가 시험 당했을 때 얼마나 두려워하고 얼마나 염려하며 얼마나 비겁해지는지 다 알고 계십니다. 그래서 우리가 어려운 시험 중에 빠졌을 때 우리를 위로하시며 격려하시며 특히 우리를 위해서 기도하시며 도와주십니다.

우리는 많은 경우에 누군가가 우리를 위해서 기도했다는 것을 분명히 느낄 때가 있습니다. 왜냐하면 내 힘으로는 도저히 안 되는데 이상하게 너무나 잘 되었기 때문입니다. 그것은 바로 대제사장이신 예수님께서 나를 위해서 기도를 하셨기 때문입니다. 우리는 때때로 내 편이 아무도 없다고

생각하는데 하나님의 보좌 우편에 가장 막강한 내 편이 있습니다. 이 분이 우리를 위해서 기도를 하시면 우리는 어떤 시험도 이길 수가 있습니다.

오늘날 많은 사람들이 이 엄청난 복음을 듣고서도 소홀하게 하는 것은 아직 우리의 처지를 잘 모르고 마귀에게 속아서 그렇습니다. 그러나 우리는 누가 뭐라고 해도 이 복음을 우리 생명처럼 붙들어야 하고 특히 우리의 대제사장을 붙들어야 합니다. 우리는 더 이상 죄와 수치의 무거운 짐을 지고 갈 필요가 없습니다. 우리의 대제사장에게 모든 죄의 무거운 짐을 다 넘겨드리고 시험 가운데 능히 이길 수 있도록 기도로 도움을 간구할 수 있기를 바랍니다.

CHAPTER • 04

이스라엘의 실패

히브리서 3:1-19

우리가 성경을 보면서 가장 이해하기 어려운 것은 이스라엘 백성들은 구약 시대 하나님을 가장 잘 알고, 하나님은 이스라엘 백성들을 그렇게 사랑하셨음에도 불구하고 왜 이스라엘 백성들은 주위 상대국에 의해서 망했을까 하는 것입니다. 그리고 더 이해가 되지 않는 것은 이스라엘 자손들이 믿지 않았던 기독교가 어떻게 우리나라까지 오게 되어서 이렇게 교회가 많아지고, 기독교인이 많아지게 되었을까 하는 것입니다.

사실 전 세계 사람들이 요즘 가장 이해하지 못하는 것은 어떻게 한국이라는 이 작은 나라가 이렇게 발전하게 되었을까 하는 것입니다. 우리나라는 큰 나라도 아니고 인구가 많은 것도 아니고 천연자원이 많은 나라도 아닙니다. 그러나 한국이 세계 7대 경제대국이 된 것은 바로 하나님의 축복이 있었기 때문입니다. 하나님께서는 구약 이스라엘 백성들이 실패했던 것을 오늘 우리 믿는 자들을 통해서 해내고 계신 것입니다.

오늘 본문 말씀은 히브리서의 세 번째 논문이라고 볼 수 있습니다. 우선 첫 번째 부분은 하나님의 아들이 왜 천사보다 탁월하신가 하는 것이었고 두 번째는 하나님의 아들이 우리의 형제가 되심이었습니다. 하나님의 아들이 우리의 친 형이 된다면 우리는 진짜 하나님의 아들들이 되는 것입니다. 그러나 오늘 세 번째 부분에서 히브리서에서는 하나님의 위대한 초청을 받고서도 실패했던 이스라엘 백성들에 대하여 말씀을 하고 있습니다. 하나님께서는 이스라엘 백성들을 하나님의 나라로 초청을 할 때 그냥 대수롭지 않게 초청하는 서류만 하나 달랑 보내신 것이 아니었습니다. 하나님께서 이스라엘 백성들을 초청하실 때 열 가지 재앙으로 그리고 홍해를 가르는 기적으로 초청하셨습니다. 세상에 이 보다 더 위대하고 영광된 초청이 어디에 있겠습니까? 그러나 이스라엘 백성들은 광야에서 이 위대한 하나님의 초청에 모두 다 실패해서 가나안 땅에 들어가지 못하고 광야에서 40년 동안 헤매다 모두 죽고 말았습니다. 열 가지 기적과 홍해의 기적으로 초청받은 자들이 왜 끝까지 하나님을 따라가지 못하고 모두 중간에서 실패하고 말았을까요? 그 이유는 하나님의 백성이 되는 과정이 이스라엘 백성들이 생각했던 것처럼 편안하고 유쾌하고 안정된 길이 아니었기 때문입니다. 오히려 정반대로 육체적으로 불편하고 정신적으로 극도로 불안한 삶의 연속이었기 때문에 그들은 끝까지 참아 내지를 못했던 것입니다.

우리는 이스라엘 백성들이 광야에서 하나님을 원망하고 불신함으로 실패했던 것을 생각하면 이스라엘 백성들에 대하여 안타까운 생각을 가질지도 모르겠습니다. 그러나 히브리서 저자가 말하고자 하는 것은 이것이 바로 오늘 우리들의 이야기에 그대로 적용이 될 수 있다는 것입니다. 즉 오늘 우리도 처음 예수를 믿을 때 우리 안에 놀라운 체험이나 기적들이 일어날 때가 많습니다. 어떤 사람은 기적으로 병이 낫기도 하고 어떤 사람은 마음 속에 뜨거운 체험을 하기도 합니다. 그러나 예수를 믿고 난 후의 우리의 생활이 내가 기대했던 것처럼 세상에서 성공적이지 않고 어려움이 지속되면 신앙의 열정이 식어지고 자꾸 세상 사람들을 따라가고 싶은 마음이 드는 것입니다. 그러나 이렇게 되면 구약 이스라엘 백성들처럼 고생은 고생대로 하고 최종적으로 안식에 들어가지 못할 수 있습니다.

모세와 그리스도의 충성

히브리서의 세 번째 부분은 그리스도를 모세와 비교하는 것으로 되어 있습니다. 이스라엘 백성들에게 있어서 모세는 가장 위대한 하나님의 능력을 가졌던 사람이었으며 실제적으로 이스라엘이 존재하게 한 사람이었습니다. 그리고 모세는 이스라엘이 만들어지는데 죽도록 충성한 하나님의 종이었습니다. 그래서 모세의 별명이 '하나님의 종 모세' 였습니다. 그러나 히브리서 저자는 그리스도야 말로 모세보다 훨씬 더 뛰어난 분이라고 말씀하고 있습니다.

1-3절 그러므로 함께 하늘의 부르심을 입은 거룩한 형제들아 우리의 믿는 도리의 사도시며 대제사장이신 예수를 깊이 생각하라 저가 자기를 세우신 이에게 충성하시기를 모세가 하나님의 온 집에서 한 것과 같으니 저는 모세보다 더욱 영광을 받을만한 것이 마치 집 지은 자가 그 집보다 더욱 존귀함 같으니라

우선 우리는 모세가 이스라엘을 위하여 충성한 것을 생각해 볼 필요가 있습니다. 우선 모세는 젊었을 때 자기 힘으로 이스라엘 자손들을 건져보려고 하다가 애굽인 감독만 하나 죽이고 도망을 쳤습니다. 사실 이 정도만 하더라도 어느 누구도 쉽게 할 수 없는 일이었습니다. 그러나 모세는 40년이 지난 후 다시 애굽에 돌아왔습니다. 그것도 그냥 돌아온 것이 아니라 정식으로 하나님의 보내심을 받아서 돌아왔습니다. 모세는 이스라엘 백성들이 불신하고 바로가 거부하는 가운데도 끝까지 바로와 대결을 해서 이기고

이스라엘 백성들을 애굽에서 이끌어 내었습니다. 그리고 모세는 이스라엘 백성들과 함께 홍해를 건넜습니다. 모세는 다른 사람들은 바다로 건너라고 해 놓고 자기는 딴 길로 간 것이 아니라 모든 것을 이스라엘 백성들과 똑같이 했습니다. 그리고 중간에 이스라엘 백성들이 엄청나게 모세를 거부하고 소동을 일으켰지만 이스라엘 백성들을 포기하지 않고 그들을 위해서 기도를 했습니다.

이스라엘 백성들이 출애굽한 후 가장 큰 위기는 시내산 밑에서 일어났는데 모세가 하나님의 돌비를 받기 위하여 40일 동안 산에 올라간 동안 이스라엘 백성들은 금송아지를 만들어 놓고 산 밑에서 먹고 마시고 뛰놀았던 것입니다. 이때 하나님께서는 이스라엘 백성들을 다 멸하고 모세 한 사람으로 다시 시작하겠다고 했을 때 모세는 하나님의 생명책에서 자기 이름을 지우는 한 이 있더라도 이스라엘 백성들을 살려달라고 기도함으로 이스라엘 백성들은 살릴 수 있었습니다. 모세는 끝까지 이스라엘 백성들을 포기하지 않았고 그들을 인도해서 가나안 입구인 모압 땅의 느보산까지 간 후에 자신은 가나안 땅에 들어가지 못하고 느보산에서 죽었습니다. 만약 모세의 이런 열정과 헌신이 없었더라면 이스라엘 백성들은 존재할 수 없었을 것입니다.

여기서 모세가 충성되었다는 것은 몇 가지로 생각할 수 있습니다. 우선 하나는 모세가 자기에게 주어진 임무와 책임을 목숨이 위태로운 가운데서도 끝까지 완수했다는 것입니다. 모세가 바로와 대결하는 것은 목숨을 내어 놓지 않으면 불가능한 일이었습니다. 그리고 모세는 아무리 절망적인 상황에서도 '못해먹겠다' 고 하면서 사명을 내팽개치지 않았습니다. 모세는 끝까지 인내하면서 자신에게 주어진 사명을 감당을 해내었습니다. 그리고 모세는 이스라엘 백성들의 먹을 것과 마실 것과 안전을 끝까지 책임을 졌습니다. 광야는 그 많은 이스라엘 백성들이 먹을 양식이나 물이 전혀 없었습니다. 그러나 모세는 이스라엘 백성들을 광야에 내팽개치지 않고 끝까지 책임을 졌습니다. 그래서 이스라엘 백성들은 40년 동안 광야에서 살았던 것입니다. 나중에 이스라엘 백성들이 망하게 되었을 때 가장 아쉬웠던 것은 모세와 같은 종이 이스라엘에 없었던 것입니다. 모세는 아무리 사람들이 반대하고 어려움이 와도 절대로 하나님의 편에 서서 충성을 했기 때문에 이스라엘을 살릴 수 있었습니다. 그러나 나중에 이스라엘이나 유다가 망할 때 보면 모세와 같은 종이 없었습니다. 전부 자기 배나 채우려 하고 사람들에게 붙었다가 이방 나라에 붙었다가 하는 왕이나 신하나 제사장들 밖에 없었습니다. 그러니까 이스라엘이 이방 나라에 삼키워서 백성들은 비참하게 멸망하고 말았던 것입니다.

그런데 오늘 성경에서 무엇이라고 말씀하고 있는가 하면 '모세는 하나님 집의 사환이었다'라고 말씀하고 있습니다. 즉 모세가 나타내었던 능력은 모세의 것이 아니고 집 주인의 것을 빌려서 썼던 것입니다. 그리고 모세가 그렇게 끝까지 충성할 수 있었던 것도 주인이 끝까지 모세를 붙들어주시고 모세에게 힘을 주셨기 때문에 가능한 것이었습니다.

그 모세의 주인이 누군가 하면 바로 그리스도였던 것입니다. 이것은 엘리야의 경우에도 마찬가지였습니다. 하늘에서 불이 떨어지게 하고 죽은 자를 살리던 엘리야의 능력도 자신의 능력이 아니고 주인의 능력을 빌려서 사용했던 것입니다. 그런데 하나님의 아들 그리스도에게 있어서 가장 중요한 것은 그의 충성심이었습니다. 그 충성심이 다른 충성심이 아니라 하나님과 하나님의 말씀에 대한 절대적인 헌신과 믿음이었습니다.

하나님의 아들은 하나님의 말씀을 이루어드리기 위해서 모든 영광을 버리고 인간이 되셨습니다. 하나님의 아들이 사람이 되셨지만 아무도 그를 알아주지 않았습니다. 오히려 사람들은 믿지 않고 거짓말한다고 의심을 했고 예수님의 고향 사람들은 예수님을 더 배척을 했습니다. 예수님은 이 세상에 사시면서 너무나도 많이 사람들의 불신과 타락에 실망을 하셨습니다. 그럼에도 불구하고 끝까지 자신의 길을 걸어가셨습니다. 그 이유는 하나님과 하나님의 말씀을 믿었기 때문입니다. 그래서 결국 나중에는 십자가에 못 박혀 죽으시고 죽음에서 다시 살아나심으로 구원의 길을 활짝 열어놓으신 것입니다.

여기서 우리는 예수님과 모세의 공통점을 찾아볼 수 있습니다. 그것은 일체 사람의 말이나 평가에 흔들리지 않고 목숨을 내어놓고 하나님의 부르심과 하나님의 말씀에 헌신을 한 것입니다. 모세는 목숨을 걸고 바로와 대결을 했고, 하나님의 아들은 실제로 죽기까지 순종을 하셨습니다.

그러나 모세의 충성과 하나님의 아들의 충성은 질적으로 비교가 되지 않는 일입니다. 우선 모세가 나타내었던 능력도 하나님의 아들이 빌려주신 것이고 또 하나님의 아들이 붙들어주었기 때문에 모세는 끝까지 사명을 감당할 수 있었던 것입니다. 그러나 하나님의 아들은 이스라엘의 구원을 위하여 모든 것을 다 버리셨습니다. 하나님의 아들의 열정이 얼마나 대단한가 하면 아무리 인간들이 그를 불신하고 조롱하고 멸시해도 그의 충성심을 꺾을 수는 없었습니다. 그래서 그리스도는 우리가 예수를 믿는 이상 어떤 반대나 어려움이 있어도 반드시 우리의 구원을 책임지십니다. 마치 모세가 바로의 반대나 광야의 역경에서 불구하고 끝까지 이스라엘 백성들을 책임지고 가나안 입구까지 데리고 왔던 것처럼 그리스도도 사탄의 훼방과 이 세상의 역경에도 불구하고 우리를 안전한 구원의 길로 반드시 인도하십니다.

그러나 모세가 지은 집과 예수님이 지은 집은 엄청난 차이가 있습니다. 모세가 지은 이스라엘은 하나님의 나라의 모형을 보여준 것이었고 하나님의 아들은 실제로 하나님의 나라를 이 세상에 완성 시키셨습니다. 이것은 마치 비유를 하자면 아파트의 모델 하우스와 실제 아파트와 같습니다. 건설회사에서 대형 아파트 단지를 분양할 때에 미리 모델 하우스를 지어서 일반인들에게 공개를 합니다. 그러면 일반인들은 그 모델 하우스를 보고서 이 새 아파트의 내부 구조는 어떻게 되어 있고 편의 시설은 어떤 것이 있겠구나 하는 것을 알게 됩니다. 그러나 모델 하우스가 실제 분양하는 아파트는 아닙니다. 실제로 아파트를 지으려면 그보다 훨씬 더 넓은 땅에 어마어마한 장비와 돈을 들여서 짓게 됩니다. 마찬가지로 이스라엘은 너무나도 내부 장식이 잘 되어 있었지만 이것은 어디까지나 하나님 나라의 모델 하우스에 불과합니다. 예수님이 지으신 것이 실제 하나님 나라인 것입니다.

하나님의 집의 용도

히브리서에서는 하나님의 구원을 어떤 집에 비유를 하고 있습니다.

2-4절 저가 자기를 세우신 이에게 충성하시기를 모세가 하나님의 온 집에서 한 것과 같으니 저는 모세보다 더욱 영광을 받을만한 것이 마치 집 지은 자가 그 집보다 더욱 존귀함 같으니라 집마다 지은 이가 있으니 만물을 지으신 이는 하나님이시라

사람들마다 어떤 집을 지을 때에는 분명한 목적을 가지고 집을 짓습니다.

예를 들어, 어떤 빌딩을 지을 때에는 사무실로 임대를 한다든지 아니면 목욕탕으로 쓴다든지 아니면 사람들의 주거용으로 만든다든지 하는 분명한 목적을 가지고 집을 설계하고 짓게 됩니다.

외국에 가보면 아주 유명한 건축물들이 있습니다. 그런 건물들을 가보면 누가 이 건물을 설계했으며 어떤 목적으로 지었는지 소개하는 글들을 볼 수 있을 것입니다. 시드니를 대표하는 건물이라면 역시 바닷가에 있는 조개껍질 모양으로 생긴 오페라 하우스를 들 것입니다. 그러나 막상 이 오

페라 하우스를 설계한 사람은 자기 설계대로 만들어지지 않아서 그런지 불만을 나타내었다는 말을 들은 기억이 있습니다. 건물은 처음 건축가의 구상이나 설계대로 지어져야지 공사하는 사람들이 자기 마음대로 건물을 지어버리면 그 건물은 인정받지 못하고 부실 건물이 되어버리는 것입니다.

아모스 선지자의 환상을 보면 나중에 다림줄의 환상이 나오는 것을 볼 수 있습니다. 여기서 다림줄이라고 하는 것은 목수들이 건물이 똑바로 세워졌는지 재어볼 수 있는 추가 달린 줄을 말합니다. 하나님께서 이스라엘이라는 건물이 똑바로 세워졌는지 하나님의 다림줄을 가지고 재어보니까 너무나도 비스듬하게 집이 세워져서 도저히 그냥 둘 수가 없는 형편이었습니다. 만약 이스라엘을 그대로 둔다면 결국 대형사고로 많은 사람들이 죽거나 다치게 될 것이 분명했습니다. 그래서 하나님께서는 아모스 선지자를 통해서 이스라엘을 헐어버리겠다고 말씀을 하십니다. 말씀대로 이스라엘은 앗수르 군대의 공격으로 완전히 멸망을 당합니다.

오래 전에 서울에 있는 어느 백화점이 붕괴가 되어서 많은 사람들이 건물 더미에 깔려 죽은 일이 있었습니다. 이것은 사실 오늘 같은 세상에서는 있을 수 없는 일이었습니다. 그런데 건물 주인은 건물 설계를 무시하고 자기 마음대로 설계 변경을 하다가 결국 건물이 무너지게 된 것입니다.

그러면 하나님께서 이스라엘이라는 집을 지은 이유가 어디에 있으며 또 예수님께서 이 세상에 하나님의 나라를 세우신 이유가 어디에 있습니까? 그것은 바로 우리를 변화시키는데 있습니다. 세상의 죄에 찌들대로 찌든 우리들을 말씀과 성령의 용광로를 통과시켜서 정직하고 순결하고 겸손한 성품을 가진 하나님의 백성으로 만드는 것이 목적이었습니다.

우리가 알아야 할 것은 하나님의 집이 결코 호텔 침실용으로 만들어지지 않았다는 사실입니다. 하나님의 집은 숯가마나 사우나 보다 더 뜨거운 용광로로 되어 있습니다. 그래서 하나님의 말씀을 듣고 성령의 책망과 감동으로 쉴 새 없이 회개하고 기뻐하는 가운데 우리 안에 있는 욕심이나 더러운 기질들은 다 빠져 나가고 진정한 하나님의 아들의 모습을 담게 하려는 것입니다. 그래서 누구든지 하나님의 집이 별이 다섯 개가 있는 최고급 호텔로 알고 들어온 사람들은 기겁을 해서 도망을 치게 되는 것입니다.

또 하나님의 나라는 식당처럼 되어 있습니다. 그러나 이 식당은 내가 손님이 되어서 점잖은 웨이터의 서빙을 받는 것이 아니라 내가 식당에서 일하는 사람이 되어서 다른 사람을 섬기는 훈련을 받아야 하는 것입니다.

요즘 젊은이들 중에는 일부러 호텔 같은데서 서빙을 하면서 다른 사람을 섬기는 것을 통해 인생을 배우겠다는 사람들이 있습니다. 우리는 다른 사람을 섬기는 법을 배워야 합니다. 그렇게 하려면 세상을 사는 자세와 내 자신에 대한 생각이 완전히 변해야 합니다. 우리는 흔한 돌밖에 안 되는 가치였는데 하나님의 진리와 성령의 능력으로 불에 달구어지고 또 식혀져서 도저히 값으로 칠 수 없는 보석으로 만들어져야 합니다. 그리고 우리는 하나님의 집에서 내가 먼저 행복해지는 것보다는 다른 사람을 먼저 행복하게 하는 법을 배워야 합니다.

우리는 내가 행복한 것보다 다른 사람을 행복하게 할 때 몇 배나 더 기쁘고 하나님은 그렇게 하는 것을 너무나도 기뻐하십니다. 그러나 이스라엘이나 예루살렘이 망한 이유가 어디에 있습니까? 그것은 그들이 하나님의 집을 허락도 받지 않고 설계를 변경을 해버린 것입니다. 사람들을 진리로 깨우쳐야 하는데 놀고 먹는 곳으로 바꾸어버렸고, 겸손하게 다른 사람을 섬기는 곳을 자기를 과시하고 자랑하는 곳으로 바꾸어버렸던 것입니다.

하나님께서는 이스라엘이나 교회를 통해서 사람이 변하고 또 먼저 온 사람들이 나중 온 사람들을 겸손하게 섬기는 것을 통해서 하나님께 영광이 돌려지기를 원하였습니다. 왜냐하면 이미 한번 망해버린 인생을 다시 살릴 수 있는 곳은 이스라엘이나 교회 밖에 없기 때문이고 이것이 바로 하나님의 능력이기 때문입니다. 우리는 교회가 어떤 곳이 되어야 하는지 알아야 합니다. 교회는 진리로 사람을 치료하고 살리는 곳이 되어야 합니다. 누구든지 세상에서 망하고 실패한 사람들이 교회에 오는 것을 싫어해서는 안 됩니다. 교회는 바로 그런 사람들이 하나님의 은혜로 치료를 받아서 새로운 인생을 시작하는 곳이 되어야 합니다.

이스라엘 백성들의 실패

우리에게 이해가 잘 되지 않는 것은 하나님께서 이스라엘 백성들을 하나님의 집으로 초청하실 때 그냥 초청장만 달랑 하나 보내신 것이 아니라 열 가지 재앙과 바다를 가르는 기적으로 초청을 하신 것입니다.

하나님께서는 이스라엘 백성들을 초청하실 때 그냥 불꽃놀이가 아니었습니다. 나일강에서 개구리가 올라오고 수많은 파리 떼가 애굽을 습격하며 메뚜기와 이와 우박과 상상할 수 없이 무서운 재앙과 바다를 갈라놓고 지나가게 하시는 기적으로 이스라엘 백성들을 초청하셨습니다.

하나님께서는 우리를 하나님의 집으로 초청하실 때 하나님의 아들이 직접 이 세상에 오셔서 능력과 기적으로 말씀을 증거하시고 십자가 위에 죽으셔서 천국 문을 활짝 열어놓으심으로 우리를 초청하셨습니다. 우리가 예수를 믿을 때 오순절에 임하셨던 그 성령께서 우리 마음에 임하셔서 예수님의 이 말씀이 옳은 진리이며 우리의 모든 죄가 다 용서되었다는 것을 뜨거운 감동으로 증거하신 것입니다.

그런데 놀라운 것은 이스라엘 백성들이 광야 길을 가면서 내내 하나님을 대적하고 원망함으로 결국 광야를 벗어나서 가나안 땅으로 들어가지 못하고 다 죽은 것입니다.

7-11절 그러므로 성령이 이르신 바와 같이 오늘날 너희가 그의 음성을 듣거든 노하심을 격동하여 광야에서 시험하던 때와 같이 너희 마음을 강퍅케 하지 말라 거기서 너희 열조가 나를 시험하여 증험하고 40년 동안에 나의 행사를 보았느니라 그러므로 내가 이 세대를 노하여 가로되 저희가 항상 마음이 미혹되어 내 길을 알지 못하는도다 하였고 내가 노하여 맹세한 바와 같이 저희는 내 안식에 들어오지 못하리라 하셨다 하였으니

왜 이스라엘 백성들은 이 엄청난 하나님의 초청을 받고도 기뻐하거나 감사하지 않고 내내 하나님을 의심하다가 결국 안식에 들어가지 못하고 광야에서 다 죽게 되었을까요? 그 이유는 이스라엘 백성들의 형편을 보면 이해가 되지 않는 것도 아니었습니다.

우선 하나님께서는 이스라엘 백성들에게 아무 것도 보여주시지 아니하고 오직 말씀만 하셨습니다. 이스라엘 백성들은 시내산에서도 하나님의 음성만 들었지 하나님의 얼굴이나 모습을 본 적이 없었습니다. 하나님께서 이스라엘 백성들에게 말씀하실 때에는 언제나 모세를 통해서 말씀하셨습니다. 그런데 그 말씀의 내용이 이스라엘 백성들에게 잘되게 해주겠다든지 혹은 이스라엘 백성들이 무엇을 잘했다든지 하는 격려나 축복의 말씀이 아니라 늘 '죄짓지 말라' 는 말씀이었습니다.

우리는 아무리 옳은 말씀이라 하더라도 자꾸 하지 말라는 소리만 들으면 잔소리처럼 들리고 짜증이 나게 되어 있습니다. 그런데 사실은 이것이 바로 우리 안에 있는 반발하는 기질을 나타내는 것입니다. 진정으로 진리를 사랑한다면 죄짓지 말라는 말씀이 송이꿀보다 더 달게 들릴 것입니다. 세상에 죄짓지 말라는 말씀보다 더 고맙고 좋은 말씀이 어디에 있습니까? 그런데 마음속에 죄를 지을 욕심이 있으면 죄짓지 말라는 말보다 더 듣기 싫은 말은 없을 것입니다.

그리고 이스라엘 백성들이 또 싫었던 것은 광야의 길은 끊임없는 불안의 연속이었던 것입니다. 광야에서는 농사를 지을 수 있는 것도 아니고 장사를 할 수 있는 것도 아니었습니다. 모든 것이 하나님의 뜻이고 하나님의 마음이었습니다. 하나님께서 만나를 주시면 사는 것이고 주시지 않으시면 굶어서 죽는 것입니다. 또 물이 어느 곳이나 있는 것도 아니었습니다. 다행히 물이 있는 곳을 만나면 마실 수 있지만, 물이 없으면 물이 있을 때까지 걸어가야 하는 것입니다. 이스라엘 백성들이 가장 싫어했던 것이 미래에 대하여 전혀 예측을 할 수 없었다는 것이었습니다.

하나님께서 이것을 통해서 이스라엘 백성들에게 요구하신 것이 무엇인지 알 수 있습니다. 그것은 하나님의 위대한 초청을 받고 이스라엘 백성이 되는 것도 중요하지만 적어도 이스라엘 백성이라면 두 가지를 훈련을 받아야 하는 것입니다. 그 하나가 살고 죽는 모든 것을 하나님께 맡기고 하나님만 의지해야 하는 것입니다. 다른 사람들이 아무리 이 세상에 적응을 잘 해서 성공적인 삶을 살고 있다 하더라도 적어도 이스라엘이라면 끊임없이 불안한 삶 가운데서 하나님을 의지하고 끝까지 걸어가야 하는 것입니다.

이때 하나님께서는 우리가 하나님을 의지하는 가장 좋은 방법을 가르쳐주셨습니다. 그것은 여호와의 율법을 사랑하고 그 율법을 지키는 것입니다. 그런데 여기서 그냥 율법을 좋아하는 정도로는 끝까지 갈 수가 없습니다. 하나님의 말씀을 자기 생명으로 생각을 하고 붙들어야 합니다.

그리고 적어도 하나님의 백성이라면 죄를 싫어해야 합니다. 우리는 모두 죄에 길들여져 있기 때문에 죄 짓는 것이 아주 쉽고 자기도 모르게 죄에 끌리게 되어 있습니다. 결국 우리가 죄를 멀리하는 방법은 하나님을 사랑하는 수밖에 없습니다.

그래서 히브리서 저자는 교인들에게 이렇게 권면을 하고 있습니다.

12-14절 형제들아 너희가 삼가 혹 너희 중에 누가 믿지 아니하는 악심을 품고 살아 계신 하나님에게서 떨어질까 염려할 것이요 오직 오늘이라 일컫는 동안에 매일 피차 권면하여 너희 중에 누구든지 죄의 유혹으로 강퍅케 됨을 면하라 우리가 시작할 때에 확실한 것을 끝까지 견고히 잡으면 그리스도와 함께 참예한 자가 되리라

여기에 보면 아주 중요한 표현들을 사용하고 있습니다. 우선 믿지 않는 것을 '악심' 이라고 말하고 있습니다. 하나님께서 천국의 위대한 초청을 받은 우리에게 요구하시는 것은 '믿음' 입니다. 믿음이라고 하는 것은 내 생각을 믿는 것이 아니고 어떤 어려움이나 역경 가운데서도 하나님의 선한 뜻을 믿는 것입니다. 그렇게 하려면 '나' 라고 하는 것이 완전히 없어져야 합니다. '나' 라고 하는 것이 남아 있는 동안에는 내 생각과 현실이 다를 때 마다 '왜?' 라는 의문을 끊임없이 제기할 것입니다. 우리는 결국 '나' 라는 것이 완전히 없어지고 전적으로 하나님만 믿어야 끝까지 하나님을 의심하지 않고 갈 수 있습니다. 그리고 '죄의 유혹으로 마음이 강퍅해진다' 고 했습니다. 우리 마음속에 욕심이 있으면 하나님의 말씀을 듣기 싫어하고 고집스러워지며 나중에는 될 대로 되라는 식으로 멋대로 행동을 해버립니다. 우리는 결코 포기해서는 안 되고 자기를 추슬러서 하나님께 복종시켜야 합니다. 처음에 나 자신을 하나님의 뜻에 복종을 시킬 때에는 망아지가 매기 싫은 멍에를 매는 것 같고 너무나도 그렇게 하는 것이 싫지만 해 보면 놀라운 복이 준비되어 있는 것을 체험하게 될 것입니다.

오늘도 하나님은 눈에 보이지 않고 사람을 통해서 주시는 말씀밖에 없습니다. 이것이 하나님께서 우리의 겸손을 시험해보시는 것입니다. 사람을 통해서 말씀하시는 것이 우리를 진정으로 사랑하시는 것입니다. 하나님의 음성을 듣고 고집을 부렸던 이스라엘 자손들은 아무도 가나안 땅에 들어가

지 못하고 광야에서 다 죽었습니다.

결국 하나님 앞에서 버림을 받은 자들이 어떤 사람들이었습니까? 그들은 모두 모세와 함께 애굽을 탈출한 사람들이었습니다. 이 사람들은 모두 정식으로 할례를 받은 자들이었으며 열 가지 재앙의 기적을 눈으로 체험한 사람들입니다. 그리고 이 사람들은 갈라진 바다를 직접 걸어서 건넌 사람들입니다. 그러나 이들이 하나님의 말씀에는 믿음을 보이지 않았습니다. 그 결과 광야에서 다 죽었습니다. 하나님께서는 그 사람의 체험이나 자격이나 외적인 조건을 보시지 않으시고 현재 하나님의 말씀에 보이는 태도를 중요하게 보십니다. 과거에 아무리 잘 믿었고, 과거에 아무리 놀라운 기적을 체험했다 하더라도 지금 하나님의 말씀에 마음을 닫고 있으면 그 사람의 마음은 강퍅한 것입니다. 우리에게 하나님의 말씀이 없으면 아무리 애를 써도 앞으로 나아갈 수가 없습니다. 결국 중요한 것은 지금 이 순간의 믿음이며 하나님의 말씀에 대한 태도입니다.

여기서 히브리서 기자는 '안식' 이라는 개념을 아주 중요하게 사용하고 있습니다. '안식' 이라는 것은 그야말로 완전한 평화와 행복의 상태입니다. 그것은 하나님께서 끝까지 믿음으로 승리한 자들에게 주시려고 하시는 준비된 축복입니다. 그러나 우리는 이 세상에 살아있는 동안은 완전히 안식할 수 없습니다. 이 세상에서 우리는 끊임없이 자기 자신을 복종시키는 싸움을 해야 합니다. 이 싸움을 하지 않는 자는 안식에 들어가지 못할 것입니다. 그리고 우리는 이 세상에서 마귀의 유혹을 거절하고 눈에 보이는 것은 아무 것도 없지만 하나님을 믿는 싸움을 싸워야 합니다. 이제 우리에게 중요한 것은 욕심을 죽이는 것과 하나님을 인정하고 믿는 것입니다. 이 두 가지 싸움을 끝까지 해 나가는 것이 광야에서 하나님을 대적하지 않고 순종하는 것입니다.

이스라엘 백성들은 매일 하나님의 기적을 체험하면서도 하나님을 믿지 못했습니다. 그 이유는 자꾸 애굽의 기준을 가지고 하나님의 사랑을 평가하려고 했기 때문입니다. 우리는 세상의 복의 기준을 가지고 하나님의 축복을 평가하려고 해서는 안 됩니다. 진정한 복은 하나님을 믿는 것입니다. 그리고 내 자신이 변화되는 것입니다. 진정한 복은 하나님께서 나를 통하여 하시는 모든 일들이 다 복이 되는 것입니다.

이스라엘 백성들이 광야 40년 동안 매일 만나가 내리고 바위에서 물이 솟는 것을 통해서 우리 머리 위에는 어마어마한 복이 있고, 우리 발밑에도 복이 준비되어 있다는 것을 믿었어야 하는 것입니다.

예수님께서도 말씀하시기를 누구든지 살고자 하는 자는 죽고 나를 위해서 죽고자 하는 자는 살리라고 말씀하셨습니다. 우리는 살려고 하면 시험에 들게 되어 있습니다. 기왕 하나님의 손에 붙들린 것 '끝까지 믿음으로 살자' 라고 결심할 때 더 놀라운 하나님의 능력을 체험하게 되며 하나님이 준비하신 안식에 넉넉히 들어가게 될 것입니다.

CHAPTER • 05

하나님의 안식

히브리서 4:1-16

우리는 가끔 직장에서 어떤 큰 프로젝트를 끝낸 후 휴가를 얻어서 바닷가나 깊은 산에 있는 호텔 같은데 가서 며칠 푹 쉬면 온몸의 긴장이 풀어지면서 기분이 아주 좋아질 것입니다. 대개 사람들이 어려운 일을 하느라 제대로 자지 못하고, 쉬지도 못했을 때, 가장 원하는 것이 무엇이냐고 물어보면 뜨거운 목욕물에 몸을 담그고 목욕을 한 후에 푹 자는 것이라고 말을 할 것입니다. 그러나 어려운 문제가 해결되기 전까지는 누구도 쉬지 못하고 전쟁을 치르듯이 일을 해야 할 것입니다.

그래서 요즘 우리는 전쟁이라는 말을 많이 씁니다. 예를 들어, 공부하는 학생들에게는 '입시와의 전쟁' 이라는 말을 쓰고 또 누군가가 중병에 걸렸을 때에는 '투병' 이라는 말을 씁니다. 또 어떤 때에는 '범죄와의 전쟁' 이라는 말을 쓰기도 합니다. 이런 식으로 우리 일상 가운데 일어나는 일에 '전쟁' 이라는 표현을 쓰는 것은 이런 문제가 우리에게 아주 중요하고 절박한 것을 의미합니다. 그래서 우리가 마치 전쟁하듯이 싸워서 완전히 이기지 못하면 결국 행복할 수도 없고 자칫 잘못하면 큰 불행의 구렁텅이에 빠질 수 있다는 것입니다.

우리나라에는 팔십만 명이 넘는 사람들이 암과 싸우고 있습니다. 그런데 암환자들이 좋아하는 의사는 의사 자신이 암에 걸려서 투병한 의사들이라고 합니다. 심지어 환자들 중에는 그런 의사를 보는 것만으로도 위로를 받고 힘을 얻는다고 합니다.

이렇게 무서운 병에 걸렸다가 치료를 받아서 완전히 병을 뿌리 뽑고 완전한 건강을 되찾게 되었을 때 그 새로운 인생이 얼마나 소중하며 얼마나 감사하겠습니까? 암 같은 병의 가장 무서운 것은 '재발' 입니다. 수술도 잘 되고 치료도 잘 되어서 다시는 이 병이 재발될 가능성이 없다고 판단이 될 때 주치의는 '완치' 라는 판정을 내릴 것입니다.

오늘 성경 말씀을 보면 죄에도 이런 투쟁이 있어야 한다고 말씀하고 있습니다. 요즈음 사람들이 무서워하는 입시나 암이나 조류 독감이나 에이즈보다 훨씬 더 심각하고 무서운 것이 바로 '죄' 라는 병입니다. 이 '죄' 라는 병은 우리의 영혼을 갉아 먹는 병인데 우리 인간의 생존 가치를 마비시킴으로 하나님의 능력과 축복을 전혀 받지 못하게 하고 결국 우리 인간들을 죽음에 이르게 해서 영원한 저주 가운데 있게 하는 병입니다.

하나님께서 우리 인간들에게 말씀을 주시고 특히 하나님의 아들이 세상에 오신 것은 우리에게서 이 죄의 병을 치료하시기 위해서입니다. 그러나 이 죄라는 병은 일단 우리 인간들이 인식하기도 어려울 뿐 아니라 치료도 어렵고 재발이 잘 되는 것이 문제입니다. 오늘 성경 말씀에 이 '죄' 가 완전히 치료된 단계를 '안식' 이라는 말로 설명을 하고 있습니다. 즉 우리 안에 있는 죄성이 완전히 다 치료가 되어서 다시는 죄를 지을 가능성이 없는 상태가 '안식' 인 것입니다. 히브리서 저자는 출애굽한 이스라엘 백성들의 예를 다시 들고 있습니다. 즉 이스라엘 자손들이 애굽에서 탈출한 것과 시내산에서 율법을 받은 것은 죄라는 병의 관점에서 볼 때 큰 수술을 받고 항암치료를 받은 것으로 볼 수 있습니다. 그러나 이스라엘 자손들은 죄라는 병에서 완치를 받지 못해서 가나안 땅에 들어가지 못하고 모두 광야에서 죽고 말았습니다. 그래서 히브리서 저자는 우리가 신앙생활을 할 때 자기 생각대로 믿는 것이 얼마나 위험한 것이며 철저하게 하나님의 말씀에 따라서 완전한 치료를 받아야 한다고 주장하고 있는 것입니다.

오늘 말씀은 '하나님의 안식'에 대한 주제를 다루고 있습니다. 본문 말씀에서 우리는 저자가 도대체 이 '안식'에 대하여 무엇을 말씀하려고 하는지 이해하는 것이 쉽지 않을뿐더러 뒤에 가면 안식과는 별 상관이 없는 '하나님의 말씀의 성격'과 '우리의 대제사장이신 예수를 붙들라'는 권면의 말씀이 나오는 것을 볼 수 있습니다. 그러나 이렇게 서로 상관이 없어 보이는 것들이 '죄의 완치'라는 관점에서 보면 놀랍게 연결이 되는 것을 알 수 있습니다.

하나님의 안식

오늘 본문에서 히브리서 저자는 '안식'의 개념을 아주 중요하게 설명을 하고 있습니다.

1절 그러므로 우리는 두려워할지니 그의 안식에 들어갈 약속이 남아 있을지라도 너희 중에 혹 미치지 못할 자가 있을까 함이라

그러면서 이스라엘 백성들이 들어가지 못한 안식에 대하여 몇 가지로 설명을 하고 있습니다.

우선 하나님께서는 출애굽한 이스라엘 자손들에게 노하시기를 '너희가 내 안식에 들어오지 못하리라' 하셨습니다. 그래서 이스라엘 백성들은 가나안 땅에 들어가지 못하고 모두 광야에서 40년 동안 빙빙 돌다가 여호수아

와 갈렙을 제외하고는 모두 다 죽었습니다.

그러면 이스라엘 자손들이 가나안 땅에 들어가는 것이 안식이냐 하면 그것도 아니라는 것입니다.

8절을 보면 "만일 여호수아가 저희에게 안식을 주었더면 그 후에 다른 날을 말씀하지 아니하셨으리라"고 했습니다. 즉 하나님께서는 다윗의 시에서 다시 이스라엘 백성들이 광야에서 불순종한 것을 말씀하시면서 안식의 말씀을 하시는데 이것을 보면 가나안 땅도 안식이 아니고 다윗의 통치도 안식이 아닌 것이 분명합니다. 그러면 도대체 하나님께서 '내 안식에 들어오지 못하리라'고 하실 때 이 안식이라고 하는 것은 어떤 안식을 의미하는 것일까요? 가장 중요한 것은 일단 눈에 보이는 복이 하나님이 말씀하시는 안식이 아닌 것은 분명합니다.

이스라엘 백성들이 애굽에서 나온 것은 노예 노동으로부터는 안식인 것이 분명합니다. 이스라엘 백성들은 더 이상 바로의 노예가 아니고 6일 동안 열심히 자기 일을 해서 먹고 살 수 있는 자유인이 되었습니다. 그럼에도 불구하고 이것이 하나님이 주시는 안식은 아니었습니다. 또한 이스라엘 백성들은 시내산에서 율법을 받음으로 하나님의 백성이 되었습니다. 이제는 하나님께서 이스라엘의 하나님이 되시며 이스라엘은 하나님의 특별한 백성이 되었습니다. 그럼에도 불구하고 완전한 안식에 들어간 것은 아닌 것입니다. 출애굽한 이스라엘 백성들은 40년 동안 광야에서 방황하다가 다 죽고 그 다음에 난 세대가 가나안 땅에 들어가서 그 땅을 정복했습니다. 그러나 가나안 땅에 들어간 것도 안식은 아니라는 것입니다. 왜냐하면 안식은 쉬어야 하는 것인데 그들은 쉬지 못하고 계속 전쟁을 해야 했기 때문입니다.

이스라엘 백성들이 비로소 가나안 족속들을 몰아내고 주위 나라들을 정복한 것은 다윗 때였습니다. 그래서 하나님께서는 다윗 때 이스라엘에 전쟁을 쉬고 안식하게 하셨다는 말씀이 나옵니다. 그러나 오늘 본문 말씀에 의하면 그것도 완전한 안식은 아니라는 것입니다. 그러면 도대체 히브리서에서 말씀하려고 하는 안식은 무엇일까요? 우리가 죽어서 완전한 천국에 들어가야 한다는 것입니까? 물론 그런 의미로 볼 수도 있습니다. 그러나 이 안식의 의미를 완전하게 이해를 하려면 '죄'의 관점에서 보아야 합니다. 물론 우리가 영원한 천국에 들어가면 죄가 더 이상 우리를 이기지 못하겠지요. 그러나 히브리서에서는 지금 이 세상에서 우리가 죄에서부터 완전히 치료될 가능성이 있느냐 하는 문제를 두고 말씀을 하고 있는 것입니다.

결국 하나님께서 우리 인간들에게 있어서 가장 중요하게 생각하시는 것은 우리 안에 있는 죄라는 병이 완전히 뿌리가 뽑혀서 치료가 되는 것입니다.

그래서 '안식에 들어간다'고 하는 것은 남의 눈이 무서워서 어쩔 수 없어서 죄를 안 짓는 것이 아니라 혹은 죄를 짓고 난 후 위선의 탈을 쓰고 사는 것이 아니라 어떤 경우에도 믿음으로 죄를 이기고 하나님을 원망하지 않고 믿음으로 승리하는 상태에 있는 것을 말하는 것입니다.

그러면 이스라엘 백성들의 문제를 한번 생각을 해 봅시다.

이스라엘 백성들은 일단 죄로부터는 엄청난 치료를 받은 자들이었습니다.

이스라엘 백성들이 모세를 만나기 전에 애굽에서 노예 생활을 하고 있던 모습이 사실 죄에 빠진 인간의 모습입니다. 그들은 매일 애굽의 노예 감독에게 두들겨 맞으면서 벽돌을 굽고 성을 쌓던 자들이었습니다. 그러나 그들에게 모세라는 하나님의 종이 말씀의 능력을 가지고 찾아왔고 이스라엘 백성들은 애굽 땅에 임한 열 가지 재앙에서 건짐을 받고 애굽을 탈출하는데 성공을 했습니다. 이것은 너무나도 엄청난 일이 아닐 수 없습니다. 그래서 하나님께서 이스라엘 백성들에게 십계명을 주시면서 4계명에 '안식일을 지키라'고 하셨습니다. 이것은 저희가 절대로 더 이상 바로의 노예가 아니라는 뜻입니다.

그리고 하나님께서는 시내산에서 이스라엘 백성들과 언약을 맺으시고 그들을 하나님의 백성으로 삼으셨습니다. 하나님께서 이스라엘 백성들에게 율법의 말씀을 주실 때 시내산은 불이 붙었고 온 산이 진동하였습니다.

이스라엘 백성들이 받은 체험들은 그야말로 바다가 갈라지고 산이 터지는 살아계신 하나님의 능력이었습니다. 그럼에도 불구하고 이런 능력들이 이스라엘 백성들의 마음속에 있는 하나님에 대한 의심과 불신의 죄성을 완전히 없애지 못했습니다. 그래서 이스라엘 백성들은 광야를 가다가 조금이라도 어려운 일을 당하거나 걱정되는 일이 생기면 믿음으로 이기지 못하고 하나님을 원망하고 불평하다가 망했던 것입니다.

여기서 우리가 알 수 있는 것은 다음과 같습니다.

우선 첫째는 하나님께서 이스라엘 백성들에게 주시는 안식은 눈에 보이는 이 세상의 복이 아니라는 사실입니다. 이스라엘 백성들이 광야에서 계속 모세와 하나님을 원망했던 것은 이 세상의 육체적인 안식을 원했기 때문입니다. 이스라엘 백성들이 모세를 원망할 때 주로 비교했던 것은 애굽에서 실컷 먹던 것입니다. 그들은 애굽에 살 때에는 고기 가마 옆에서 무엇도 먹고 무엇도 먹고 했는데 광야에서는 이런 것들을 먹을 수 없게 되었다고 하면서 원망을 하고 불평을 했습니다. 결국 이스라엘 백성들이 원했던 것도 안식은 안식이었는데 하나님께서 생각하는 안식과는 너무나도 거리가 먼 것이었습니다. 이스라엘 백성들이 원한 안식은 이 세상 어디든지 고생하지 않고 먹을 것이나 실컷 먹는 그런 안식을 원했던 것입니다.

요즘도 우리나라 사람들은 '웰빙'에 관심을 많이 쏟고 있는데 예전에는 사람들이 대개 자신의 미래나 승진을 너무나도 중요하게 생각했기 때문에 사실 외모나 건강을 중요하게 생각하지 못했습니다. 그러나 아무리 좋은 직장이고 연봉을 많이 받는다 하더라도 건강하지 못하고 외모가 보기 싫으면 만족감이 많이 떨어지니까 같은 값이면 건강하고 멋있게 살자는 것입니다. 그리고 할 수 있으면 골치 아프게 이것저것 생각하지 않고 좋은 집에서 좋은 차를 타고 좋은 식당에서 외식이나 하고 좋은데 구경이나 다니는 것이 행복한 것이라고 생각하는 사람들이 많습니다.

그러나 하나님께서 이스라엘 자손들에게 건강이나 신체적인 자유나 먹는 음식의 복이나 물질적인 복은 원초적인 복에 더하여 주시는 것이지 이런 육체적인 복이 하나님이 주시는 안식은 아니었던 것입니다.

그러면 두 번째로 결국 이스라엘 백성들의 가장 심각한 문제는 그들 마음 속 깊은 곳에 있는 하나님을 거역하고 대적하는 본성이었습니다. 우리 인간들에게 가장 심각한 병은 바로 하나님에 대한 불신입니다. 하나님께서 이스라엘 백성들에게 주시려고 하셨던 것은 하나님에 대한 완전한 신뢰와 믿음이었습니다. 그래서 하나님께서 이스라엘 백성들에게 기대하셨던 것은 광야 같은 열악한 환경에서 어떤 어려움 가운데서도 하나님을 신뢰하고 하나님께 감사하고 하나님의 말씀에 순종하는 것이었습니다. 그래서 결국 '하나님의 안식'이라고 하는 것은 단순히 죽어서 저 세상에 가는 것이나 요단강을 건너가는 것을 말하는 것이 아니라 다시는 우리 안에서 하나님에 대한 불신앙이나 교만이나 거역하는 본성이 재발되지 않는 것입니다. 즉 마음속으로는 죄를 짓고 싶지만 다른 사람들의 눈이 있고 억눌려 있기 때문에 죄를 짓지 못하는 것이 아니라 하나님을 사랑하고 내 자신의 존귀함을 알고 죄가 너무나도 싫어서 죄를 짓지 않는 상태가 완치요, 안식인 것입니다.

사실 이스라엘 백성들이 애굽에서 열 가지 기적을 체험하고 홍해를 걸어서 건너고 그 대신 추격하던 애굽 군인들은 다 빠져 죽고 불붙는 가운데 하나님의 율법을 받은 것은 충분히 하나님을 믿을 수 있는 조건이었습니다. 이제 이스라엘 백성들은 광야의 좀 불편한 가운데서 하나님을 신뢰하고 감사하면서 살아가기만 하면 완전한 믿음의 상태에 들어갈 수 있었습니다.

그러나 이스라엘 백성들은 물이 떨어지면 원망하고 가나안 입구에서 원망하고 기회가 있는 대로 하나님을 원망하고 불신하는 바람에 결국 40년 동안 이 불신앙이 조금 누그러졌다가 재발되어 다 죽었던 것입니다. 그러나 여호수아나 갈렙 같은 사람들은 똑같은 광야에 있었고 똑같은 어려운 조건에 있었지만 안식에 들어가 있었고 하나님을 원망하거나 대적하지 않았던 것입니다.

오늘 우리가 세 번째로 생각할 것은 이스라엘 백성들이 왜 결국 하나님을 믿지 못했느냐 하는 것입니다. 이스라엘 백성들이 실패했던 이유는 하나님의 말씀보다는 자기 생각이나 사람의 말을 더 믿었기 때문입니다.

2절 저희와 같이 우리도 복음 전함을 받은 자이나 그러나 그 들은바 말씀이 저희에게 유익되지 못한 것은 듣는 자가 믿음을 화합지 아니함이라

우선 이스라엘 백성들은 인간의 본성 문제를 심각하게 생각하지 않고 어서 편하게 잘 사는 것만 중요하게 생각했기 때문에 아무리 하나님의 말씀을 들어도 그 말씀이 그들의 믿음과 화합지 못했습니다. 결국 하나님의 말씀 외에는 우리 인간의 죄 문제를 그렇게 깊이 있게 치료할 수 없습니다. 오늘 우리나라의 많은 교회에서도 실패하고 있는 것이 교회에 오는 목적이 죄나 하나님에 대한 불신앙을 말씀으로 치료하는 것이 아니라 오로지 이 세상에서 성공하고 잘 되는 복만 가르쳐주니까 아무리 믿어도 믿음이 생기지 않는 것입니다. 그래서 조금이라도 어려움이 생기면 하나님을 원망하고 불평하다가 결국 다시 영적인 침체에 빠져버리는 것입니다.

하나님께서 우리에게 원하시는 것은 완전한 믿음입니다. 우리의 의문은 과연 우리가 이 세상에 육체를 가지고 사는 동안에 완전한 믿음이 과연 가능하겠느냐 하는 것입니다. 이것이 우리의 힘으로는 불가능하지만 하나님

을 붙들면 가능합니다. 옛날에 믿음으로 산 위대한 사람들은 모두 우리와 다 똑같은 연약한 의지와 몸을 가진 사람들이었지만 하나님을 붙들고 모든 불신앙과 두려움을 이기고 승리하였습니다.

3절 이미 믿는 우리들은 저 안식에 들어가는도다 그 말씀하신 바와 같으니 내가 노하여 맹세한 바와 같이 저희가 내 안식에 들어오지 못하리라 하셨다 하였으나 세상을 창조할 때부터 그 일이 이루었느니라

우리 믿는 자들에게 '안식'은 처음부터 불가능한 것은 아니었습니다. 오히려 창조할 때부터 가능한 것이었습니다. 단지 우리 인간들이 하나님을 신뢰하지 않고 자기 자신의 머리나 힘을 믿을 때 이 안식이 깨어진 것입니다. 왜냐하면 우리의 안식은 하나님과의 바른 관계에서 오며 하나님의 능력이 지속적으로 공급이 되어야 가능하기 때문입니다. 그러므로 지금부터라도 우리가 목숨을 걸고 하나님과 하나님의 말씀을 믿으면 우리 안에 있는 죄의 세력은 현저하게 힘을 잃게 되고 죄를 이길 힘이 생기게 되는데 이것이 바로 하나님이 원하신 안식인 것입니다.

사드락과 메삭과 아벳느고 같은 사람은 바벨론의 느부갓네살의 신상에 절하지 않으면 용광로에 집어넣겠다는 왕의 명령을 듣고서도 그 신상에 절하지 않고 용광로에 들어갔습니다. 이들이 목숨을 건 위기 가운데서 하나님을 원망하지 않고 용광로에 들어간 것 자체가 믿음의 큰 승리였습니다. 그러나 그들은 그 용광로에서 살아 나와서 세상을 두 번 놀라게 했습니다. 바로 이렇게 하는 것이 안식인 것입니다.

하나님께서 오늘 우리들에게 기대하시는 것은 잘 살든지 못 살든지, 건강하든지 병들었든지, 우리가 절대적으로 하나님을 신뢰하고 어떤 어려움이 오고 억울한 일이 오더라도 하나님을 원망하거나 불평하지 아니하고 감

사하는 것입니다. 그리고 교만한 것을 싫어하고 거짓을 싫어하고 죄짓는 것을 싫어할 때 이것이 믿음의 큰 승리요, 이것이 바로 우리가 안식에 들어가 있는 것입니다. 물론 이렇게 한다고 해서 우리 안에 조금도 죄의 유혹이 들어오지 않는다거나 혹은 나쁜 생각을 잠시도 가지지 않는 것은 아닙니다. 그러나 우리 속에 일어나는 죄의 충동보다 하나님의 은혜가 더 크면 이것이 영적으로 건강한 것이며 은혜가 충만한 것입니다. 예를 들어, 아무리 건강한 사람이라 하더라도 그 사람 안에도 병균이나 바이러스, 다른 병의 요인이 전혀 없는 것은 아닙니다. 우리 안에는 항상 병이 도사리고 있습니다. 그러나 건강이 병을 이기니까 건강이 유지가 되는 것입니다.

이 세상은 죄와 하나님의 은혜가 밀고 밀리는 전쟁터입니다. 마치 이스라엘 백성들이 광야에서 아말렉과 싸울 때에 서로 밀고 밀리던 것과 비슷합니다. 그러나 모세가 지속적으로 손을 들었을 때 이스라엘 백성들이 힘을 내어서 아말렉을 완전히 밀어내어 승리를 거두었던 것입니다. 그런데 이스라엘 백성들이 여호수아의 인솔 하에 가나안 땅으로 들어갔을 때에는 모세 때보다 더 은혜가 충만했습니다. 그래서 밀고 밀린 것 아니라 완전히 가나안 족속들을 밀어내었던 것입니다. 오늘도 우리는 이 세상에서 사탄의 세력과 우리의 믿음 사이에서 밀고 밀리는 전쟁을 해서는 안 됩니다. 우리가 은혜를 백배나 받아서 완전히 사탄의 세력을 몰아내고 믿음으로 승리해야 하는 것입니다.

하나님 말씀의 치료하는 능력

사람들이 어떤 중요한 병에 걸렸을 때 자기 임의대로 진단을 해서 치료하는 것이 결국 병을 키우게 되는 것입니다. 암과 같은 심각한 병에 걸렸다고 판단될 때에는 그 계통에서 가장 실력 있는 의사를 찾아야 하고 그 의사를 신뢰를 하는 것이 치료를 받는 가장 효과적인 방법입니다. 환자들이 병을 잘 치료받지 못하는 것은 그 분야에 정통한 의사를 만나지 못했거나 혹은 의사를 신뢰하지 못해서 자꾸 이 방법 저 방법을 쓰는 것이 문제인 것입니다. 요즘은 좋은 병원에는 최첨단 장비를 갖추고 검사를 하기 때문에 자기 혼자 집에서 추측하는 것보다 훨씬 정확하게 병을 진단할 수 있습니다.

많은 사람들이 신앙에 있어서 실패하는 이유도 하나님의 말씀을 믿지 못하고 자기 생각이나 경험을 믿거나 혹은 여러 사람들의 말을 듣고 신앙생활을 하려고 하기 때문입니다.

12, 13절 하나님의 말씀은 살았고 운동력이 있어 좌우에 날선 어떤 검보다도 예리하여 혼과 영과 및 관절과 골수를 찔러 쪼개기까지 하며 또 마음의 생각과 뜻을 감찰하나니 지으신 것이 하나라도 그 앞에 나타나지 않음이 없고 오직 만물이 우리를 상관하시는 자의 눈앞에 벌거벗은 것 같이 드러나느니라

사람의 정신이나 영혼은 너무나도 복잡하고 깊어서 도저히 인간의 이론이나 기술로는 그 속 깊은 곳까지 들어가서 정확하게 진단을 해낼 수가 없습니다. 그래서 사람의 정신이나 영혼에 대한 인간의 진찰이나 판단은 모두 막연한 추측에 불과한 것들입니다. 그래서 이런 막연한 추측을 가지고 진찰하는데서 제대로 된 치료가 나올 수가 없습니다.

우리가 우리 자신에 대하여 알고 있는 것은 우리 생각의 지극히 적은 부분에 불과합니다. 그러나 인간의 문제는 어마어마한 덩어리의 잠재의식 속에 있습니다. 이 안에서 우리는 하나님을 반역하며 죄의 충동이 일어나며 온갖 악한 것들이 발생하는 것입니다. 이것을 우리 인간들이 다 알 수 없습니다. 그래서 우리 사람들이 스스로에 대하여 진단하는 것은 중간 정도입

니다. 즉 많이 악하지도 않고 선하지 않은데 교육을 잘 시키면 더 선해질 수 있다는 것입니다.

그러나 하나님께서는 우리를 진단할 수 있도록 하나님의 말씀을 주셨습니다. 일단 하나님의 말씀은 우리 인간의 마음과 생각을 진찰하는데 탁월한 능력을 가지고 있습니다. 하나님의 말씀은 우리 영과 혼과 관절과 골수 속에 까지 들어가며 특히 하나님이 만드신 모든 것을 마치 벌거벗은 것처럼 그대로 다 나타낸다고 말씀하고 있습니다.

옛날에는 사람 몸 안에 있는 것들은 칼로 째서 열어보지 않으면 알 수 없었습니다. 그러나 엑스레이는 우리 몸에 손상을 주지 않고 몸 안에 있는 이상을 찾아냅니다. 또 초음파는 산모의 몸 안에 있는 태아에게 전혀 손상을 주지 않고 태아의 상태를 알아냅니다. 그러나 하나님의 말씀은 엑스레이나 초음파 보다 훨씬 더 정확하고 생생하게 우리 안에 있는 것들을 잡아냅니다. 특히 이것은 성령의 도우심이 필요합니다. 성령께서 하나님의 말씀을 가지고 우리 안에 비추어 주셔야 하는 것입니다.

우리가 예수를 믿을 때 가장 먼저 알게 되는 것은 내가 하나님을 무시하고 교만하게 살아왔으며 죄가 내 속에 있다는 것입니다. 그 전까지만 해도 내가 큰 죄인인 줄 몰랐는데 하나님의 말씀을 듣고 나면 내 마음에 죄악의 시궁창이 열려 있으며 생각하고 숨 쉬고 말하는 모든 것이 죽을 죄였다는 것을 알게 됩니다.

그리고 좀 더 신앙생활을 하면서 죄가 내 마음에 끼친 엄청난 후유증을 발견하게 됩니다. 죄는 나의 모든 내면을 중화상을 입은 것처럼 성한 곳이 한 군데도 없도록 만신창이로 만들어 놓았습니다. 이것을 하나님의 말씀을 들을 때 마다 하나씩 내어 놓으면 좌우에 날 선 검인 하나님의 은혜가 수술을 하기 시작합니다. 곪은 부분이 있으면 칼로 찢어서 곪은 부분을 드러내고 썩은 부분이 있으면 잘라내어 새로운 살이 생기게 됩니다. 그래서 우리는 예배와 말씀 듣는 시간이 치료되고 성형 수술 받는 시간인 것입니다.

그러나 하나님의 말씀 없이 자기 생각이나 인간의 사상을 붙들고 신앙생활을 하면 죄의 심각성을 모르게 됩니다. 그래서 비전을 이야기하고 외적인 성공을 붙들다가 결국 하나도 치료 되지 않게 되는 것입니다. 그러면 나중에 이스라엘 백성들이 했던 것처럼 어려운 시련이 오면 역시 하나님을 붙들지 못하고 원망하고 불평하다가 침체에 빠져버리는 것입니다. 우리가 알아야 할 것은 영적인 침체가 대단히 무서운 불신앙이라는 사실입니다. 이것이 바로 믿음이 실패했기 때문에 나타나는 것입니다.

그래서 우리는 많은 사람들이 떠들고 주장하는 것처럼 겉으로 나타나는 성공 위주로 믿는 것을 따라가서는 안 됩니다. 지금 우리가 보고 있는 성공한 신앙이나 기독교는 하나님은 분명히 큰 수술을 해야 한다고 하시는데 연고나 발라 놓고 치료했다고 좋아하는 사람들과 같습니다. 물론 그럴 수만 있으면 얼마나 좋겠습니까? 그러나 우리 인간의 상태는 우리 자신이 생각하는 것보다 훨씬 더 심각하고 치명적인 상태에 있습니다. 만일 그렇지 않았다면 예수님께서 십자가에 못 박혀 죽지도 않으셨을 것입니다.

우리가 이 세상에서 암을 완치해서 완전한 건강을 되찾을 수 있듯이 죄도 완치될 수 있습니다. 히브리서에서 말씀하려고 하는 것이 이것입니다. 모세도 하지 못했고 여호수아도 하지 못했으며 다윗도 하지 못했던 것을 예수님은 하시는 것입니다.

우리의 치료자 예수 그리스도

우리가 오늘 본문을 대하면서 계속 궁금한 것은 과연 우리가 이 세상에 살아 있는 동안에 하나님의 안식에 들어갈 수 있겠느냐 하는 것입니다. 그것에 대해서 히브리서 기자는 바른 의사를 만나고 바른 말씀을 붙든다면 얼마든지 완치가 가능하다고 말씀하고 있습니다.

우선 중요한 것이 율법으로는 부족하다고 말을 합니다. 이스라엘 백성들은 이 세상에서 가장 강력한 하나님의 말씀을 받았지만 모두 실패하고 말았습니다. 출애굽한 세대는 광야에서 다 죽었고 나중 가나안 세대는 앗수르나 바벨론에 의해서 멸망하고 말았습니다. 그 이유는 율법이 완전한 치료책이 되지 못했기 때문입니다. 율법은 그리스도가 오실 때까지의 응급처치일 뿐입니다.

예를 들어, 산에서 사람들이 떨어지거나 혹은 물에 빠졌을 때 병원에 오기까지 응급 처치를 받는 과정이 아주 중요합니다. 많은 사람들이 응급처치를 제대로 받지 못해서 병원에 오기도 전에 죽는 경우가 많다고 합니다. 율법은 완전한 치료가 아니라 그리스도가 오실 때까지의 응급 처치법입니다. 그래서 환자를 병원에 데리고 가기까지는 꼼짝 하지 못하도록 하고 붕대나 부목을 대어서 묶어 놓지만 병원에 간 후에는 의사에게 완전히 인계를 해서 본격적인 치료를 받게 합니다. 그러나 유대인들은 끝까지 율법이 완전한 치료책이라고 고집을 부렸습니다. 그래서 의사이신 예수님이 오셨는데도 환자들을 인계할 생각은 하지 않고 오히려 예수님을 십자가에 못박아 죽여버렸던 것입니다.

그러나 예수님의 복음은 완전한 치료책입니다. 우리가 예수님의 십자가를 믿을 때 예수님께서 우리의 모든 죄와 허물과 고름과 더러운 것들을 모두 다 빨아 가십니다. 그 대신에 우리 속에 예수님의 의를 주사로 넣어주시고 우리 안에 하나님의 능력을 계속 넣어 주십니다. 그래서 결국 우리는 죄를 이기고 완전한 영적인 건강을 얻게 되는 것입니다.

14절 그러므로 우리에게 큰 대제사장이 있으니 승천하신 자 곧 하나님 아들 예수시라 우리가 믿는 도리를 굳게 잡을찌어다 예수님은 자기 자신이 죄로 인하여 갈등을 일으키거나 죄와 싸우고 있는 분이 아니십니다. 예수님은 이미 죄를 이기시고 승리하셔서 안식 가운데 들어가 계십니다. 예수님은 자기 자신이 완전한 능력이요 완전한 은혜요 완전한 축복인 상태에서 우리를 도와주시려고 하시는 것입니다.

예수님이 이렇게 되신 것은 그냥 되어진 것이 아니라 엄청난 죄와의 전쟁을 치르고 승리하신 것입니다. 처음에는 죄가 예수님을 이긴 것 같았습니다. 죄는 하나님의 아들을 십자가에 매달아 죽게 만들었고 그도 다른 죽은 사람들과 똑같이 무덤 속에 있었습니다. 그러나 죽은 지 3일이 되던 날 하나님의 능력이 그리스도를 다시 살리셨습니다. 무덤 문을 여시고 사망의 권세를 깨뜨리셨습니다. 그리고 바로 하나님의 보좌 우편으로 가셔서 우리의 죄를 치료하시며 능력을 주시는 것입니다.

그래서 우리가 예수님을 붙들기만 하면 절대로 죄가 우리를 이기지 못합니다. 그리고 죄가 우리를 이기지 못하는 이상, 마귀는 우리를 이길 수가 없습니다.

15, 16절 우리에게 있는 대제사장은 우리 연약함을 체휼하지 아니하는 자가 아니요 모든 일에 우리와 한결같이 시험을 받은 자로되 죄는 없으시니라 그러므로 우리가 긍휼하심을 받고 때를 따라 돕는 은혜를 얻기 위하여 은혜의 보좌 앞에 담대히 나아갈 것이니라

우리가 아무리 좋은 의사를 안다고 해도 그것만으로는 치료를 받을 수 없습니다. 왜냐하면 대개 세계적인 의사들은 너무나도 학별도 높고 수준이 높기 때문에 웬만한 사람 같으면 만나기도 쉽지 않을 것입니다. 또 만난다 하더라도 너무 두려워서 제대로 자신의 문제를 말하지도 못할 것입니다.

사실 예수님은 하나님의 아들이시요 하나님의 보좌 우편에 계신 분이신

데 어떻게 감히 우리 같은 자들이 말이나 붙일 수가 있겠습니까? 그러나 결코 그렇지 않습니다. 예수님은 분명히 높은 분이시지만 우리와 아주 가까운 분이십니다. 예를 들어, 어떤 분이 큰 병으로 수술을 받았는데 담당 의사가 바로 그 병으로 얼마 전에 수술을 받은 분이라면 대하기가 얼마나 편하겠습니까? 환자와 의사의 관계를 떠나 환자 선후배의 관계로 대화를 나눌 수 있을 것입니다. 오히려 같은 병을 앓았기 때문에 의사가 환자에게 더 신경을 써줄 것입니다.

마찬가지로 예수님은 결코 우리가 상대하기 너무 어려운 분이 아니십니다. 예수님은 우리의 죄 동창생이십니다. 예수님은 죄가 없으시지만 우리의 모든 허물과 죄를 다 겪어보신 분이십니다. 그러니까 예수님은 거룩하시기만 하신 것이 아니라 우리의 모든 죄와 고민과 절망을 다 당해보신 분이시고 또 그것을 이겨보셨기 때문에 우리를 너무나도 잘 이해하고 도우실 수 있는 분이신 것입니다. 그래서 예수님이 우리에게 하신 말씀이 바로 이것입니다. 즉 누구든지 힘들거든 나를 찾아오라는 것입니다.

예수님은 언제든지 우리를 기다리고 계시고, 언제든지 우리를 도와주십니다. 그런데 어디서 주님을 만날 수 있습니까? 우리의 예배 시간에 주님을 만날 수 있습니다. 주님은 우리를 기다리고 계십니다. 우리에게는 때를 따라 돕는 은혜가 필요합니다. 우리는 한번 은혜로 모든 죄를 이기지 못합니다. 우리는 안식에 들어와 있지만 그럼에도 불구하고 지속적으로 주님의 은혜를 받아야 계속 죄를 이기고 안식의 상태를 유지할 수 있습니다. 오늘도 우리의 모든 지난 허물을 대제사장이신 예수님께 부르짖으며 말씀을 드리십시다. 그러면 모든 허물을 다 닦아 주실 것입니다. 그리고 담대하게 모든 염려와 불신을 이길 수 있는 은혜를 간구하십시다.

CHAPTER • 06

대제사장의 자격

히브리서 5:1-14

사람이 이 세상에 살면서 할 수만 있으면 안 가는 것이 좋은 곳이 있다면 그곳은 아마도 경찰서나 법정이나 감옥일 것입니다. 일단 그곳은 누군가가 죄가 있어서 본인의 의사와 상관없이 강제로 끌려가는 곳이기 때문에, 그곳에서는 일체 개인의 사정이나 개인의 의견은 인정되지 않습니다. 모든 것이 법에 의하여 결정되고 모든 것이 공권력에 의하여 집행되는 곳입니다. 그래서 누군가가 무슨 혐의가 있어서 경찰의 조사를 받거나 법원에서 재판이 진행된다면 가장 필요로 하는 사람은 이 사람의 사정을 잘 알고 또 법에 아주 밝은 변호사일 것입니다.

우리나라에서는 피고인들이 변호사의 도움을 받는데 그렇게 효과적이지 않은 것 같습니다. 그러나 변호사 제도가 잘 발달되어 있는 미국 같은 곳에서는 어려운 일을 당한 사람에게 변호사를 잘 만나는 것보다 중요한 것은 없습니다. 변호사를 잘 만나면 사형당할 뻔했다가 무죄가 밝혀져서 석방이 되기도 하고 혹은 억울하게 피해를 보고 끝날 뻔 했던 사람이 잘못을 저지른 대기업으로부터 수십억 원의 피해 보상을 받기도 하는 것입니다. 미국 같은 나라에서도 자기가 살인을 하지 않았는데도 억울하게 살인죄로 기소되어서 처형을 당하게 되는 사람들이 있는 것 같습니다. 그러나 본인이 아무리 경찰이나 검사에게 살인을 하지 않았다고 주장을 해도 그것을 믿어주는 사람이 아무도 없습니다. 누군가가 이 사람이 살인자와 인상착의가 비슷하다고 하면 살인자가 되어버리는 수가 있는 것입니다. 그러나 좋은 변호사를 만나면 자기 발로 뛰어다니면서 결국 이 사람의 무죄를 증명해서 석방되는 일들이 있습니다. 또 어떤 대기업체에서 좋지 않은 약을 써서 주위에 많은 주민들이 암이나 다른 질병으로 죽게 되었는데 본인들은 그럴 때 어떻게 할지 모르고 죽어가게 됩니다. 그러나 좋은 변호사를 만나 모든 것을 다 조사해서 재판에서 이기게 되면 그런 약은 사용을 중지하게 되고 모든 피해를 보상받게 되는 것입니다.

제가 군대 근무할 때 일주일에 한 번씩 군 교도소에 죄수들을 전도하러 간 적이 있었습니다. 그때 같이 가던 장교가 있었습니다. 이 분은 법대를 졸업하고 군대에서 사법고시에 합격한 사람이었습니다. 이 사람은 죄수들의 변호인 역할을 하고 있었습니다. 죄수들이 법정에 서면 자신을 변호할 수 있는 말을 전혀 하지 못하는데 이 분은 개인적으로 감옥에 죄수들을 찾아가서 형편을 자세히 묻고 그 사람에게 적절하게 변호를 해주는 일을 했습니다.

법적으로 어려움을 당한 사람에게 필요한 사람은 동정을 베풀어주는 사람이나 인정이 많은 사람이나 목소리가 큰 사람이 아니고 이 사람의 형편을 잘 이해하면서도 법에 정통한 자격을 갖춘 변호사일 것입니다.

그러나 이런 일이 우리 모든 사람들에게 해당이 된다는 사실을 사람들은 잘 알지 못합니다. 오늘 성경 말씀은 우리에게 구약 이스라엘의 대제사장의 자격에 대하여 말씀을 하고 있습니다. 특히 우리들에게는 대제사장이라는 직책을 가진 사람도 없고 그런 사람이 필요한지도 알지 못합니다. 그러나 우리에게 중요한 것은 우리 모두가 하나님 앞에서 죄인의 신분이고 누군가가 우리의 형편을 효과적으로 변호를 해 주어야 살 수 있다는 사실입니다.

구약 이스라엘 백성의 놀라운 축복은 그들에게 전 세계에서 유일하게 죄를 용서받을 수 있는 성전이 있고 또 그 성전에 대제사장이 있었다는 사실입니다. 이 세상에 사는 인간들에게 가장 심각한 문제는 우리 인간들은 모두 죄를 짓는데 그 죄를 스스로 해결할 수 없다는 점입니다.

이것은 비유를 들면 우리 인간들이 살면서 많은 오물을 배설하는데 이 오물을 처리할 수 없다면 우리 인간들은 오물에 뒤범벅이 되어서 짐승처럼 살 수밖에 없을 것입니다. 온 집 안에 배설물이 가득 차 있고 몸에 온갖 더러운 배설물이 묻어 있다면 우리 인간의 처지가 얼마나 불결하고 비위생적이겠습니까? 도저히 사람이 산다고 볼 수가 없을 것입니다.

모든 인간들이 살면서 크고 작은 죄를 짓고 사는데 인간들의 가장 심각한 숙제는 이것을 씻을 길이 없다는 것입니다. 그래서 주로 인간들이 하는 방법은 말려서 터는 것입니다. 그런데 하나님께서 이스라엘에만 성전을 주셔서 거기서 흘러나오는 말씀과 은혜의 생수로 죄를 씻게 하셨습니다. 나중에 이스라엘 자손들이 망하게 된 것은 우상으로 이 성전의 생수를 틀어막는 바람에 자기들이 죄의 오물에 빠져서 심판을 받은 것입니다. 이 세상에서 가장 깨끗하다는 사람도 죄를 해결하는 방법이 말려서 터는 정도인데 이스라엘 성전에서 대제사장은 수도 파이프처럼 터져 나오는 생수로 죄인들의 몸과 마음과 옷을 다 씻어서 완전히 깨끗케 했던 것입니다. 그런데 성전에서 이렇게 성령의 생수가 터져 나올 수 있게 했던 것은 우리 죄를 가지고 하나님 앞에 나가서 기도할 수 있는 자격을 갖춘 대제사장이 있었기 때문입니다. 이런 대제사장의 기도가 없으면 인간들은 영원히 하나님 앞에서 죄를 씻을 길도 없고 양심의 깨끗함을 받을 수도 없고 변화되어 새 사람이 될 수도 없었던 것입니다.

대제사장의 자격

우리나라 사람들 중에서 '거북선' 을 모르는 사람은 없을 것입니다. 거북선은 임진왜란 때 이 순신 장군이 일본 해적들을 물리치기 위해서 만든 특별하게 생긴 배입니다. 그러나 외국에서 자란 아이들은 '거북선' 이라고 하는 것이 도대체 무엇인지 알 수가 없을 것입니다. 마찬가지로 이스라엘 사람들에게 가장 익숙한 개념은 '유월절 어린양' 입니다. 이스라엘 사람들 중 '유월절 어린양' 을 모르는 사람은 없을 것입니다.

왜냐하면 이스라엘 백성들이 애굽 땅에서 바로의 노예로 있을 때 장자들이 죽는 재앙이 내렸을 때 어린양의 피로 목숨을 건졌기 때문입니다. 사실 모든 장자가 죽었다는 것은 모든 사람들이 다 죽었다는 뜻과 같은 것입니다. 옛날에 전쟁을 할 때 전멸시켰다는 것은 대략 80내지 90퍼센트가 죽은 것을 말합니다. 왜냐하면 나머지는 이 전멸한 사실을 알려주기 위해서 일부러 살려주었던 것입니다. 애굽의 모든 장자가 죽은 것은 하나님께서 '너희들을 다 죽일 수 있는데 이 정도로 참는다' 는 뜻이 들어 있는 것입니다.

이스라엘 백성들에게 가장 중요한 것은 하나님의 진노로부터 자신들을 지키는 것이었습니다. 하나님의 진노는 나일강이 피가 되고 수많은 개구리나 파리의 재앙으로 나중에는 태양이 캄캄해지는 것으로 나타났습니다. 이스라엘 백성들이 시내산에서 하나님의 율법을 받을 때 산 전체가 불붙었고 산은 진동했습니다. 이스라엘 백성들이 산에 올라간 모세가 죽었다고 생각했던 것도 무리가 아니었습니다. 왜냐하면 온 산이 불붙어 그속에 들어갔는데 어떻게 살 수 있었겠습니까? 그러나 모세는 살았고 이스라엘 백성들도 살았습니다. 이스라엘 백성들에게 가장 중요한 것은 하나님의 진노를 막을 수 있는 방법이었습니다. 이스라엘 백성들에게는 군대도 제사장만큼 중요한 것은 아니었습니다. 왜냐하면 이스라엘 백성들은 전쟁이나 기근이나 모든 재앙이 하나님의 진노로 오는 것이라는 것을 알았기 때문입니다. 그런데 이 하나님의 진노를 인간이 무슨 힘으로 막을 수 있습니까? 그 유일한 방법이 대제사장의 기도였습니다. 대제사장이 하나님 앞에 피를 가지고 들어가서 기도하면 모든 죄가 사함을 받고 모든 재앙이 축복으로 변했습니다.

오늘 본문은 이스라엘의 대제사장의 자격에 대하여 말씀을 하고 있습니다. 우리는 보통 대제사장의 자격이라고 하면 한 가지만 생각하기 쉽습니다. 즉 아론의 자손이어야 한다는 것입니다. 그러나 오늘 본문은 두 가지를 제시하고 있습니다. 하나는 반드시 사람이어야 한다는 것입니다. 그리고 또 하나는 하나님께서 세워야 한다는 것입니다.

1절 대제사장마다 사람 가운데서 취한 자이므로 하나님께 속한 일에 사람을 위하여 예물과 속죄하는 제사를 드리게 하나니

4절 이 존귀는 아무나 스스로 취하지 못하고 오직 아론과 같이 하나님의 부르심을 입은 자라야 할 것이니라

일단 대제사장은 사람이 아니면 할 수가 없습니다. 그래서 천사나 다른 피조물들은 대제사장이 될 수 없습니다. 이것은 하나님께서 우리 인간에 대한 특별한 사랑을 나타냅니다. 하나님께서는 아무리 우리 인간이 타락해서 하나님의 존귀한 형상을 잃어버리고 사탄의 자녀처럼 되어버리고 때로는 짐승처럼 산다 하더라도 우리 인간들을 사랑하셨습니다. 이 부분은 우리 인간들이 아무리 생각해도 도무지 이해할 수 없는 부분입니다.

우리 인간들과 천사는 지금 형편으로는 도저히 비교가 되지 않습니다. 우리 인간들은 죄 때문에 너무 변해버렸고 너무 누추하게 되었습니다. 그런데 하나님께서는 이 타락한 인간들에 대하여 무한한 애정을 가지고 계십

니다. 그래서 이 세상 모든 피조물을 다 포기하시면서까지 우리 인간들을 구원하기로 작정하셨습니다. 하나님은 우리의 기도를 원하시고 우리의 예배를 기뻐하십니다.

2절 저가 무식하고 미혹한 자를 능히 용납할 수 있는 것은 자기도 연약에 싸여 있음이니라

인간 대제사장은 어떤 사람입니까? 자기도 죄인이면서 죄인들을 위해서 기도하는 사람입니다. 3절에 보면 "이러므로 백성을 위하여 속죄제를 드림과 같이 또한 자기를 위하여 드리는 것이 마땅하니라"라고 말씀하고 있습니다.

인간 대제사장은 자기도 죄인이기 때문에 자기를 위해서 속죄의 제사를 드리면서 또 다른 사람들을 위해서도 속죄의 제사를 드립니다. 비유를 들자면 이것은 마치 암에 걸린 의사가 자기도 주사를 맞고 항암 치료를 받으면서 또 다른 환자를 위해서 수술도 하고, 주사도 주고 항암 치료를 하는 것과 같은 것입니다. 이때 의사는 무슨 생각을 하겠습니까? 우선 우리는 왜 이렇게 병에 약할 수밖에 없는가 하는 생각이 들 것입니다. 그러나 다른 한편으로는 '우리 모두 이번에 암을 이기고 살아납시다' 라는 간절한 소원을 가지고 환자들을 돌보게 될 것입니다. 자기가 돌보던 환자가 돌아가시게 되면 마치 자기 일 처럼 슬퍼하며 애통할 것입니다.

그래서 어떤 청교도 목사는 다른 목사들에게 교훈하기를 '설교를 할 때에 죽어가는 자가 다른 죽어가는 자에게 마지막으로 설교 하듯이 하라' 고 했습니다. 죽어가는 목사가 죽어가는 교인들에게 설교를 하려고 할 때 얼마나 마음이 아프겠으며 간절하겠습니까?

구약의 대제사장은 모두 자기 자신들이 하나님 앞에 설 때에 항상 내가

여기서 죽을 수도 있다는 각오와 결심을 가지고 섰습니다. 그래서 대제사장이 하나님의 지성소에 들어갈 때에는 언제나 허리에 끈을 잡아매고 들어갔습니다. 거기서 죽으면 밖에서 다른 제사장들이 그 끈으로 죽은 대제사장을 끌어내어야 했기 때문입니다.

그러나 오늘 본문에 무엇이라고 말씀하고 있습니까? 4절에 '이 존귀는 아무나 스스로 취하지 못하고' 라고 말씀하고 있습니다. 즉 자기 자신이나 다른 사람의 죄 문제를 가지고 하나님 앞에서 기도하고 때로는 가슴 아파하고 때로는 죽기도 하는 것이 결코 비참한 것이 아니고 이 세상에서 가장 존귀한 것이라고 말씀하고 있는 것입니다.

요즘 우리가 생각하기에 존귀한 자는 어떤 사람이겠습니까? 아마도 정부 고위직에 있는 사람이라든지 세계적인 저명인사들은 존귀한 사람일 것입니다. 이런 사람들은 한번 만나고 싶어도 함부로 만날 수도 없습니다. 그리고 그런 사람의 방에 한번 들어가면 그곳 분위기에 금방 기가 죽어 말도 제대로 하지 못할 것입니다. 그러나 하나님 앞에서 가장 존귀한 자는 자기도 죄인이면서 다른 사람의 죄를 위하여 기도하고 때로는 고민도 하고 때로는 몸부림치기도 하는 사람이 가장 존귀하다고 말씀하고 있습니다.

존귀한 자보다 더 존귀한 분

오늘 성경은 예수 그리스도야말로 얼마나 존귀한 분이신지 우리에게 말씀하고 있습니다. 원래 예수 그리스도는 하나님의 아들로 우주에서 가장 존귀한 분이셨습니다. 모든 천사들도 그 앞에 무릎을 꿇고 경배하며 모든 피조물들을 직접 만드신 분이십니다. 그러나 놀라운 것은 이 하나님의 아들이 말없이 낮아지심으로 우리가 상상할 수 없을 정도로 높아지셨다는 사실입니다.

오늘 본문은 예수님에 대하여 두 개의 구약 성경을 인용하고 있습니다. 하나는 5절에 나옵니다.

5절 또한 이와 같이 그리스도께서 대제사장 되심도 스스로 영광을 취하심이 아니요 오직 말씀하신 이가 저더러 이르시되 너는 내 아들이니 내가 오늘날 너를 낳았다 하셨고

또 하나는 6절에 나옵니다.

6절 또한 이와 같이 다른데 말씀하시되 네가 영원히 멜기세덱의 반차를 좇는 제사장이라 하셨으니

성경을 인용하기는 시편 2편과 110편에서 두 곳만 인용했지만 이것은 굉장히 정확한 인용입니다.

우선 시편 2편에서 '너는 내 아들이라 내가 오늘 너를 낳았도다' 라고 하실 때 '내 아들이라' 는 말씀과 '너를 낳았다' 는 말씀은 엄청난 의미가 있는 것입니다. '너는 내 아들이라' 는 것은 하나님의 아들의 본질을 말하는 것입니다. 하나님의 아들은 피조물이 아닌 하나님의 친 아들입니다. 그러나 '내가 오늘 너를 낳았다' 는 말은 내가 오늘 너로 인간이 되게 했다는 뜻입니다.

하나님의 아들은 이 세상에 오시기 전에도 가장 존귀한 자였습니다. 그러나 하나님의 아들은 더 존귀해지셨습니다. 어떻게 더 존귀하게 되었는가 하면 모든 죄인의 죄를 위하여 기도하고 고민하는 대제사장이 되었을 뿐 아니라 한 걸음 더 나아가서 그들의 모든 죄를 뒤집어쓰는 일을 하셨기 때문입니다. 이것이 바로 하나님의 패러독스입니다.

우리가 생각하기에 존귀한 자는 자꾸 더 높아지는 것이 존귀해지는 것

입니다. 과장으로 있다가 차장이 되고 차장으로 있다가 부장이나 사장이 되는 것이 더 높아지는 것입니다. 그러나 하나님의 법칙에는 다른 사람의 죄를 위하여 기도하고 치료하는 제사장의 직분이 가장 존귀하고 더 존귀해지는 것은 다른 사람의 허물과 죄를 뒤집어쓰는 것입니다.

그래서 예수 그리스도에 대해서는 존귀가 세 번 붙게 됩니다. 존귀 위에 존귀 위에 존귀입니다. 즉 그는 원래 존귀하셨지만 우리의 죄를 위해서 기도하는 대제사장이 되셔서 존귀하고 거기에 더 나아가서 우리의 죄를 다 뒤집어쓰심으로 최고로 존귀한 자가 되신 것입니다. 그래서 우리 주님은 사망의 권세도 이기시고 하나님 보좌 우편으로 바로 올라가셨습니다.

우리 예수님께서 이 세상을 사시면서 어떤 자세로 사셨는지 오늘 본문이 분명히 증거하고 있습니다.

7절 그는 육체에 계실 때에 자기를 죽음에서 능히 구원하실 이에게 심한 통곡과 눈물로 간구와 소원을 올렸고 그의 경외하심을 인하여 들으심을 얻었느니라

예수님이 이 세상에 계실 때 그의 삶을 요약하면 통곡과 눈물의 기도와 소원이라고 말할 수 있습니다. 통곡은 소리를 내는 것이고, 눈물은 그야말로 눈물을 한없이 흘리는 것입니다. 이 짧은 세상을 살면서 기뻐하고 즐거워해도 시간이 부족한데 예수님은 왜 그렇게 많이 우시고, 통곡하시면서 기도를 드리셨을까요? 예수님은 이 세상에 오실 때 죽으러 오셨거든요. 예수님이 이 세상에 오신 것은 이식 수술용으로 오신 것입니다. 요즘 뇌사에 빠진 한 사람이 장기를 기증하면 여러 사람을 살릴 수 있습니다. 눈은 시각장애인에게 간은 간암 환자에게 신장은 신부전증 환자에게 심지어는 심장도 이식을 할 수 있습니다.

예수님은 그 몸과 영혼 전체를 기증하시기 위해서 오신 것입니다. 그러나 예수님이 우셨던 것은 당신의 인생이 아까워서 우신 것은 아니었습니다. 예수님이 우셨던 것은 우리 인간의 무지와 불신때문입니다. 하나님은 이렇게 우리 인간들을 사랑하시는데 인간들은 그것을 절대로 믿지 않는 것입니다. 하나님을 향하여 손을 내밀기만 하면 되는데 인간이 뭐가 그렇게 잘났는지 끝까지 자기 생각만 믿고 고집을 부리는지 알 수가 없습니다. 그리고 예수님이 가장 두려워했던 것은 이식 수술의 실패였습니다. 예수님의 이식 수술은 균이라고는 조금도 들어가면 안 되는 완전히 거룩한 수술이어야만 했습니다. 예수님은 이 세상에 사시면서 조금이라도 죄를 지으면 안 됩니다. 그리고 철저하게 하나님의 말씀에 순종을 해야 합니다.

8, 9절 그가 아들이시라도 받으신 고난으로 순종함을 배워서 온전하게 되었은즉 자기를 순종하는 모든 자에게 영원한 구원의 근원이 되시고

여기서 예수님은 자신이 하나님의 아들이라도 순종함을 배웠다고 말씀하고 있습니다. 이것은 육신을 가진 상태에서 하나님께 순종하는 것이 그만큼 어렵다는 뜻입니다. 사람은 육신을 가지고 있기 때문에 혈기가 있습니다. 육신을 가지고 있기 때문에 정욕이 있습니다. 육신을 가지고 있기 때문에 배도 고프고 몸도 병들고 죽음에 대한 공포나 고통도 있습니다. 그래서 예수님께서도 인간이 되셔서 하나님께 순종하는 법을 새로 다시 다 배우신 것입니다. 물론 누군가가 가르쳐 준 것은 아니고 예수님 자신이 말씀으로 스스로를 쳐 복종시킨 것입니다. 이것이 존귀 중에 최고의 존귀였습니다.

오늘도 우리가 존귀한 자가 되려면 예수님이 한 그대로 하면 됩니다. 즉 다른 사람의 죄를 위해서 고민하면서 기도하는 사람이 되는 것입니다. 우리 민족이나 가족이 지은 죄를 비판하고 욕하는 것은 쉽습니다. 우리는 다

른 교인이 잘못하는 것에 대해서 비난하는 것은 쉽습니다. 그러나 그것 때문에 고민하고 기도하고 우리 한번 같이 잘 해보자고 결심을 하고 격려를 할 때 우리는 존귀해지는 것입니다. 그리고 우리가 몸을 가진 상태에서 하나님의 말씀대로 산다는 것은 생각만큼 쉽지 않습니다. 우리는 몸을 가지고 있기 때문에 믿음으로 살기에 많은 어려움을 겪습니다. 우리 육체가 도저히 하나님의 말씀대로 못살겠다고 아우성을 칠 때가 한두 번이 아닐 것입니다. 그러나 이 몸을 하나님의 말씀에 온전히 복종을 시킬 때 이 몸은 무한한 가능성을 가진 천사의 몸이 됩니다. 천사는 몸이 없지만 우리는 몸을 가지고 있기 때문에 이 몸으로 안을 수도 있고 업을 수도 있고 노래를 부를 수도 있고 말을 해줄 수도 있습니다.

우리 몸을 그냥 그대로 두면 죄덩어리이지만 성령의 능력으로 말씀에 복종시킬 때에는 수백억짜리 보물로 변하게 되는 것입니다. 우리는 모두 수백억 재산을 가진 사람들입니다. 우리가 기도하면 하나님이 전쟁을 막으시고 쓰나미를 막으시고 태풍을 막으십니다. 우리가 기도하면 하나님이 성령을 부으셔서 미치고 귀신 들린 사람들이 치료받고 알콜 중독이나 마약 중독이나 우상에 빠진 자들이 하나님을 경외하게 됩니다. 우리 인간에게 있어서 가장 큰 복이 하나님을 경외하는 것입니다. 우리가 하나님을 제대로 예배할 때 우리는 제대로 치료된 것이며, 회복이 된 것이며 이것이 우리 인간에게 있어서 가장 존귀한 모습입니다.

숨어 있는 또 다른 제사장의 계보

이스라엘 백성들이 알고 있는 제사장의 계보는 오직 아론의 계보밖에 없었습니다. 이 아론의 계보도 나중에 내려오다가 엘리 때에 자식들이 하나님의 성전 제사를 더럽혔기 때문에 대제사장의 계보는 사독의 후손에게로 넘어가게 됩니다. 그러나 성경에는 또 다른 숨은 대제사장의 계보가 있었습니다.

그것은 바로 아브라함 때에 멜기세덱이라는 제사장에게서 예수 그리스도에게로 넘어가는 제사장의 계보였습니다.

6절 또한 이와 같이 다른데 말씀하시되 네가 영원히 멜기세덱의 반차를 좇는 제사장이라 하셨으니

멜기세덱이라는 사람은 모세 때 사람이 아니고 그 보다 훨씬 오래 전 아브라함 때 사람입니다. 이 사람에 대해서 우리는 자세히 아는 것이 없습니다. 단지 아브라함이 그돌라오멜의 연합군을 파하고 돌아왔을 때 나와서 떡과 포도주로 영접한 것 밖에 없습니다. 멜기세덱은 살렘왕이요 하나님의 거룩한 제사장이었는데 이때 살렘은 예루살렘으로 사람들이 짐작을 하고 있습니다. 그러나 그 후 오랫동안 예루살렘은 여부스라고 하는 가나안 족속들이 차지한 이방 도시였습니다.

그런데 중요한 것은 아브라함 때에 아주 존귀한 하나님의 제사장이 있었다는 것입니다. 멜기세덱은 아브라함보다 훨씬 더 존귀한 사람이었습니다. 그런데 문제는 다른 사람들은 모두 멜기세덱에 대하여 그 정도로 하고 넘어가는데 다윗이 아론이 아닌 또 다른 제사장의 계보를 찾아낸 것입니다. 즉 멜기세덱이 이상한 사람이 아니고 진짜 제사장의 계보는 멜기세덱 그리고 그리스도로 이어지는 계보라는 것입니다. 이것이 다윗이 성령의 감동으로 알아낸 것이었습니다. 그래서 우리는 다윗이 그 시대에 얼마나 뛰어난 선지자며 성경 해석 능력을 가진 자인지를 알 필요가 있습니다. 다윗 당시에 절대적인 다수는 아론의 제사장직만 생각하고 있었습니다. 그리고 꿈에도 다른 제사장이 있다는 것을 생각하지 못했습니다. 그러나 다윗은 창세

기 말씀을 깊이 묵상하는 가운데 또 다른 제사장의 계보가 있다는 것을 알아내었던 것입니다.

그리고 나서 히브리서 저자는 잠깐 본문에서 벗어나서 독자들의 성경지식의 무지에 대하여 책망을 하고 있습니다.

12, 13절 때가 오래므로 너희가 마땅히 선생이 될터인데 너희가 다시 하나님의 말씀의 초보가 무엇인지 누구에게 가르침을 받아야 할 것이니 젖이나 먹고 단단한 식물을 못 먹을 자가 되었도다 대저 젖을 먹는 자마다 어린 아이니 의의 말씀을 경험하지 못한 자요

지금 히브리서는 받아보는 사람들 중에 많은 사람들이 레위인이나 제사장이었던 것 같습니다. 이들은 이미 오랫동안 하나님의 말씀을 배웠기 때문에 이제는 좀 옛날 케케묵은 율법의 굴레에서 벗어나서 단단한 음식을 먹어야 할 텐데 아직도 젖이나 먹고 있다는 뜻입니다.

어린아이들에게는 단단한 음식을 먹이면 소화를 해낼 능력이 없기 때문에 금방 배탈이 나버립니다. 그러나 어른들에게도 늘 젖이나 먹인다면 힘을 내지도 못하고 제대로 자라지도 못할 것입니다. 우리는 주위에서 잘 먹지 못해서 제대로 자라지 못한 아이들을 보면 굉장히 안타까워할 것입니다. 그러나 신앙적으로는 거의 대부분의 우리나라 신자들이 실제로는 어른이어야 하는데 만년 아이의 상태에 있는 것이 사실인 것입니다. 그래서 하나님의 말씀을 들어도 거의 젖의 상태인 축복의 말씀이나, 웃기는 이야기나, 성공 신화나 들으려고 합니다. 물론 그런 말씀도 도움이 되지 않는 것은 아니지만 어려운 환난이 찾아왔을 때 그런 말씀으로는 일어설 수가 없습니다.

우리나라가 경제적으로 잘 성장할 때에는 젖을 먹고도 얼마든지 교회가 부흥될 수 있었지만 이제는 단단한 말씀을 찾아서 먹어야 할 때가 되었습

니다. 문제는 말씀을 먹이는 자도 어린 아이이면 어떻게 단단한 음식을 먹일 수가 있겠습니까?

지금 히브리서 저자가 말하는 '젖'이라고 하는 것은 구약의 여러 가지 율법이나 의식법을 말하는 것입니다. 우리가 생각하기에는 구약이 더 어려운 단단한 음식 같은데 실제로는 그렇지 않다고 말씀하고 있습니다. 구약의 성전이나 제사의식은 모두 믿음을 일으키는데 도움이 되는 시각재료였던 것입니다. 그들은 제사를 드리면서 은혜를 받고 의식법을 지키면서 진리를 깨달았지만 이것은 아직 그들이 깨닫지 못하기 때문에 엷게 희석을 시켜서 주신 것이었습니다. 이제 히브리서 저자가 말씀하는 것은 이 모든 진리의 실체가 되는 그리스도를 찾아서 배우는 것입니다.

오늘도 우리가 배우는 진리 중에서 가장 단단한 음식에 해당되는 것이 '그리스도'에 대한 교리입니다. 많은 사람들이 자기에게 유익이 되고 감동이 되는 진리들은 비교적 부드러운 음식인 경우가 많습니다. 그러나 그리스도에 대한 진리는 모두 다 어렵고 단단한 것들입니다. 특히 히브리서 같은 경우에는 거의 대부분을 그리스도의 대제사장직에 대하여 말씀하고 있습니다. 그래서 히브리서는 음식에 비유를 하면 '수프'나 '디저트'가 아니라 '스테이크'에 해당되는 것입니다.

14절 단단한 식물은 장성한 자의 것이니 저희는 지각을 사용하므로 연단을 받아 선악을 분변하는 자들이니라

어린 아이나 환자들은 단단한 음식은 소화를 시킬 수 없으니까 죽이라든지 심지어는 영양제 주사를 맞습니다. 그러나 만일 운동선수들같이 에너지를 많이 소모하는 사람들이 죽이나 먹고 영양제 주사를 맞는다면 배가 고파서 도저히 운동을 하지 못할 것입니다. 그래서 육체 노동을 하시는 분

들은 일단 밥을 든든하게 먹어야 하고 어떤 분들은 육류도 많이 섭취를 해야 힘을 내서 일을 할 수 있을 것입니다. 우리가 하나님의 말씀을 들을 때에도 쉬운 예화라든지 성공 사례만 들으면 이것은 죽과 같아서 어려운 시련이 왔을 때 힘을 내지 못합니다. 그런데 우리가 성경을 전체적으로 먹으면 영양가가 높기 때문에 얼마든지 힘을 낼 수 있습니다.

우리가 성경의 논리를 따라가다 보면 다른 모든 논리를 다 이길 수 있는 지혜를 가지게 되는 것입니다. 우리가 성경을 모를 때에는 세상의 문학책에 감동을 받고 삼국지 같은 책에 감동을 받지만 그리스도를 알고 나면 그 모든 것들이 시시해질 수밖에 없습니다. 세계적인 문학 작품이 상업적인 소설보다는 훨씬 내용이 건전하고 좋은 것은 사실이지만 그럼에도 불구하고 그 내면을 보면 인간의 타락한 욕망이나 불륜의 사랑 같은 것을 아름답게 묘사하고 있기 때문입니다. 그러나 그리스도를 아는 지식은 이 세상의 그 어떤 지식보다 고상하면서도 깊이가 있고 탁월합니다.

그래서 사도 바울은 예수님을 알고 난 후에 그 전에 자랑하던 모든 것들을 다 배설물로 버렸다고 했습니다.

인간에게 있어서 하나님을 아는 것은 소경이 눈을 뜨는 것과 같고, 뇌사 상태에 빠진 사람이 정신이 돌아오는 것과 같습니다. 그러나 우리가 천국 보물 창고에 들어가려면 그리스도를 알아야 합니다. 그리스도를 모르면 다른 시시한 것들은 다 가질 수 있을지 몰라도 천국의 가장 중요한 보물은 가지지 못할 것입니다. 우리가 그리스도를 알고 나면 가장 신기한 축복이 우리에게 주어지게 되는데 그것은 바로 죽은 자를 살리며 죄에 빠진 인생을 치료하는 성령의 생수가 우리에게 한없이 부어지게 되는 것입니다.

우리가 기왕 예수를 믿는다면 시시한 것을 구하지 말고, 최고의 지식과 최고의 능력을 구하시기를 바랍니다.

CHAPTER • 07

하늘의 지성소

히브리서 6:1-20

우리가 군부대나 혹은 청와대같이 중요한 장소에 들어가려고 하면 그곳에 들어갈 수 있는 신분증이 있어야 할 것입니다. 군부대나 정부의 중요한 건물은 모두 지키는 사람들이 있어서 정당한 자격을 갖추지 못한 사람은 절대로 들어갈 수 없습니다. 더욱이 그런 건물 중에서도 최고로 중요한 장소에는 초청되었다고 해서 다 들어갈 수 있는 것이 아니라 그 중에서도 대표자만 들어갈 수가 있을 것입니다.

한번은 제가 군에 있을 때 미군 핵 잠수함이 입항해 한번 방문한 적이 있었습니다. 그런데 미군 측에서는 잠시 기다려달라고 해 놓고 자기들이 가지고 있는 미사일이나 다른 중요한 시설은 모두 가려놓은 후에 우리보고 잠수함 안에 들어오게 해서 보게 했습니다.

우리는 나라에 큰 행사가 있을 때 너무나도 그 안에 들어가고 싶지만 안에 들어갈 수 있는 자격을 얻지 못해서 들어가지 못하는 경우가 많이 있습니다. 우리나라에서 올림픽이 열렸을 때에도 많은 사람들이 올림픽 개막식에 들어가고 싶었지만 입장권이 워낙 부족해 들어가지 못하고 밖에서 텔레비전을 봐야 하는 사람들도 많이 있었습니다.

오늘 성경 말씀에는 올림픽 개막식이나 월드컵 경기와 비교되지 않는 더 중요한 것이 있다고 말씀하고 있습니다. 그것은 우리가 하나님의 축복의 자리에 들어가서 친히 하나님의 영광을 보며 은혜를 받는 것입니다. 히브리서 저자는 천국의 입장권만 가졌지 실제로 그 안에 들어가지 못하고 주저앉는 사람들이 많이 있다고 말씀하고 있습니다.

제가 대학 시절 여름, 학교 도서관에서 열심히 공부를 하고 있었습니다. 그때 벽에 붙어 있는 포스트 사진이 제 눈길을 끌었습니다. 어떤 교회 입구를 찍은 사진인데 다른 사람들은 모두 안에 들어가서 예배를 드리고 있는데 한 청년만 들어가지 못하고 입구 벽에 얼굴을 대고 울고 있는 모습이었습니다. 저는 그 사진을 보면서 도대체 무엇이 저 청년으로 하여금 하나님의 지성소에 들어가지 못하고 저렇게 입구에 서서 울게 하고 있는지 생각을 해 보았습니다. 무슨 죄가 저 청년으로 하여금 교회 입구까지는 오게 했지만 안에 들어갈 용기를 빼앗았는가 하고 말입니다. 많은 교인들이 교회에 다니는 것만으로 만족하는 것을 볼 수 있습니다. 우리는 기독교인이라는 신분이나 교회에 다니는 것만으로 만족해서는 안 됩니다. 우리 앞에 열려 있는 휘장을 통해서 하나님의 지성소 안으로 담대하게 들어가야 합니다.

오늘 읽은 히브리서 6장은 아주 난해한 부분이고 초대 교회 때부터 논쟁이 많았던 부분입니다. 특히 많은 논쟁을 불러 일으켰던 것은 한번 믿었다가 타락한 사람들은 다시 회개케 할 수 없다는 부분이었습니다. 과연 성령의 은혜를 받은 자들이 다시 타락할 수 있을까? 그리고 이렇게 타락한 자들은 다시는 절대로 회개할 수 없는가 하는 것이었습니다.

우리가 오늘 말씀만 보면 저자가 도대체 무슨 말을 하는지 이해하기가 쉽지 않습니다. 처음에 그리스도의 도의 초보를 버리라고 했는데 과연 이렇게 중요한 신앙의 기초들을 버릴 수 있느냐 하는 생각이 들기도 하고 또 성령의 은혜를 맛보고 타락한 자들은 다시 회개해서 새로워질 수 없다고 했는데 어떤 사람들이 이런데 해당이 되는지 그리고 그 후에 보면 열심히 사랑하고 성도를 섬기라고 했는데 결국 그리스도의 도의 초보를 버리고 우리더러 서로 사랑하고 봉사하라는 뜻인가 하는 생각이 들게 되는 것입니다. 그러나 오늘 말씀을 유심히 살펴보면 잘 해석할 수 있는 몇 가지 열쇠가 있는 것을 알 수 있습니다. 그것은 19절 끝에 우리가 이 소망을 가지고 '휘장 안에 들어가나니' 라는 말씀과 20절에 그리스도께서도 멜기세덱의 반차를 좇아 '들어가셨다' 는 것입니다. 결국 오늘 말씀이 우리에게 가르쳐주려고 하는 것은 이미 예수님께서는 십자가 위에 죽으셨다 부활하심으로 우리에게 지성소의 휘장을 열어 놓으셨습니다. 이제 우리가 해야 할 것은 그 입구에서 빙빙 돌기만 하거나 밖에서 왔다 갔다 할 것이 아니라 우리도 그리스도처럼 담대하게 휘장 안에 들어가서 영광중의 하나님을 뵙고 풍성한 천국 잔치의 음식을 먹자는 것입니다.

그리스도 도의 초보

우리에게는 위대한 하나님의 천국 초청장이 있습니다. 이것이 바로 복음이며 오늘 본문에서는 그것을 '그리스도 도의 초보' 라고 부르고 있습니다.

> **1, 2절** 그러므로 우리가 그리스도 도의 초보를 버리고 죽은 행실을 회개함과 하나님께 대한 신앙과 세례들과 안수와 죽은 자의 부활과 영원한 심판에 관한 교훈의 터를 다시 닦지 말고 완전한데 나아갈찌니라

오늘 본문 말씀의 저자는 '그리스도 도의 초보를 버리라' 고 말씀하고 있습니다. 그러나 그가 버리라고 말씀하고 있는 그리스도 도의 초보를 살펴보면 이들 하나하나가 얼마나 중요한 내용인지 모릅니다. 즉 죽은 행실

을 회개하는 것과 하나님을 믿는 것 세례와 안수와 죽은 자의 부활과 영원한 심판이 얼마나 중요한 것들입니까. 이것이야말로 어떤 의미에서 우리 신앙의 가장 중요한 내용들이라고 말할 수 있을 것입니다. 그럼에도 불구하고 본문의 저자는 '이런 교훈을 다시 닦지 말고 완전한 데로 나아가라' 고 권면하고 있습니다. 이것을 볼 때 여기서 말하는 그리스도 도의 초보가 무엇인가 잘못된 것이기 때문에 버리라는 것이 아니라는 것을 알 수 있습니다. 여기서 말하는 그리스도 도의 초보는 더 완전한 하나님의 진리나 축복으로 나아가는 초청장과 같은 것이라는 뜻입니다. 즉 복음 안에는 더 무궁무진한 하나님의 은혜와 축복의 잔치가 있는데 초청장만 받아 들고 감격해하거나 그것만이 전부인 것처럼 생각해서 그것만 붙들고 있지 말고 더 풍성한 은혜의 자리로 나아가라는 뜻인 것입니다.

요즘 우리나라는 전 세계적으로 IT 강국으로 인정을 받고 있을 정도로 많은 국민들이 인터넷을 사용하고 있습니다. 저 같은 경우에는 컴퓨터 노트북을 사용하고 있지만 거의 문서 작성 수준을 넘지 못합니다. 그러나 다른 분들은 컴퓨터에 자신의 홈페이지를 만들어서 다른 사람들과 활발하게 의견이나 정보 교환을 하기도 하고 많은 의사 결정이나 거래까지 컴퓨터를 통해서 하는 것을 보게 됩니다. 그런 분들이 저를 볼 때 '컴퓨터의 초보를 버리고 더 완전한데로 나아가라' 고 말할 것입니다.

다시 말해서 우리 기독교 안에는 정말 보석과 같은 교리들이 있습니다. 그 교리들 중에는 우리의 회개나 하나님에 대한 신앙이나 죽은 자의 부활과 같은 내용들이 있습니다. 그러나 우리는 이런 보석과 같은 교리들이 기독교의 진리의 전부라고 생각해서는 안 된다는 것입니다. 우리는 이런 교리들의 초청을 받아서 하나님의 더 완전한 축복 가운데로 나아가야 하는 것입니다.

그러면 우리에게 중요한 것은 더 완전한 하나님의 축복이 무엇이냐 하는 것입니다. 이것에 대해서 오늘 말씀은 단순한 성령의 체험이라고 말씀하지 않는 것이 중요합니다. 오히려 어떤 사람들은 성령의 놀라운 체험을 하기는 했지만 더 온전한 신앙의 자리로 나아가지 못해서 타락하는 자들도 있었다고 말하고 있습니다. 즉 우리가 예수를 믿고 어떤 기적을 체험하거나 놀라운 신비를 경험했다고 해서 이것이 하나님의 지성소 안으로 들어가는 것은 아니라고 말씀하고 있습니다.

모세는 무려 열 가지 기적으로 애굽의 바로를 굴복시키고 이스라엘 백성들을 애굽에서 해방시킨 구원자였습니다. 그는 홍해 바다를 가르는 기적으로 이스라엘 백성들을 인도하였고 심지어는 시내산에 올라가서 불붙는 가운데서 하나님의 율법의 말씀을 받아가지고 내려왔습니다. 그런데 모세가 하나님의 율법을 받는 그 순간에 이스라엘 백성들은 산 밑에서 금송아지를 만들어서 하나님의 말씀을 거역했습니다. 모세는 하나님이 주신 두 돌비를 가지고 산 밑으로 내려와서 이스라엘 백성들 앞에서 던져서 깨어버렸습니다.

그리고 하나님께 기도하기를 이 백성의 죄를 용서해 달라고 했습니다. 심지어는 자신의 이름을 하나님의 생명책에서 지우는 한이 있더라고 이스라엘 백성들을 멸망시키지 말아달라고 기도를 드렸습니다. 그리고 모세가 하나님께 요청을 한 것이 '하나님을 보여달라' 는 것이었습니다.

모세는 이스라엘 백성들을 하나님이 원하시는 신앙의 자리로 인도하는 데는 단순한 기적이나 율법으로는 안 된다는 것을 알았습니다. 바로 그것은 살아계신 하나님과의 만남이었습니다. 모세는 자신이 하나님을 보기를 원했습니다.

하나님께서는 모세의 기도를 들으시고 모세로 하여금 하나님을 보게 하셨습니다. 먼저 하나님의 천사들이 행진하는 것을 보게 하시고 그 다음에 하나님을 보기는 하는데 하나님이 모세는 큰 바위 틈에 숨기시고 손으로 덮으셨다가 하나님의 등을 보게 하셨습니다.

여기서 우리가 알 수 있는 것은 신앙이라고 하는 것이 단순한 기적의 체험이나 어떤 지식을 공부하는데 있는 것이 아니라 살아계신 하나님과의 만남이라는 것을 알 수 있습니다.

우리가 하나님을 진정으로 만나기 전에는 내가 하나님을 믿어드리기 위해서 애를 많이 씁니다. 어떤 의미에서 본다면 내가 하나님을 짝 사랑하는 것 같습니다. 하나님은 가만히 계신데 내가 하나님을 알고 하나님을 믿어드리기 위해서 밤을 새워가면서 기도도 하고 성경도 열심히 읽습니다. 그러나 실제로 우리가 살아계신 하나님을 체험할 때에는 인생 밑바닥에 굴러떨어졌을 때입니다. 세상의 모든 자랑이나 칭찬은 다 잃어버리고 중병에 걸려서 죽음을 눈앞에 두고 있거나 사업에 실패해서 아무 것도 가진 것이 없을 때 혹은 감옥에까지 들어가서 그야말로 이 세상에 소망이 없게 되었을 때 살아계신 하나님을 인격적으로 만날 때가 많이 있습니다. 그때 우리 자신은 하나님 앞에서 정말 아무 것도 아닌 존재입니다. 하나님께서 한번 힘만 주기만 하시면 그 자리에서 죽을 수밖에 없는 나약한 존재인데 그때 하나님께서 나의 하나님이 되어주시고, 그때 하나님께서 나를 축복해 주시는 것입니다.

야곱이 살아계신 하나님을 만날 때에는 그가 형 에서의 장자권을 팥죽으로 살 때가 아니었습니다. 또 눈먼 아버지를 속이고 아버지의 축복을 가로챌 때도 아니었습니다. 오직 형 에서를 피하여 밧단 아람으로 도망을 가다 광야에서 돌을 베개하고 자다가 살아계신 하나님을 만나고 여기서 천국의 문이요 여기서 하나님의 성전이라는 고백을 하게 되었던 것입니다.

우리 인간들에게 천국 문은 굳게 닫힌 성이었습니다. 인류의 조상 아담이 범죄한 이후로 인간들은 하나님의 성에 들어가는 것이 완전히 봉쇄당하고 거절당했습니다. 그래서 우리 인간들은 아예 하나님의 성에 관심을 가지지도 못했고 오직 이 세상이 전부인 줄 알고 열심히 이 세상만을 위해서 살아왔습니다. 그러나 하나님께서는 이스라엘 백성을 통해서 하나님의 나라의 가능성을 보여주셨습니다. 그리고 세례 요한이 와서 외치기를 '회개하라. 천국이 가까웠느니라' 고 했습니다. 그 바로 후에 주님이 오셔서 이 천국 문을 열어 놓으셨습니다. 우리가 받은 복음은 바로 이 천국에 들어갈 수 있는 초청장입니다. 우리가 천국의 초청장을 받는 것은 대단한 일이지만 초청장만 받고 그 안에 들어가지 않으면 아무 소용이 없는 것입니다.

예수님께서 왕의 잔치 비유에서도 말씀을 하셨지만 어떤 왕이 잔치를 배설하고 많은 사람들을 초청했지만 그 초청받은 사람들은 초청만 받았지 실제로는 잔치에 가지 않았기 때문에 모두 멸망을 당하고 말았습니다. 우리가 복음을 듣고 믿는 것은 천국의 초청을 받은 것입니다. 우리는 복음을 듣고 믿는데서 그쳐서는 안 되고 복음의 천국 잔치 안으로 들어가서 하나님이 주시는 복을 마음껏 받아야겠습니다.

그러면 도대체 이 천국 잔치 안으로 들어간다고 하는 것이 어떤 것입니까? 이것을 오늘 히브리서 저자는 우리에게 설명을 해주려고 합니다.

가장 중요한 것이 두 가지입니다. 하나는 우리가 성경 속으로 들어가는 것입니다. 성경은 하나님의 무궁무진한 축복이 들어있는 금광과 같은 것입니다. 어떤 의미에서 성경은 한 절 한 절 속에도 말로 표현할 수 없는 힘과 능력과 축복이 들어있습니다.

한 가지 예를 들면, 바리새인들이 예수님에게 죽은 자의 부활에 대하여 질문을 했을 때 예수님께서는 우리로는 상상할 수 없는 성경 한 구절로 대답을 하셨습니다. 즉 출애굽기에서 '나는 아브라함과 이삭과 야곱의 하나님이라' 는 구절입니다. 그러면서 하나님은 죽은 자의 하나님이 아니시고 산 자의 하나님이시기 때문에 하나님 앞에는 아브라함이나 이삭이나 야곱이 다 살아있다고 말씀하신 것입니다. 지금 우리가 살아 있듯이 이 믿음의 사람들도 하나님 앞에서 다 살아있는 것입니다. 단지 그들과 우리 사이에는 이 육체라는 휘장이 가로놓여 있을 뿐이지 결코 그들이 죽어서 없어진 것이 아니라고 말씀하고 있습니다.

또 히브리서 저자는 예수님의 대제사장직에 대해서도 시편의 아주 간단한 말씀 즉, '멜기세덱의 반차를 좇아 대제사장이 되리라' 는 말씀을 통해서 대제사장 계보가 아론의 계보 외에 다른 계보가 있다는 사실을 증명을 하고 있습니다. 그러니까 우리가 성경을 몰라서 그렇지 제대로 알기만 하면 한 절 한 절이 하나님의 엄청난 기적과 축복과 역사를 만들어내는 말씀이 되는 것입니다.

예수님은 우리로 하여금 진정한 하나님의 축복 속에 들어갈 수 있는 문을 활짝 열어 놓으셨는데 그 축복은 지금 성경 속에 다 들어있는 것입니다. 그래서 우리는 오직 예수 믿는다는 사실로 만족을 하거나 우리가 죽으면 다 천국 간다는 이런 초보를 떠나서 실제로 우리가 성경 안으로 들어가서 그 안에 가득 채워져 있는 하나님의 보물들을 캐내어서 우리도 복을 받고 다른 사람들도 복을 받게 하는 이런 풍성한 은혜의 자리로 나아가야 하는 것입니다.

그러나 예수를 믿지 않는 사람들은 아무리 성경을 읽고 연구를 한다고 해도 하나님의 보물 창고 안으로는 들어갈 수가 없습니다. 왜냐하면 성경 안에 있는 수많은 올무와 함정에 걸려서 절대로 하나님의 축복의 지성소 안으로는 들어가지 못하게 되어 있기 때문입니다. 예수를 믿지 않는 자가 성경을 연구하면 오히려 더 비판적인 사람이 되고 더 냉소적인 사람이 될 수밖에 없습니다. 그 이유는 그리스도 도의 초보를 통과하지 않았기 때문입니다.

옛날 이집트 왕의 피라미드 같은 경우에는 도굴꾼들이 왕의 보물 창고까지 갈 수 없도록 하기 위해서 무덤 안에 많은 함정이나 올무를 만들어 놓았다고 합니다. 그러나 성경은 죽은 왕의 무덤이 아니라 보물이 가득 차 있는 광산과 같습니다. 이 성경의 보물 창고 안에 들어가기만 하면 우리는 하나님의 모든 축복을 다 가질 수 있게 되는 것입니다. 그리고 모든 교인들이 다 복을 받고 심지어는 썩을 대로 썩어 있는 이 세상도 살릴 수 있는 생수를 얻게 되는 것입니다.

3절 말씀을 보면 "하나님께서 허락하시면 우리가 이것을 하리라"라는 놀라운 말씀을 주시고 있습니다. 하나님이 허락하시면 우리는 이 엄청난 일을 해낼 수가 있는 것입니다.

하나님의 축복에 실패한 사람들

불행하게도 예수 믿는 사람들이 모두 하나님의 엄청난 축복을 다 캐내어 가졌던 것은 아니었습니다. 그 중에서는 하나님의 놀라운 축복의 맛만 보고 영원한 멸망에 빠졌던 사람들도 많이 있었다고 말씀하고 있습니다.

4-6절 한번 비췸을 얻고 하늘의 은사를 맛보고 성령에 참예한바 되고 하나님의 선한 말씀과 내세의 능력을 맛보고 타락한 자들은 다시 새롭게 하여 회개케 할 수 없나니 이는 자기가 하나님의 아들을 다시 십자가에 못박아 현저히 욕을 보임이라

오늘 우리가 여기서 알 수 있는 것은 하나님의 진정한 축복을 받는데 실패한 사람들이 보통으로 대단한 사람들이 아니라는 것입니다. 그들이 이 세상에서 경험한 것들은 다른 모든 사람들이 진정으로 사모하는 것들이며 참으로 대단한 은사와 축복들이었습니다. 그들은 주님으로부터 하나님의 놀라운 말씀을 은혜로 받았던 자들이며 하나님의 기적을 보았고 성령의 능

력을 직접 체험하기도 했습니다. 또한 하나님의 말씀의 능력까지도 아는 사람들이었습니다. 그런데 도대체 어떻게 이런 은혜와 축복을 받은 사람들이 타락해서 도저히 돌이킬 수 없을 정도까지 가게 되었을까 하는 의문이 드는 것입니다.

여기서 '한번 비췸을 얻고' 라는 것은 말씀의 큰 은혜를 한번 이상 받았던 것입니다. 이들 중에는 예수님의 말씀을 직접 들었을 수도 있고 사도들의 설교를 들었을 수도 있습니다. 그런데 그 말씀이 얼마나 은혜스러웠던지 그 말씀에 사로잡혀서 주의 종으로 살기를 원하고 자신의 삶을 드리기로 헌신도 하였다는 것입니다. '하늘의 은사' 라고 하는 것은 기적을 말합니다. 자기 자신이나 주위에서 기적이 일어나는 것을 직접 보거나 체험도 했습니다. 또한 성령에 참예한 바가 되었다고 말씀하고 있습니다. 성령의 감동을 받기도 했고 또 성령의 체험도 있었습니다. 더 놀라운 것은 '하나님의 선한 말씀과 내세의 능력도 체험을 했다' 는 것입니다. 하나님의 말씀이 선포되는데 다른 사람들의 영혼이 변하고 놀라운 감동이 일어나며 사람들이 내세의 소망을 가지는 것을 분명히 보았던 것입니다. 그러나 이런 사람들 중에서도 하나님의 지성소에는 들어가지 못했던 사람들이 많이 있었다고 말씀하고 있습니다.

우선 모세와 함께 출애굽했던 이스라엘 사람들을 생각해 보면 오늘 이 말씀과 정확하게 일치한다는 것을 알 수 있습니다. 그들은 모세의 말에 은혜를 받았습니다. 그래서 모세를 믿었습니다. 그리고 열 가지 기적과 홍해가 갈라지는 기적을 체험을 했고 반석을 쳐서 생수가 나오는 기적과 만나의 기적을 체험했습니다. 그럼에도 불구하고 이상하게 이들의 마음에는 믿음의 열매가 없었습니다. 그래서 하나님의 영광 가운데 나아가지 못했고 심지어는 모세의 얼굴에 빛나는 것도 쳐다보지 못해서 모세는 얼굴에 수건을 써야만 했습니다.

가룟 유다의 경우도 주님의 말씀을 직접 듣고 은혜를 받았습니다. 가룟 유다는 예수님을 3년씩이나 따라다녔습니다. 그리고 예수님께서 행하시는 기적을 보았습니다. 자기 자신을 예수님께 헌신을 해서 열두 사도 중 한 사람이 되었고 자신이 전하는 복음을 듣고 다른 사람들이 변하고 병이 났고 귀신이 떠나는 것을 보았습니다. 그러나 그는 하나님의 지성소에는 들어가지 못하고 목을 매고 죽었습니다.

오늘 여기서 우리가 알 수 있는 것은 하나님의 축복의 진수가 눈에 보이는 기적이나 능력에 있는 것은 아니라는 것입니다. 물론 이 모든 것들이 하나님의 능력이요 축복이지만 가장 중요한 것은 내 자신이 하나님의 말씀으로 변화되어서 내 속에 하나님의 성품의 열매가 맺히는 것입니다. 사도 바울이 가장 두려워했던 것은 자기가 복음을 전하고 많은 능력을 나타내어서 다른 사람은 믿게 했지만 자기 자신은 지옥에 떨어지는 것이었습니다. 많은 사람들이 자신에게 나타난 능력이나 은혜로 남은 구원하였지만 막상 자기 자신은 하나님의 말씀에 순종하지 않아서 지옥에 떨어질 사람들도 많이 있는 것입니다. 그래서 우리에게 가장 중요한 것은 겉으로 나타나는 능력이나 체험이나 기적이 아니라 내가 하나님의 말씀을 믿고 내가 하나님의 말씀으로 변화 되어서 내 자신이 보석과 같은 믿음으로 변하는 것입니다.

그래서 히브리서 저자가 강조하는 것은 내가 주님을 위해서 얼마나 수고하고 얼마나 다른 사람들에게 감화를 많이 끼쳐서 유명한 사람이 되었느냐 하는 것이 아니고 내 자신이 하나님의 지성소에 들어가서 완전히 변화되어 새사람이 되는 것이 더 중요하다는 것입니다.

그러면 우리는 오늘 본문에서 두 가지를 생각해야 합니다.

하나는 어떻게 이런 은혜와 능력을 체험했음에도 불구하고 타락해서 지옥에 갈 수 있느냐 하는 것입니다. 그것은 하나님의 은혜와 기적이 반드시 그 사람의 믿음의 분량대로 주시는 것이 아니라 넘치게 주시기 때문입니다. 예를 들어서 어떤 큰 축복의 현장에 있으면 거기에 있는 사람들은 모두 다 은혜를 받고 기적을 체험할 수 있습니다. 물론 그 중에는 진정으로 믿는 사람도 있겠지만 그렇지 않는 사람도 있을 것입니다. 그러나 하나님이 은혜를 부어주실 때에는 거기에 있는 사람들은 다 은혜를 받고 일시적으로 기적을 체험할 수 있는 것입니다. 그리고 주님께서는 믿음이 부족한 사람에게도 은사를 주셔서 능력을 행하게 하십니다. 그래서 능력이 나타나고 기적이 일어난다고 해서 '나는 다 된 사람이라'고 생각하면 큰 일이 나는 것입니다. 우리는 언제나 부족할 뿐이고 모든 것은 주님이 다 하시는 것입니다.

그리고 이런 은혜를 받고 타락한 자들이 회개할 수 없다는 것은 역시 교만 때문입니다. 이 사람들은 '내가 이만한 능력을 가졌는데 누가 감히 나를 틀렸다고 하겠느냐' 고 하면서 하나님 앞에서 자기가 다 된 줄 알고 회개를 하려고 하지 않습니다. 그래서 스스로 교만해서 회개를 하지 않는 것이지 한번 은혜를 체험하고 타락하거나 죄를 지었다고 해서 회개할 수 없다는 것은 아닙니다.

오늘 본문에서 역시 가장 중요하게 생각하는 것은 '열매' 입니다.

7, 8절 땅이 그 위에 자주 내리는 비를 흡수하여 밭 가는 자들의 쓰기에 합당한 채소를 내면 하나님께 복을 받고 만일 가시와 엉겅퀴를 내면 버림을 당하고 저주함에 가까와 그 마지막은 불사름이 되리라

하나님께서 나무에게 가장 중요하게 생각하시는 것은 역시 열매입니다. 오늘 본문에는 채소라고 했는데 사실은 같은 것입니다. 심지어 채소라고 주인은 먹을 수 있는 것을 바란다는 뜻입니다. 만일 과일 나무가 있는데 주인이 거름을 주고 물을 주어도 열매를 맺지 않으면 아무리 보기가 좋아도 찍어버릴 수밖에 없습니다. 과일 나무는 아무 것도 없는 가운데서 뿌리에

서 수분을 흡수하고 잎에서 빛을 흡수해서 광합성이라는 것을 해 내어야 합니다. 마찬가지로 하나님께서 우리에게 원하시는 것은 하나님의 진리와 성령의 능력을 가지고 우리 안에서 광합성을 해서 하나님의 성품을 만들어 내어야 하는 것입니다. 만일 가시나 엉겅퀴만 잔뜩 만들어낸다면 이것은 하나님 앞에서 아무 소용이 없습니다. 그래서 교회에서 가장 중요한 것은 외형이나 요란한 행사처럼 외적으로 보이는 것이 아니라 우리 한 사람 한 사람의 마음속에 있는 가시나 엉겅퀴 같은 못된 성질들은 불에 태워버리고 성령의 열매를 맺는 것입니다.

진정한 열매를 맺는 길

오늘 우리에게 가장 중요한 것은 어떻게 하면 우리가 성경 속에 들어가서 진정으로 변화되어 완전한 새사람이 될 수 있느냐 하는 것입니다. 여기서 히브리서 저자는 우리가 잘 이해하기 어려운 말씀을 하고 있습니다. 그것은 성도들끼리 서로 사랑하고 섬기는 것입니다. 도대체 이것이 진정한 열매를 맺는 것과 무슨 상관이 있을 것 같지가 않습니다. 그러나 사실 이것이 우리가 하나님의 지성소에 들어가는 가장 바른 방법입니다.

10-12절 하나님이 불의치 아니하사 너희 행위와 그의 이름을 위하여 나타낸 사랑으로 이미 성도를 섬긴 것과 이제도 섬기는 것을 잊어버리지 아니하시느니라. 우리가 간절히 원하는 것은 너희 각 사람이 동일한 부지런을 나타내어 끝까지 소망의 풍성함에 이르러 게으르지 아니하고 믿음과 오래 참음으로 말미암아 약속들을 기업으로 받는 자들을 본받는 자 되게 하려는 것이니라

성경이 무한한 하나님의 축복의 보고라면 우리가 어떻게 그 속으로 들어가느냐 하는 것이 가장 중요한 문제입니다. 많은 사람들이 나름대로 그 안에 들어가 보려고 온갖 수고를 다 했지만 결코 그 안에 있는 보물을 다 꺼내는 데는 실패를 했습니다. 그 이유가 하나님의 금광 안으로 들어가는 입구를 제대로 찾지 못했기 때문입니다.

하나님의 축복의 보물 창고 안으로 들어가는 입구는 바로 교회입니다. 특히 우리가 서로 사랑으로 모인 가운데서 열정적으로 하나님을 예배하며 하나님의 말씀을 연구하며 선포할 때에 우리는 하나님의 지성소 안에서 그 온갖 축복의 보물들을 다 가질 수 있게 되는 것입니다.

그런데 여기에 많은 어려움이 있습니다. 우선 중요한 것이 교인들이 보기에 세상이 교회보다 더 좋은 것이 너무 많이 있다는 것입니다. 당장 세상에 나가면 돈을 벌 수 있고 실력을 발휘해서 인정을 받을 수 있는데 교회에는 예배나 설교 듣는 것 밖에 없습니다. 그래서 어떤 사람들은 교회에서도 자신의 실력을 발휘해서 인정을 받아보려고 하는데 잘못하면 축복의 문을 닫을 수도 있습니다. 그래서 오늘 본문 말씀처럼 서로 사랑으로 모여야 하고 부지런함을 나타내어서 끝까지 소망을 가져야 하는 것입니다.

우리가 교회 안을 보면 세상에서 별 볼일 없는 사람들이 많은 것 같고 설교자라고 해서 대단한 것도 아닐 것입니다. 그리고 거기서 예배를 한번 드리거나 드리지 않거나 별 차이가 없을 것 같습니다. 바로 이것이 자기 스스로에게 속는 것입니다. 우리 인간은 보잘것없는 질그릇과 같지만 우리 안에는 하나님의 보물이 가득 있습니다. 우리가 가지고 있는 말씀과 성령의 능력은 보물 중의 보물입니다.

사실 그 동안 우리나라 사람들은 성공하고 출세하기 위하여 전 세계를 누비면서 열심히 돈을 벌었습니다. 그러나 우리나라 사람들은 하나님의 축복을 캐내는 데는 제대로 성공하지 못했습니다. 그렇지만 우리는 이 보물

입구를 찾았습니다. 그것은 오직 진실한 마음으로 모이는 교회 공동체가 되는 것입니다. 그리고 우리 안에는 오직 한 가지 하나님의 말씀만 두는 것입니다. 우리는 인내심을 가지고 이 말씀을 하나씩 하나씩 살피고 선포하는 일을 계속 해오고 있습니다. 바로 이 시간이 하나님의 보석을 캐내는 시간이며 우리가 진정으로 하나님 앞에서 존귀하게 변하는 시간인 것입니다.

12절 말씀처럼 '게으르지 아니하고 믿음과 오래 참음으로' 우리는 이 일을 계속 해야 하는 것입니다. 그 동안 참지 못하고 자꾸 딴 것을 요구하는 사람들도 많이 있었습니다. 그러나 우리는 딴 것을 찾을 수가 없습니다. 왜냐하면 바로 이것이 우리가 사는 길이요 생명의 길이기 때문입니다.

오늘 본문은 두 가지를 더 말씀하고 있습니다.

하나는 하나님께서 아브라함에게 맹세하신 것입니다. 하나님께서 아브라함에게 맹세하신 것이 무엇입니까? 바로 오늘 우리처럼 하는 자들에게 복을 주시겠다는 약속입니다.

13, 14절 하나님이 아브라함에게 약속하실 때에 가리켜 맹세할 자가 자기보다 더 큰이가 없으므로 자기를 가리켜 맹세하여 가라사대 내가 반드시 너를 복주고 복주며 너를 번성케 하고 번성케 하리라 하셨더니

이 아브라함의 복이 누구에게 임하게 되어 있습니까? 진정으로 하나님의 말씀을 붙들고 변화되는 이스라엘 사람들인 것입니다. 오늘 우리가 바로 그 이스라엘 사람들입니다. 하나님께서는 반드시 우리에게 복을 주실 것입니다. 우리가 이것을 믿지 못한다면 하나님의 축복의 맛만 보고 버림받는 자가 될 것입니다. 하나님의 복은 아무에게나 주어지지 않습니다. 아브라함처럼 하나님의 말씀에 모든 것을 다 거는 사람에게 주어집니다. 교회

안에서 세상 자랑할 생각은 하지 마세요. 왜냐하면 아브라함은 그렇게 하지 않았습니다. 아브라함은 하나님의 말씀 앞에 '본토 친척 아비집'을 모두 버렸습니다. 오늘 우리도 그렇게 해야 진정한 축복의 입구를 차지할 수 있습니다. 우리에게 다른 것을 찾으라고 하면 죽으라는 것과 똑같습니다.

그리고 예수님은 이 약속을 성취시키기 위해서 하나님의 말씀에 자신을 헌신하셔서 먼저 휘장 안의 지성소로 들어가셨습니다.

19, 20절 우리가 이 소망이 있는 것은 영혼의 닻 같아서 튼튼하고 견고하여 휘장 안에 들어가나니 그리로 앞서 가신 예수께서 멜기세덱의 반차를 좇아 영원히 대제사장이 되어 우리를 위하여 들어 가셨느니라

우리의 소망이 무엇입니까? 이 세상에 예수를 믿기만 하면 무엇이든지 잘 된다는 것입니까? 절대로 그렇지 않습니다. 우리가 교회를 통해서 하나님의 말씀 속에 들어갈 때 아브라함의 복이 이루어진다는 것입니다. 온 세상 사람들이 우리를 통해서 복을 받게 되며 우리도 복을 받게 되는 것입니다. 예수님께서는 우리보다 먼저 이 하나님의 말씀을 믿고 죽음의 휘장을 통과하셔서 하늘의 지성소로 들어가셨습니다. 우리는 아직 죽음의 휘장은 통과하지 않았지만 예배를 통하여 이 지성소 안에 들어가서 하나님의 잔치의 진수성찬을 먹게 되는 것입니다.

오늘 우리에게는 너무나도 분명한 축복의 소망이 있습니다. 또 이 소망이 우리 영혼의 닻이 되어서 우리는 절대로 멸망으로 떠내려가지 않을 것입니다. 오늘도 우리는 다른 욕심은 다 버리고, 남 생각도 버리고, 내가 먼저 변화되어 하나님의 성품을 가지고 하나님의 영광을 가지는 사람들이 되시기를 바랍니다.

CHAPTER • 08

완전한 제사장

히브리서 7:1-28

대개 사람들이 병들었지만 아직 살아 있을 때에는 의사를 찾습니다. 그래서 자기가 가지고 있는 병에 대하여 실력 있는 의사가 누구이며 어떻게 하면 그 의사와 빨리 진찰이나 수술을 할 수 있는지 그 길을 찾습니다. 이때 그 병원의 의사 중에서 친한 사람이 한 명 있을 때 진찰하거나 수술을 받는데 얼마나 유리한지 모릅니다. 그런데 병원에 친한 의사가 한 명도 없으면 어떤 때는 몇 달을 기다려야 겨우 의사의 얼굴을 볼 수 있을 것입니다. 그래서 우리가 어떤 일을 해결하는데 있어서 잘 아는 사람을 통해서 미리 약속을 하는 것은 대단히 중요한 일입니다.

전에 제가 어떤 군부대를 방문을 하는데 이미 높은 사람들끼리 다 약속이 되어 있는 상태에서 방문을 하니까 차가 대기해 있고 정문에서 면회 신청이나 검문 같은 것도 없이 바로 통과하고 안내하는 사람이 미리 나와 바로 최고 책임자에게로 안내를 했습니다. 그러나 미리 이런 약속 없이 방문을 하게 되면 입구에서 면회 신청을 해야 되고 그러면 연락을 한 후에 신분증 검사를 하고 따로 면회할 수 있는 장소에서만 사람을 만나고 그곳을 벗어나서는 한 발자국도 안으로 들어갈 수가 없습니다.

예를 들어, 우리가 백악관이나 청와대에 일반 관광객으로 찾아가면 그 안에 들어간다고 해도 외부의 건물이나 마당만 보고 있는 것이지 집무실에 들어가서 대통령을 만난다거나 개인적인 대화를 나누는 것을 상상할 수도 없는 일입니다. 혹시 대통령 비서실의 초청을 받으면 조금 더 안에까지 들어가서 구경할 수 있을 것입니다. 그러나 대통령을 만나서 개인적인 대화를 나눈다는 것은 미리 대통령과 약속이 되어 있지 않으면 불가능한 것입니다. 그러나 우리는 이것이 이 세상의 일만 그런 것이 아니라 하나님 앞에서도 동일하게 적용이 된다는 것을 알아야 합니다.

하나님께 인도할 수 있는 자격을 가진 사람이 제사장이었습니다. 그러니까 제사장은 오늘 우리 식으로 표현을 하면 우리는 하나님 앞으로 데리고 가는 인도자나 혹은 우리를 대신해서 하나님께 우리의 사정을 말씀드리는 대변인 정도로 생각할 수 있습니다. 그런데 오늘 히브리서 저자는 너무나도 충격적인 사실을 밝히고 있습니다. 그것은 구약의 제사장들이 우리를 위해서 제사를 드리고 기도를 한 것은 우리를 하나님의 왕궁에서 마당까지 데리고 간 것 밖에 되지 못한다는 것입니다. 사실 구약 율법에서도 누구든지 이스라엘 백성들은 성전에서 마당 까지만 들어올 수 있었지 그 안에 있는 성소나 지성소에는 들어갈 수가 없었습니다. 그러나 하나님께서는 구약 율법의 제사장보다 더 높은 제사장을 세워놓으셨는데 이 제사장은 우리를 하나님의 보좌 앞으로, 즉 하나님의 지성소 안으로 인도하는 제사장이었던 것입니다. 더 이상 우리는 하나님께 가까이 나아가지 못하고 멀리 서서 '하나님이시여, 하나님이시여, 나를 불쌍히 여기소서' 라고 소리만 지르는 죄인들이 아닙니다. 하나님의 영광된 초청을 받아서 하나님의 가장 영광스러운 보좌 앞에 나아가서 하나님을 만나는 사람이 되었습니다. 더 놀라운 것은 우리가 하나님 앞에 나아갔을 때 그 응답이나 축복까지 이미 맹세로 보장이 되어 있다는 것입니다. 우리가 높은 사람을 직접 만나는 약속을 받는 것도 대단히 어려운 일이지만 만났다고 해서 반드시 우리가 원하는 것이 응답되는 것은 아닙니다. 그러나 우리가 하나님 앞에 나아갈 때에는 하나님을 만나는 것은 물론이고 그 응답이나 축복까지 맹세로 보장이 되어 있다는 놀라운 사실을 알아야 합니다.

또 다른 제사장

우리가 망원경이나 현미경으로 좁은 범위를 보면 화면에 보이는 것이 전부인 것처럼 보이지만 실제로는 화면에 나타나지 않는 훨씬 넓은 세계가 있다는 것을 알 필요가 있습니다. 외국에 한 번도 나가본 적이 없는 사람들은 우리나라가 아주 큰 나라이고 이 세계에서 가장 중요한 나라로 생각하기 쉽지만 실제로 우리나라보다 몇십 배 몇백 배 큰 나라들도 있고 오히려 다른 사람들 중에는 우리나라가 어디에 있는지 혹은 그런 나라가 있는지조차도 모르는 사람들이 많이 있다는 것을 발견하게 될 것입니다.

마찬가지로 이스라엘 자손들은 율법이 하나님의 법의 전부라고 생각했습니다. 그러나 오늘 히브리서 저자는 정말 놀라운 말씀을 하고 있습니다. 그것은 율법이 하나님의 법의 전부가 아니고 지극히 적은 한 부분에 불과하다는 사실입니다. 그리고 그 적은 부분도 아주 중요한 것이 아니고 왕궁으로 비유하면 우리를 왕궁 안으로 인도하지는 못하고 마당까지만 인도하는 법이었다는 사실을 밝히고 있습니다.

즉, 율법에는 가장 중요한 것 중 하나가 제사장 제도였습니다. 그러나 모세 자신이 쓴 성경에, 율법으로서는 도저히 설명할 수 없는 제사장이 존재하는 것입니다.

1-3절 이 멜기세덱은 살렘 왕이요 지극히 높으신 하나님의 제사장이라 여러 임금을 쳐서 죽이고 돌아오는 아브라함을 만나 복을 빈 자라 아브라함이 일체 십분의 일을 그에게 나눠주니라 그 이름을 번역한즉 첫째 의의 왕이요 또 살렘 왕이니 곧 평강의 왕이요 아비도 없고 어미도 없고 족보도 없고 시작한 날도 없고 생명의 끝도 없어 하나님 아들과 방불하여 항상 제사장으로 있느니라

하나님으로부터 율법을 받아서 이스라엘 자손들에게 하나님의 말씀을 선포한 사람이 모세였습니다. 그러나 바로 이 모세의 글에 율법으로는 도저히 설명할 수 없는 부분들이 나타나고 있습니다.

그 중 한 가지가 레위 자손이 아닌 멜기세덱이라는 제사장의 존재입니다.

모세에게 있어서 놀라운 것은 자신의 율법의 잣대로 납득되지 않는다고 해서 멋대로 빼버리거나 수정하려고 하지 않았다는 것입니다.

가장 비율법적인 말씀의 예가 '아브라함이 하나님을 믿으니 그의 의로 여기시고' 라는 창세기 15:6의 말씀입니다. 여기에 보면 하나님께서 아브라함을 의롭다고 인정하신 것은 그가 많은 의를 행하고 제사를 많이 바쳤기 때문이 아니라 하나님을 믿음으로 의롭다 함을 받았습니다. 그러나 하나님께서 모세에게 명하신 것은 '이를 행하라 그리하면 살리라' 는 말씀입니다(신 4:1). 모세는 하나님의 말씀이 자신의 생각과 다르다고 해서 결코 자기 멋대로 수정하지 않았습니다. 그리고 또 하나가 바로 레위인이 아닌 하나님의 제사장이 분명히 존재했다는 사실입니다.

멜기세덱은 아브라함 때의 사람인데 아브라함이 자기 조카 롯을 찾기 위하여 그돌라오엘의 연합군을 쳐서 이기고 돌아올 때 영접을 나온 하나님의 제사장이었습니다. 그런데 이 멜기세덱은 엉터리 제사장이 아니고 지극히 높으신 하나님의 제사장이었습니다. 그래서 아브라함은 멜기세덱에게

십일조를 바쳤고 멜기세덱은 아브라함을 축복하였습니다.

원래 하나님의 말씀에는 전혀 모순이나 오류라고 하는 것이 있을 수가 없습니다. 그럼에도 불구하고 정식 레위 족속의 제사장이 생기기도 전에 전혀 레위족이 아닌 정식 제사장이 존재했다는 것은 무엇을 의미합니까? 이것은 율법이 하나님의 법의 전부가 아니고 오히려 작은 한 부분에 불과하다는 뜻입니다. 여기서 히브리서 저자는 단순히 율법이 하나님의 법의 한 부분이라는 정도로 그치지 않고 이 율법은 앞으로 없어질 불완전한 법이라는 것을 미리 예고하는 것이라고 말씀하고 있습니다.

11, 12절 레위 계통의 제사 직분으로 말미암아 온전함을 얻을 수 있었으면 (백성이 그 아래서 율법을 받았으니)어찌하여 아론의 반차를 좇지 않고 멜기세덱의 반차를 좇는 별다른 한 제사장을 세울 필요가 있느뇨 제사 직분이 변역한즉 율법도 반드시 변역하리니

즉, 모세의 율법 안에 율법으로는 도저히 설명되지 않는 하나님의 제도가 있다는 것은 이 율법이나 제사장 제도가 완전한 것이 아니라 한시적으로 세워진 불완전한 것이며 때가 되면 반드시 바뀌어져야만 옳다는 것을 보여준다고 말씀하고 있습니다.

우리가 생각하기에는 모세의 제사장 제도가 더 의식적으로 완전하고 정식으로 세워졌고 또 성경에서 많은 분량으로 말씀하고 있기 때문에 더 완전할 것 같은데 히브리서 저자는 하나님의 법은 완전하기 때문에 단 한 부분이라도 맞지 않는 부분이 있다면 이것은 앞으로 바뀌어져야 할 불완전한 것이라고 설명을 하고 있습니다.

이 멜기세덱이라는 제사장은 레위 자손의 정식 제사장에 비하여 대단히 불리한 점들이 있습니다.

그 하나는 2절과 3절에 나타나고 있는데 '아브라함이 일체 십분의 일을 그에게 나눠주니라 그 이름을 번역한즉 첫째 의의 왕이요 또 살렘 왕이니 곧 평강의 왕이요 아비도 없고 어미도 없고 족보도 없고 시작한 날도 없고 생명의 끝도 없어 하나님 아들과 방불하여 항상 제사장으로 있느니라' 고 했습니다. 이 멜기세덱이라는 제사장의 치명적인 핸디캡은 제사장인데 제사를 드린 기록이 없는 것입니다. 물론 성경에는 없지만 제사를 드렸을 것입니다. 그러나 기록상으로는 그는 제사는 드린 것이 나오지 않습니다. 단지 나타나는 것은 그가 왕이었다는 것입니다. 어떤 의미에서 그가 왕이었기 때문에 제사를 드리는 것이 당연한 것이었을 수도 있습니다. 또 다른 핸디캡은 그는 성경에서 가장 중요한 족보가 없다는 것입니다. 그래서 그가 어느 족속인지 어디 사람인지 전혀 알 수도 없을 뿐 아니라, 언제부터 제사장 일을 했다는 기록이 없습니다. 그러나 멜기세덱의 이런 핸디캡은 반드시 그가 열등하다는 것을 의미하는 것은 아닙니다. 오히려 하나님께서는 두 종류의 제사장 제도를 마련해 놓으신 것입니다. 그 하나는 땅의 제사장 제도이고 다른 하나는 하늘의 제사장 제도입니다. 즉 이 땅의 제사장은 바로 모세에 의하여 임명된 아론의 자손 제사장입니다. 그리고 그들이 주로 하는 일은 짐승을 잡아 죽여서 피를 흘리고 제사를 드리는 일이었습니다. 그러나 하늘의 제사장의 사명은 피를 흘리는 일보다는 왕의 일이 더 주된 일인 것을 보여줍니다. 즉 사람들을 하나님 앞으로 인도해서 하나님의 축복을 받게 하고 하나님의 존귀함을 얻게 하고 모든 어려움을 이기고 승리하여 하나님께 영광 돌리게 하는 일을 하는 제사장인 것입니다.

여기서 우리는 왜 멜기세덱이 제사장이라고 하면서도 제사를 드린 기록이 없느냐 하는 의문이 풀리게 됩니다. 그 이유는 하늘의 제사는 여러 번 드리는 것이 아니라 단 한번만 드리게 되어 있기 때문입니다. 즉 하늘의 제사는 멜기세덱이 드리는 것이 아니라 장차 오실 하나님의 아들이 자신의 육신으로 단 한번만 드리게 되어 있습니다. 그래서 멜기세덱은 제사장이라고 하면서도 제사를 드린 기록은 없고 오직 왕의 자격으로 아브라함을 영접하고 아브라함을 축복한 이야기만 나오는 것입니다.

여기서 우리가 알아야 할 것은 제사장이 하는 일도 모두 같지가 않고 예배를 드린다고 해도 다 같지가 않다는 것입니다. 서두에서도 설명을 드렸습니다만 청와대에 갔다 왔다고 해서 다 같은 것이 아니라 어떤 사람은 그 안에 들어가서 건물만 보고 온 사람이 있는가 하면, 건물 가장 중요한 곳까지 들어가서 대통령을 만나고 온 사람도 있는 것입니다.

레위 자손의 제사장들이 한 것은 하나님의 성전 마당까지만 인도하는 것이 그들의 사명이었습니다. 물론 그 안에는 다른 사람들은 절대로 들어갈 수 없는 거룩한 곳입니다. 하나님의 가장 거룩한 영역 안에 들어가서 하나님의 거룩과 하나님의 살아계심은 체험했지만 가장 중요한 지성소 안에는 들어갈 수가 없었고 하나님의 얼굴을 볼 수가 없었습니다. 모세 자신도 하나님을 보기는 했지만 하나님의 얼굴은 보지 못하고 등만 보았다고 말씀하고 있습니다. 그러나 하늘의 제사장은 상당히 존귀하기 때문에 우리를 하나님의 보좌 앞까지 인도합니다. 우리는 거기서 하나님을 만나고 하나님의 축복을 받으며 기도의 응답까지 받게 되는 것입니다.

그래서 어떻게 보면 멜기세덱은 엉터리 제사장이 아닐까 싶을 정도로 제사장으로는 불리한 점이 많은데 실제로는 이것 때문에 더 높은 제사장직을 보여준다고 말씀하고 있습니다.

두 제사장의 계보

여기서 히브리서 저자는 엄청난 논리의 비약을 합니다. 우리는 히브리서 저자의 논리의 전개를 보면서 과연 성경을 이런 식으로 해석을 해도 되는가 하는 생각이 들 정도로 놀라게 됩니다.

우선 첫째는 아브라함이 멜기세덱에게 십일조를 바친 것입니다.

4절 이 사람의 어떻게 높은 것을 생각하라 조상 아브라함이 노략물 중 좋은 것으로 십분의 일을 저에게 주었느니라

원래 십분의 일이라고 하는 것은 전체를 대표하는 것입니다. 즉 십분의 일을 바치면 다 바친 것을 의미합니다. 아브라함이 전쟁에서 노략한 것의 십분의 일을 바친 것은 전부 다 바친 것이며 '이 전쟁은 전부 하나님이 이기게 하셨습니다' 라고 하는 신앙 고백인 것입니다. 어떤 사람은 헌금을 하나님께 바치는 세금으로 생각하는데 세금이 아니라 신앙 고백인 것입니다. 그런데 이스라엘 백성들로부터는 레위인들이 십일조를 받았습니다. 이것은 레위인이 하나님께 속한 존귀한 자라는 뜻입니다. 즉 레위인은 이 세상 사람들이지만 십일조를 받음으로 이 세상 사람보다는 하나님의 사람이며 천사와 같은 존재인 것입니다. 그런데 히브리서 저자는 아브라함이 멜기세덱에게 십일조를 바칠 때 레위는 조상의 허리에 있었기 때문에 레위인들도 사실은 멜기세덱에게 십일조를 바친 셈이 된다고 해석을 하고 있습니다. 즉 다른 말로 표현을 하면 레위인의 제사가 가능한 것은 하늘의 제사장들이 있기 때문이라는 뜻입니다. 그 하늘의 제사장이 단순히 천사가 아니고 멜기세덱과 같은 하늘의 제사장이 있는 것입니다.

두 번째는 멜기세덱이 아브라함을 축복한 것입니다. 다른 제사장들에게 가장 중요한 일은 피를 뿌려서 죄를 씻는 것이었습니다. 모든 제사장들이 피와 상관없이는 제사장의 일을 할 수가 없었습니다. 이것은 마치 오늘날 의사들이 환자들의 피를 보지 않고는 의사 일을 할 수 없는 것과 같습니다. 왜냐하면 의사들의 가장 중요한 일은 환자의 병을 고치는 것이기 때문입니

다. 그러나 최근에 웰빙 바람이 불면서 의사들 중에서 피를 보지 않아도 되는 의사들이 생기게 되었습니다. 이 사람들은 환자를 수술해서 고치는 것이 아니라 건강한 사람의 건강을 지켜주는 상담자인 것입니다.

마찬가지로 멜기세덱에게 가장 중요한 일은 죄를 치료하는 것을 넘어서서 축복을 하는 것이며 더 능력 있게 살게 하는 것이었습니다. 이것은 이미 죄가 완전히 해결이 된 후에야 가능한 것이었습니다. 그래서 멜기세덱의 사역은 그리스도의 십자가 없이는 불가능한 것이었습니다. 따라서 멜기세덱의 사역은 자신의 독자적인 제사장직을 보여주는 것보다는 앞으로 진짜 하늘의 제사장이 오시면 죄는 그가 단번에 해결해버리시고 그 후에는 우리를 온전한 축복의 자리로 인도하시며 더 능력 있는 삶을 살게 하신다는 것을 보여주는 의미가 더 큰 것입니다.

세 번째 비약은 정말 놀라운 것입니다.

8절 여기는 죽을 자들이 십분의 일을 받으나 저기는 산다고 증거를 얻은 자가 받았느니라

레위 계통의 제사장들은 모두 다른 사람들로부터 십일조를 받았지만 인간이기 때문에 모두 늙어서 죽었습니다. 그러나 멜기세덱은 죽었다는 말이 없다는 것입니다. 물론 성경에는 나오지 않지만 멜기세덱도 늙어서 죽었을 것입니다. 그러나 적어도 성경에서는 제사장의 중요한 사명을 받은 사람이 시작한 날도 없고 끝난 날도 없다는 것은 그의 직분이 하늘에서도 영구적으로 계속된다는 약속을 받았다는 뜻으로 보아야 한다는 것입니다. 즉 멜기세덱의 제사장 임무는 이 세상에서 끝난 것이 아니라 하늘에 올라가서도 영구적으로 계속된다는 약속을 하나님으로부터 받았다는 것입니다.

참으로 놀라운 비약이 아닐 수 없습니다. 그럼에도 불구하고 히브리서

저자가 여기서 강조하려고 하는 것은 땅위의 제사장직의 불완전성입니다. 물론 땅 위의 레위 제사장들도 사람들을 하나님의 전 안으로 데리고 간 것은 사실이지만 실제로는 마당까지만 데리고 간 것이고 그 안에 있는 가장 중요한 곳까지 가려면 다른 제사장의 안내를 받아야 한다는 뜻입니다. 그 분이 바로 오래 전에 멜기세덱이 예고를 했던 하나님의 아들인 것입니다. 우리는 하나님의 아들의 안내를 받아야 하나님 앞에 까지 갈 수 있고 천국의 가장 귀한 보물들을 소개받을 수 있으며 또 마음껏 가지고 나올 수 있는 것입니다.

그래서 우리 생각으로는 짐승을 많이 잡아서 많은 물질적인 희생을 치르고 거창하게 제사를 드리는 것이 대단하게 보이지만 실제로는 십자가를 통해서 하나님의 아들을 믿고 그분을 의지해서 기도를 드리고 예배드리는 것이 훨씬 더 중요한 축복과 응답을 받게 되는 것을 말씀하고 있습니다.

여기서 오늘 성경은 구약 제사 제도의 중요한 약점을 지적하고 있습니다.

그 첫째는 구약 제사의 소극적인 기능입니다.

즉, 구약 제사의 가장 중요한 기능은 하나님 앞에서 죄 용서를 받음으로 하나님의 뜰 안에 나아갈 수 있는 자격을 얻는 것입니다. 다시 말해서 제사를 드린다고 해서 자동적으로 축복이 임하는 것은 아니고 축복으로 나아갈 수 있는 자격을 얻는 것입니다. 하나님의 축복은 하나님의 말씀을 듣는 것입니다. 그래서 사무엘이 한 유명한 말이 '하나님은 제사보다 말씀을 듣는 것을 원하신다' 는 것입니다. 이것은 제사가 필요없다는 뜻이 아닙니다. 제사야 말로 우리가 하나님의 은혜에 나아가는 가장 중요한 관문을 통과하는 것입니다. 그러나 제사만 드리고 하나님의 말씀을 듣지 않는다면 이것은 청와대까지 가서 구경만 한번 하고 나오는 것 밖에 되지 않는 것입니다.

요엘 선지는 '마지막 날에 내가 남종과 여종에게 내 신을 부어주리라'

고 하면서 '자녀들이 장래 일을 말할 것이며 늙은이는 꿈을 꾸고 젊은이는 이상을 볼 것이며'(욜 2:28)라고 말씀했습니다. 이것은 하나님의 말씀의 축복이 우리 믿는 자들에게 폭포수처럼 부어질 것을 말씀하시는 것입니다.

두 번째로 제사는 효력에 한계가 있었습니다. 한번 제사를 드리면 그 효력이 다음 죄를 지을 때까지만 유효했습니다. 그리고 이스라엘 민족 전체의 속죄제는 일 년 동안만 유효했습니다. 누구든지 죄를 다시 지으면 다시 제사를 드려야만 했고 이스라엘 백성들은 일 년에 한 차례씩 다시 죄 용서를 받아야만 했습니다. 그래서 제사장의 수가 많을 수밖에 없었습니다.

23-25절 저희 제사장 된 자의 수효가 많은 것은 죽음을 인하여 항상 있지 못함이로되 예수는 영원히 계시므로 그 제사 직분도 갈리지 아니하나니 그러므로 자기를 힘입어 하나님께 나아가는 자들을 온전히 구원하실 수 있으니 이는 그가 항상 살아서 저희를 위하여 간구하심이니라

27절 저가 저 대제사장들이 먼저 자기 죄를 위하고 다음에 백성의 죄를 위하여 날마다 제사 드리는 것과 같이 할 필요가 없으니 이는 저가 단번에 자기를 드려 이루셨음이니라

구약 이스라엘 백성들이 죄를 하나라도 지으면 하나님과의 관계가 즉시 끊어지면서 하나님의 원수가 되었습니다. 그래서 하나님과의 관계를 회복하려면 죄 하나하나에 대하여 제사가 드려져야 했습니다. 예를 들어, 고무 호스가 있는데 여기저기에 구멍이 뚫어져서 물이 새고 있으면 구멍 하나하나마다 다 막아야 하는 것과 같았습니다.

더욱이 제사장들은 자기 자신들이 죄인이면서 다른 사람의 죄를 위해서 기도하는 사람들이었습니다. 그러니까 자신도 암에 걸려서 항암제 주사를

받으면서 다른 암 환자들을 수술하기도 하고 주사도 놓는 것이었습니다. 성경은 이것이 너무나도 존귀한 일이라고 말씀하고 있습니다. 그러나 자기 자신도 죄인이기 때문에 완전한 하나님의 영광에 인도할 수가 없고 마당까지만 인도할 뿐이었습니다.

그리스도는 하나님의 아들이시기 때문에 딱 한 번의 제사로 인간의 모든 죄를 다 해결해버리셨습니다. 물론 이것이 간단한 것은 결코 아니었습니다. 그러나 예수님의 자신을 드린 제사는 인류의 모든 죄를 단번에 다 해결하셨고 우리를 바로 하나님의 축복의 보좌로 인도하셨습니다. 그래서 예수님께서 십자가 위에서 운명하실 때 성전 휘장이 위에서부터 아래로 찢어서 속을 훤히 볼 수 있게 되었습니다.

맹세로 된 제사장

오늘 본문은 예수님의 제사장직 중에서 가장 중요한 부분으로 우리를 인도하고 있습니다. 그것은 예수님께서 제사장이 되신 것이 맹세로 되어졌다고 말씀하고 있는 부분입니다.

> **21, 22절** 저희는 맹세 없이 제사장이 되었으되 오직 예수는 자기에게 말씀하신 자로 말미암아 맹세로 되신 것이라 주께서 맹세하시고 뉘우치지 아니하시리니 네가 영원히 제사장이라 하셨도다 이와 같이 예수는 더 좋은 언약의 보증이 되셨느니라

여기서 중요한 단어들이 많이 쏟아지고 있는데 '맹세' 라는 말이나 '언약' 이라는 말이나 '보증' 이라는 말입니다. 이 모든 단어들은 상업적인 의미를 가지는 말입니다.

우선 우리가 먼저 살펴보아야 할 단어가 '언약' 이라는 단어입니다. 물론 우리는 '언약' 이라는 말을 주로 '말로 하는 약속' 의 의미로 약하게 사용하고 있습니다. 그러나 성경에 나오는 이 '언약' 이라는 단어는 그렇게 약한 의미를 가진 단어가 아닙니다. 헬라어로 '디아데케' 라고 하고 히브리어로 '베리트' 라고 하는 이 단어는 신약에서는 '유언' 의 의미로 사용되기도 합니다. 즉 어떤 사람이 많은 재산을 남기면서 유언장을 작성해 놓으면 그 사람이 살아있는 동안에는 효력을 발생하지 않다가 그 본인이 죽는 즉시 바로 효력을 발생하게 됩니다. 구약 시대의 '베리트' 는 주로 왕과 신하 사이의 충성의 맹세인데 신하가 왕에게 충성하는 동안 왕은 신하를 지켜주어야 합니다. 그러나 신하가 왕을 배반하는 날에는 죽여서 시체를 갈라놓고 하늘의 새나 들짐승들이 뜯어 먹게 하는 것입니다. 즉 디아데케나 베리트나 모두 죽음의 효과를 나타내는 것이 특징입니다. 그래서 우리는 예수님의 언약은 죽음을 담보로 한 언약이라고 보는 것이 좋을 것 같습니다. 즉 예수님께서는 하나님과 약속을 하셨는데 이 언약은 예수님이 죽으심으로 효력을 발생하는 것입니다. 그래서 어떤 의미로는 유언과 비슷하다고 할 수 있지만 예수님이 죽음에서 다시 살아나셨기 때문에 효력이 취소되는 것이고 더 완전해지게 됩니다.

그래서 예수님은 죽음의 맹세로 제사장의 직분을 이행하신 것입니다.

다른 제사장들은 이런 맹세가 없었습니다. 즉 죄인들을 위해서 자신이 죽는다든지 혹은 자신의 죽음으로 제사의 효력이 발생한다는 맹세가 없었습니다. 그러나 오직 예수님은 하나님 앞에 맹세하시기를 자신이 죽음으로 하나님의 언약이 효력을 발생하며 자기가 살아남으로 모든 것이 완전해지게 하셨습니다.

그래서 우리가 하나님 앞에 한번 나아가서 그 영광을 한번 체험하고 오는 것도 중요한 것입니다. 그러나 우리가 하나님 앞에 나아간다고 해서 반드시 응답을 받고 축복을 받는다는 보장은 없습니다. 그러니까 구약의 제사는 죄 씻음 받고 하나님의 은혜와 영광에 한번 나아갔다 오는 것입니다. 그것만으로도 하나님의 백성으로서는 대단한 축복입니다. 그러나 오늘 우리들에게는 예수님의 죽음의 맹세가 있습니다. 즉 우리가 하나님 앞에 나아가면 반드시 하나님께서 우리의 기도를 들어주시며 우리를 축복하시며 우리의 모든 어려움을 해결해주신다는 약속이 되어 있는 상태에서 우리는 하나님 앞에 나아가는 것입니다. 그래서 우리는 하나님 앞에서 무슨 복잡한 입국 신청서 같은 절차나 혹은 헌병이나 경찰들의 신원 조회 같은 것이 필요하지 않습니다. 또 하나님 앞에 나가서 거저 한번 만나고 나오는 것이 아니라 반드시 응답받고, 반드시 축복받고, 반드시 어려움을 해결해주시도록 다 약속이 되어 있는 것입니다.

25절 상반절에 '그러므로 자기를 힘입어 하나님께 나아가는 자들을 온전히 구원하실 수 있으니' 라고 했습니다.

여기서 '자기를 힘입어 하나님께 나아가는 자' 라고 하는 것은 이렇게 예수님을 믿는 믿음으로 예배드리고 말씀 듣고 기도하는 것을 말합니다. 그런데 온전히 구원하실 수 있다고 했습니다. 여기서 구원이라고 하는 것은 그야말로 우리가 겪는 광범위한 어려움을 모두 다 포함하는 것입니다. 우리가 매일 매일 겪는 정신적인 어려움이나 혹은 육체적인 고난이나 다른 사람으로부터 고통 받는 것이나 혹은 사람의 힘으로는 해결할 수 없는 모든 어려움을 다 의미하는 것입니다.

우리가 예수 이름으로 기도하고 예배드리고 말씀을 들을 때 주님은 맹세를 하셨습니다. 우리를 이 모든 어려움에서 건져주시겠다고 목숨을 걸고 맹세하셨고 실제로 죽으셨습니다. 우리가 예수님을 통해서 하나님께 나아갈 수 있는 것이 얼마나 큰 축복입니까? 우리가 시시한 다른 사람을 붙들고 아무리 부탁을 하고 사정을 해 봐도 그들은 단지 우리의 어려움을 들어줄 뿐이지 해결할 수 있는 능력을 가진 사람들이 아닙니다. 그야말로 구약 이스라엘의 제사장들이 사람들을 데리고 하나님의 왕궁 마당까지는 데리고 들어갈 수 있었습니다. 그러나 오늘 우리는 완전히 자격이 다릅니다. 우리가 기도할 때 하나님은 준비하고 계시며 천사들도 영접할 준비를 하고 있습니다. 우리가 하나님께 나아가는 것을 아무도 막을 수 없을 것이며 우리는 분명한 응답과 축복을 받게 될 것입니다.

CHAPTER • 09

새 언약의 중보

히브리서 8:1-13

아주 오래전에 상영했던 '십계' 라는 영화를 보면 모세가 시내산에 올라가서 하나님으로부터 십계명을 받는 장면이 나옵니다. 이때 하나님께서 직접 바위에 십계명을 새겨 주시는데 영화를 보면 불이 바위를 치면서 십계명의 글자가 하나씩 하나씩 새겨지는데 마치 사람의 몸에 문신이 새겨지듯이 바위에 글자가 새겨집니다. 그리고 글자를 모두 다 새기신 후에 돌판을 바위에서 떼어서 모세에게 주시고 모세는 그 돌비를 받아가지고 산에서 내려옵니다. 모세가 산에서 내려와 보니 이스라엘 백성들은 이미 금송아지 우상을 만들어서 먹고 마시고 뛰놀고 있었습니다. 이에 모세가 산 위에서 돌비를 던지니까 땅이 갈라지면서 사람들이 떨어져 죽는 장면이 나옵니다.

그런데 참으로 인상적인 것은 하나님의 말씀이 불로서 바위에 새겨지는 모습이었습니다. 마치 도장을 새기듯이, 몸에 문신을 새기듯이, 하나님의 말씀이 새겨지는데 더 안타까운 것은 백성들은 그 말씀을 한번 제대로 보기도 전에 던져서 깨져버린 것이었습니다.

오늘 말씀을 보면 '언약의 중보' 라는 말이 아주 중요한 단어로 나타나고 있습니다. 우리는 상업 거래를 할 때 대개 '중개인'의 도움을 받습니다. 집을 사거나 팔 때라든지 혹은 과일이나 야채나 혹은 옷이나 생선을 살 때에도 모두 다 중간 상인들을 거쳐서 물건을 사게 됩니다. 이것을 반드시 나쁘다고 볼 수 없는 것이 우리가 직접 필요한 물건들을 사려고 하면 그 물건을 만드는 곳을 일일이 찾아다녀야 하는데 소비자들은 그런 물건을 만드는 곳을 잘 알지도 못하고 또 모든 물건들을 일일이 직접 구하러 다닐 때 시간이나 노력이 몇십 배가 더 들 수도 있습니다.

그러나 많은 경우에는 중간에 거쳐야 하는 중개인이나 상인이 너무 많을 경우 시간도 많이 걸리고 비용도 많이 듭니다. 때로는 중간에 매점매석을 하거나 폭리를 취할 때에는 물건이 있어도 구하지 못해서 애를 먹을 때가 있습니다. 이럴 때 필요한 것이 생산자와 소비자를 바로 연결시키는 방법입니다. 그러면 소비자는 중간상인들의 폭리를 겪지 않고 필요한 물건을 빠르고 신선하게 그리고 싸게 구입을 할 수 있습니다.

물건을 부칠 때에도 옛날에는 물건을 싸가지고 소화물을 부치는데로 가지고 갔습니다. 그러면 거기서 다른 물건들과 같이 큰 차에 실어서 목표로 하는 도시에 보내면 거기서 물건을 받는 사람이 소화물을 취급하는 회사에 직접 나와서 물건을 찾아가야만 했습니다. 그러니 시간도 많이 들고 비용도 많이 들고 또 물건이 깨어지거나 분실할 위험도 많이 있었습니다. 그러나 요즘은 택배 제도가 발달이 되어서 집에서 부치면 바로 집에서 받아 볼 수 있도록 배달을 해주니까 얼마나 편리한지 모릅니다.

이것은 하나님의 은혜에 있어서도 마찬가지였습니다. 옛날 구약 시대에는 사람들이 죄 용서를 받고 하나님의 은혜를 받는데 몇 단계를 거쳐야만 했습니다. 그리고서도 그 은혜는 불완전한 것이었습니다. 예를 들어, 이스라엘 백성들이 하나님 앞에 죄 용서를 받으려면 짐승을 가지고 성전까지 와야만 했습니다. 그러면 제사장이 그 짐승을 죽여서 죄 용서를 구하는 제사를 드리고 대제사장은 그 모든 죄를 다 가지고 일 년에 한번 지성소에 들어가서 죄 용서를 구했습니다. 그러면 결국 그 제사가 하늘의 지성소에 있는 대제사장에게로 갔던 것입니다. 하늘의 대제사장이 하나님께 기도를 드려서 죄 용서를 받으면 그것이 또 대제사장과 제사장의 순서로 백성들에게 전달이 되었습니다. 그러니까 시간도 오래 걸리고 효과도 늦게 나타났습니다. 그러나 오늘 성경 말씀이 우리에게 말씀하고 있는 것은 그 하늘의 대제사장이 바로 이 세상에 오셔서 우리를 위한 단번의 제사를 드림으로 하나님과 우리를 바로 연결시키신 것입니다. 그래서 우리는 중간에 여러 단계를 거치고 거쳐서 하나님의 은혜로 나아가는 것이 아니라 예수님을 통해서 하나님의 보좌로 바로 직행을 하게 되는 것입니다. 이 길을 예수님께서 열어 놓으셨습니다. 그래서 우리는 예수님께서 열어놓으신 이 길을 통해서 하나님 앞에 마음껏 나아가서 죄 용서를 받고 하나님의 은혜와 축복을 구해야겠습니다.

죄 용서의 중요성

요즘 크리스천들의 신앙의 가장 심각한 문제가 자기가 지은 죄에 대하여 하나님으로부터 용서 받는 것을 별로 중요하게 생각하지 않고 하나님의 축복만 받으려고 하는 것입니다. 그러나 우리가 하나님 앞에 죄 용서 받지 않고 축복을 받는다고 하는 것은 불가능한 일입니다. 하나님 앞에서 죄 용서받는 것과 축복을 받는 것은 별개의 것이 아니고 같은 문제라는 것을 알아야 합니다. 즉 죄라고 하는 것은 우리로 하여금 하나님 앞에서 모든 신령한 복들을 다 차단시키고 빼앗아 가버리는 것인데 죄 용서를 받아야 하나님의 축복이 회복 되는 것입니다.

그래서 아주 중요한 말씀을 우리에게 제시해주고 있습니다.

1절 이제 하는 말의 중요한 것은 이러한 대제사장이 우리에게 있는 것이라 그가 하늘에서 위엄의 보좌 우편에 앉으셨으니

히브리서 저자는 예수님이 십자가 위에서 죽으심으로 우리가 다시는 죄 용서받을 필요가 없어졌고 죄라고 하는 것은 아무 문제가 되지 않게 되었다고 말씀하지 않습니다. 오히려 그는 '이제 하는 말의 중요한 것은 이러한 대제사장이 지금도 있는 것이라' 고 말씀하고 있습니다. 단지 죄를 해결하는 방법이 과거와 달라졌을 뿐이지 죄가 자동적으로 없어진 것은 아닌 것입니다. 이스라엘 백성들이 수천 년의 역사를 통해서 배운 것이 하나 있습니다. 이것은 우리가 이 세상에서 복을 받고 사는데 하나님 앞에서 죄 문제를 해결 받는 것보다 더 중요하게 심각한 것은 없다는 사실입니다. 이스라엘 백성들의 사활을 결정하는 것은 오직 죄였습니다. 이스라엘 백성들이 하나님 앞에서 죄 용서 받고 깨끗한 믿음의 삶을 살 때에는 하나님께서 저절로 이스라엘 백성들에게 복을 부어주셨습니다. 이스라엘 백성들이 하나님 앞에서 죄를 해결 받았을 때에는 저절로 세계 일등 국민이 되었고 전 세계에서 사람들이 예루살렘에 선물을 가지고 와서 하나님의 율법을 배워갔습니다. 그러나 이스라엘 백성들이 죄 문제를 해결 받지 못하고 죄에 빠졌을 때에는 저절로 하나님의 축복이 모두 없어지고 저절로 가난하게 되고 저절로 병들게 되고 저절로 다른 나라들의 미움을 받게 되고 저절로 망하게 되었습니다.

우리가 생각할 때 이스라엘은 참으로 이상한 나라였습니다. 그러나 이스라엘 백성들이 자기들이 이상한 나라라는 것을 인정하지 못하는 것이 문제였습니다. 그들이 아예 처음부터 '우리는 이상한 나라이다. 우리나라는 죄를 이기면 복을 받고 죄 사함을 받으면 하나님께서 지켜주신다. 이것을 믿고 하나님 앞에서 열심히 죄를 해결받자' 라고 했더라면 절대로 망하지

않을 나라였습니다. 그러나 실제로 이스라엘이 이상한 나라가 아니었습니다. 이스라엘만 정상적인 나라이고 다른 나라들은 사실 죄가 무엇인지도 모르고 죄 용서받는 것이 무엇인지도 모르고 살다가 망하는 것이었습니다.

이것은 오늘 우리들에게도 마찬가지입니다. 오늘 세상 사람들이 죄를 짓지 않을 수는 없습니다. 그러나 죄를 지었을 때 결국 감옥에 가지 않는 방법은 끝까지 죄를 숨기고 들통이 나지 않는 방법 밖에 없다고 생각을 합니다. 그러니까 모두 죄를 감추고 살아가고 있으니까 얼마나 그 양심이 괴롭고 고통스럽겠습니까?

아마 무서운 병에 한번 걸려본 분들은 병이라고 하는 것이 얼마나 무서운지 알 것입니다. 병은 사회적인 신분도 가리지 않고 인물이나 학벌도 가리지 않습니다. 아무리 젊거나 어려도 무서운 병에 걸리면 죽어야 합니다. 마찬가지로 이 세상에서 가장 무서운 것이 죄입니다. 죄는 우리의 영혼을 갉아 먹는 병균입니다. 죄는 우리 양심을 돌처럼 굳게 만들어버립니다. 죄는 우리로부터 하나님의 모든 축복을 차단시켜버리고 마귀의 노예로 만들어버립니다. 죄는 우리 인간들의 진정한 삶의 목적을 잃어버리게 만들고 잘못된 욕심을 인생의 목표로 삼게 만들어서 한 평생을 정욕을 위하여 살게 합니다. 그리고 죄는 우리를 하나님으로부터 영원히 저주받는 자리에 빠지게 합니다.

그러니까 죄라고 하는 것은 우리 인간이 현재와 미래에 있어서 반드시 해결하여야 할 가장 중요한 문제입니다.

그런데 중요한 것은 예수 믿는 자들에게는 이 죄를 하나님 앞에서 바로 직접 해결 받는 길이 열렸다는 것입니다. 그 이유는 우리가 믿는 예수님이 하나님의 보좌 앞에서 직접 우리의 죄를 위해서 기도하는 대제사장이 되셨기 때문입니다.

그래서 우리는 하나님 앞에서 복을 받는데 바른 순서가 아주 중요하다는 것을 알아야 합니다. 가장 중요한 것은 내 안에 하나님을 향한 교만과 부패한 모든 생각과 행동들을 하나님께 입술로 고백을 드리는 것입니다. 그러면 예수님께서 우리의 영혼을 깨끗하게 하시고 우리의 양심을 깨끗하게 해 주십니다. 이때 우리는 내 영혼의 가치를 되찾게 됩니다. 얼마나 우리가 존귀해지는지 모릅니다. 그리고 하나님께서는 우리 마음에 하나님의 말씀에 순종해서 살 수 있는 용기를 주시고 믿음을 주시고 그리고 다른 모든 축복까지 더하여 주십니다. 그러나 우리가 가시적으로 체험하는 이런 복들은 하나님께서 주시는 복의 액세서리입니다. 즉 하나님께서 우리를 이미 어마어마하게 사랑하시고 복을 주시는데 우리가 그런 것들만 가지고는 잘 실감이 나지 않으니까 구체적으로 우리가 만지고 체험할 수 있도록 돈이나 건강이나 세상적인 여러 가지 것들로 더 부어주시는 것입니다.

하나님 앞에서 최고의 복은 우리의 영혼이 깨끗해지고 우리의 양심이 깨끗해지는 것입니다. 하나님께서는 사람을 보실 때 외모로 보시지 않으십니다. 그 사람의 사회적인 신분이나 돈 잘 버는 것을 보시지 않으시고 양심이 얼마나 깨끗한지 보십니다. 깨끗한 양심은 수백억짜리 다이아몬드와 같습니다. 우리는 하나님 앞에서 모든 마음의 더러운 것과 행실의 더러운 것을 고백하고 죄 용서 받음으로 그 자리에서 수백억을 버는 것과 같습니다.

옛날 이스라엘 백성들은 수천 년 동안 제사를 드림으로 하나님 앞에서 죄 용서받는 것이 최고로 중요하다는 것을 알았고 또 체험했습니다. 그때만 해도 이스라엘의 제사가 세계의 최고였습니다. 왜냐하면 그때만 해도 그 방법 말고는 하나님 앞에 죄 용서받고 축복을 받을 수 있는 길이 없었기 때문입니다. 그래서 모든 이스라엘 백성들이나 이방인들은 며칠이나 몇 주일씩 걸려서 예루살렘에 가서 제사를 드리고 이 세상 어느 곳에서도 체험할 수 없는 진귀한 양심의 씻음과 하나님의 축복의 말씀을 들을 수 있었던 것입니다.

솔로몬왕 때의 스바 여왕 같은 경우에는 몇 달씩 걸려서 예루살렘에 와서 죄 용서를 받고 하나님의 축복의 말씀을 듣고 얼마나 기뻤는지 약 8톤 정도의 금을 헌금으로 바치고 돌아갔던 것입니다.

만약 어떤 사람이 무슨 큰 죄를 짓고 경찰에 쫓기고 있는데 갑자기 그 죄에서 풀려나서 떳떳하게 새로운 삶을 살 뿐 아니라 오히려 고위 관직까지 받게 된다면 얼마나 좋겠습니까?

요즘 우리나라의 국회의원이나 고위직에 있는 사람들 중에 과거에 운동권 사람들이 많이 있습니다. 이 사람들이 옛날에는 반정부 운동을 한다고 늘 쫓겨 다니고 붙들려서 고문을 당하고 두들겨 맞고 직업도 없이 빌빌 거리면서 지내다가 세상이 변하니까 이제는 떳떳하게 국회의원이나 장관이 되어서 국회에서나 텔레비전에서 큰 소리를 치고 있습니다. 마찬가지로 예수님께서 죽었다가 살아나심으로 세상은 변했습니다. 이제 하늘과 땅의 모든 권세가 그리스도께 있고 예수님은 이것을 우리에게 주시기를 원하십니다. 단지 예수님이 주시는 것은 세상의 권력이 아닙니다. 그러면 우리가 다 장관하고 국회의원을 할 것입니다. 예수님이 주시려는 것은 하늘의 영적인 축복입니다. 말씀의 능력과 성령의 능력을 수백 배나 주셔서 마귀를 이기게 하시고 죄를 이기게 하시고 미신을 이기게 하시고 온 세상을 그리스도의 나라로 만드는 것입니다.

이제 세상이 완전히 변했습니다. 정치권만 변한 것이 아니라 눈에 보이지 않는 영의 세계에서 주도권이 완전히 그리스도에게로 넘어오게 되었습니다. 주님은 예수 믿는 우리들을 통하여 온 세상을 진동시키기를 원하십니다. 그래서 우리는 너무나 얌전하게 믿는 것이 잘하는 것이 아닙니다. 우리는 계시록에서 흰말을 타고 나가는 사람처럼 말을 타고 나가서 이기고 또 이겨야 하는 것입니다.

하늘의 대제사장의 신분은 죄 용서와 하나님의 모든 축복을 내려주시는 일을 하시는 분이신 것입니다. 우리는 이 세상에 죄로 인하여 괴로워하고 고통 받는 모든 자들을 예수님께로 데려와야 하고 하나님의 더 많은 축복을 받아서 이 세상에 더 많은 사람들이 죄와 질병과 여러 가지 불행에서부터 벗어나도록 도움을 주어야합니다.

우리의 신분은 정치인이 아닙니다. 우리의 신분은 왕 같은 제사장인데 왕 같은 제사장은 사람들을 하나님의 말씀으로 축복하는 사명을 맡은 자들인 것입니다.

새 언약의 중보

오늘 우리에게 아주 중요한 말씀은 6절 입니다. 이 말씀을 제대로 해석해야 우리가 하나님의 축복을 이해할 수 있을 것입니다.

6절 그러나 이제 그가 더 아름다운 직분을 얻으셨으니 이는 더 좋은 약속으로 세우신 더 좋은 언약의 중보시라

본문 말씀을 보면 '더 좋은 약속' 이 나오고 '더 좋은 언약' 이 나옵니다. 그리고 '더 좋은 언약의 중보' 라는 말이 나옵니다. 여기서 우리의 관심을 끄는 것은 과연 '약속' 과 '언약' 은 같은 뜻의 단어인가 하는 것입니다. 헬라어로 '약속' 은 '에팡겔리아' 라고 하는데 이 '에팡겔리아' 는 '언약' '디아데케' 와 같은 의미를 반복적으로 썼느냐 혹시 다른 뜻이 있느냐 하는 것입니다. 그리고 또 다른 하나는 '언약의 중보' 라고 할 때 이 중보가 무슨 중보겠느냐 하는 것입니다. 저는 우선 '약속' 과 '언약' 은 의미가 조금 다르다고 봅니다. 그 이유는 바로 이 '중보' 라는 말씀 때문입니다.

우리가 보통 '중보' 라는 말을 쓸 때에는 '중개인' 의 의미로 사용을 합니

다. 집을 사거나 팔 때에 우리는 대개 중개인을 통해서 이 일을 합니다. 그러나 중개인도 아주 종류가 많다는 것을 알아야 합니다. 어떤 중개인은 단지 살 사람과 팔 사람을 맺어주는 소극적인 역할만 하는 사람이 있는가 하면 어떤 사람은 마치 그 집이나 돈이 자기 것인냥 팔거나 살 수 있는 권한을 가진 사람도 있습니다. 그러나 본문에서 '디아데케'를 쓰려면 이런 중개인으로는 도저히 감당할 수 없는 일이라는 것을 알아야 합니다.

여기서 우리는 '약속'과 '언약'과 보증의 의미를 살펴볼 수 있습니다. 집을 사는데 '약속'은 좋은 집을 구해서 따뜻하고 편리하게 사는 것입니다. 그 약속을 위해서는 누군가가 좋은 집을 소개해주고 계약을 맺어주어야 하는데 '언약'이 성립되는 것은 내 돈으로 계약금을 낼 때 성립이 되는 것입니다. 그러나 좋은 집을 사는 것은 내 돈으로 사는 것이기 때문에 중개인이 할 수 있는 것은 오직 집을 소개해주고 수수료를 받는 정도입니다.

그러나 하나님께서 우리에게 주신 약속은 그것이 아닙니다. 하나님께서 우리에게 주신 약속은 우리의 모든 죄를 아무 조건 없이 다 용서하시며 우리를 하나님의 자녀로 삼으시고 우리에게 하늘의 모든 복을 다 주신다는 것입니다. 그러나 이 약속은 누가 단지 소개해준다고 해서 되는 것이 아니라 하나님의 중요한 의의 조건이 이루어져야 합니다. 그것은 죄가 전혀 없으신 하나님의 아들이 나를 대신해서 죽는 것과 내가 이제는 전폭적으로 하나님의 아들을 믿는 믿음 안에서 사는 것입니다. 그래서 언약은 그리스도가 십자가에 죽으셨다가 부활하심으로 성립이 되며 예수님은 단순히 하나님의 축복을 소개하는 분이 아니라 이 축복을 실현시켜주시는 본인이 되시는 것입니다.

앞에서도 말씀이 있었습니다만 '디아데케'는 유언으로 사용될 때가 많습니다. 즉 아버지의 약속은 자신의 재산을 아무 조건 없이 자식에게 물려주는 것입니다. 그러나 그 약속은 유언장이라고 하는 언약이 있어야 합니다. 특히 우리나라에서도 유산 같은 것은 중요하기 때문에 구두로 하는 약속은 거의 실효성이 없습니다. 부동산 같은 경우에는 유언장에 명시를 하든지 아니면 약속에 공증을 받아 두든지 해야 효력이 발생을 합니다. 그리고 발생하는 시기는 아버지가 돌아가시는 순간입니다. 아버지가 돌아가시지 않으면 약속이나 유언은 모두 효력이 발생하지 않습니다.

그러나 예수님의 '디아데케'는 놀라운 것이 예수님이 죽으심으로 효력이 발생했을 뿐 아니라 예수님이 다시 살아나셨습니다. 만일 예수님이 죽으셨더라면 우리가 일일이 그 축복을 찾아서 챙겨야 하는데 예수님이 살아나셔서 효력은 효력대로 발생하지만 예수님이 직접 우리들에게 그 모든 축복을 다 챙겨주시고 하나님의 보좌 앞에 있는 그 축복의 자리로 인도하시는 것입니다.

여기서 우리는 6절 한 절이 얼마나 중요한 말씀인지 알 수 있을 것입니다.

즉, 하나님의 약속은 우리를 행복하게 하는 것입니다. 그 동안 죄가 우리에게 끼친 나쁜 영향력들을 다 제거하고 완전한 하나님의 축복 가운데 있게 한다는 원칙적인 내용입니다. 그러나 이 원칙이 이루어지기 위해서는 끔찍한 디아데케가 있어야 했습니다. 그것은 하나님의 아들이 우리 죄를 대신하여 죽음으로 그렇게 된다는 것입니다. 예수님은 이 계약을 성취시키셨고 다시 살아나셔서 직접 우리의 손을 잡아서 우리를 그 모든 축복의 보물 창고 안으로 인도해 가시는 것입니다.

그래서 예수님은 단순한 중개인도 아니고 변호사도 아닙니다. 예수님은 우리로부터 일체 수수료나 수고비를 받지 아니하십니다. 오히려 자신의 죽음으로 하나님의 축복을 우리에게 몽땅 다 주셨고 우리는 돈 한 푼 들이지 않고 하나님의 모든 복을 다 차지하게 된 것입니다. 여기에 필요한 것은 오직 하나 믿음 밖에 없습니다.

옛 언약과 새 언약의 차이

오늘 본문에서는 이스라엘의 옛 언약과 예수님의 새 언약 사이의 차이를 비교해서 설명을 하고 있습니다. 우리가 대체로 이 세상에서 경험하는 것은 오래된 것이 그 권위가 있고 가치가 있을 때가 많은 것입니다. 대학도 몇 십년 된 대학보다는 몇백 년 된 대학을 더 알아주고 문서도 최근의 문서보다는 아주 오래 전의 문서를 더 가치 있게 생각을 합니다.

우선 이스라엘 백성들이 생각하기에 이스라엘 백성들이 지켜온 제사제도나 율법은 역사가 수천 년이 되기 때문에 그 동안 축적된 체험도 많고 역사도 많습니다. 그러나 거기에 비해서 예수 그리스도의 복음은 이 당시 사람들이 보기에는 몇십 년밖에 되지 못했습니다. 그러니까 어떻게 수천 년의 역사와 전통이 있는 의식을 포기하고 불과 몇십 년밖에 되지 않은 복음을 더 가치 있다고 믿을 수 있겠느냐 하는 의심이 드는 것은 당연한 것입니다.

이것에 대하여 히브리서 저자는 이미 구약 율법 안에 율법이 완전하지 않고 더 완전한 언약이 앞으로 오게 될 것을 밝히고 있다고 설명을 하고 있습니다.

우선 첫 번째로 히브리서 저자가 제시하는 것은 모세의 성막 자체가 하늘의 성막을 보고 본떠서 만들었다는 것입니다.

4, 5절 예수께서 만일 땅에 계셨더면 제사장이 되지 아니하셨을 것이니 이는 율법을 좇아 예물을 드리는 제사장이 있음이라 저희가 섬기는 것은 하늘에 있는 것의 모형과 그림자라 모세가 장막을 지으려 할 때에 지시하심을 얻음과 같으니 가라사대 삼가 모든 것을 산에서 네게 보이던 본을 좇아 지으라 하셨느니라

우리가 출애굽기의 성막을 만드는 부분을 읽으면서 가장 힘든 것이 계속 몇 규빗, 몇 규빗하는 식으로 나오는데 성막이 구체적으로 어떻게 생겼는지 알 수가 없는 것입니다. 그러나 모세는 시내산에서 하나님께서 보여주시는 성막의 모양을 보았습니다. 그러니까 생생하게 성막을 만들 수 있었던 것입니다. 이것이 숫자로 듣는 사람과 실물을 보는 사람의 차이입니다. 하나님께서 다른 사람들에게는 모두 숫자로만 말씀하시고 모세에게는 실물을 보게 하심으로 차별화를 시키셨습니다. 즉 모세를 더 우월하게 하신 것입니다. 그래서 다른 사람들은 모세의 설명을 듣지 않고는 도저히 작업을 할 수 없었습니다. 그러나 모세가 본 것도 하나님께서 보여주신 하늘의 성막의 모형이었습니다. 그러니까 히브리서 저자의 설명에 의하면 성막은 두 곳에 있는 것입니다. 즉 하늘의 성막이 있고 땅의 성막이 있습니다. 땅의 제사장들은 아론의 자손들이지만 예수님은 하늘의 제사장이십니다. 그래서 예수님은 십자가 위에서 죽으셨을 때 단순히 지옥에 가신 것이 아니라 하늘의 지성소에 가셔서 하나님 앞에 단번의 제사를 드렸다고 설명을 하고 있습니다.

그러니까 율법의 제사를 거치는 중개인이 많았습니다. 일단 죄를 지은 백성들이 짐승을 끌고 성전에 와야 하고 제사장이 제사를 드리고 또 제사장이 피를 지성소에 뿌리면 그때 겨우 그 피가 하늘의 지성소에 상달이 되는 것입니다. 그러면 다시 하늘의 제사장이 그 피를 가지고 하나님 앞에 죄 용서를 위한 기도를 하고 축복의 은혜를 받아서 제사장들에게 내려주시는 것입니다.

그러나 예수님은 자신의 몸을 제물로 바침으로 이 모든 중간 단계를 없애셨습니다. 우리로 하여금 직접 하늘의 지성소에 와서 하나님의 보좌에서 예배드리게 하고 은혜와 축복을 받게 합니다. 그래서 인간 제사장의 결함이나 짐승의 피로 인해서 하나님의 은혜나 축복이 변질되거나 줄어들지 않습니다. 우리는 하나님의 보좌로부터 직접 죄 용서를 받고 은혜를 받고 축복을 받습니다.

물론 이스라엘 백성들이 지켜왔던 제사 제도가 대단한 것은 사실입니다. 도대체 이 세상 어디에서 하나님의 보좌 앞까지 갈 수 있는 제사를 드릴 수 있겠습니까? 그러나 이스라엘의 이 전통과 역사도 예수 그리스도의 단번의 제사에는 비교가 되지 않습니다. 이것은 짐승의 피와 사람의 피의 가치의 차이가 사람의 피와 하나님의 아들의 피의 차이와 같습니다. 짐승이 아무리 비싸다 하더라도 사람의 생명과 바꿀 수는 없을 것입니다. 예수님께서는 거라사라는 곳에서 귀신 들려 미친 사람 한 명과 돼지 이천 마리의 목숨을 바꾸셨습니다. 그러나 하나님의 아들의 생명은 온 우주보다 더 귀합니다. 우리는 그 피값으로 다른 성전을 거치지 않고 하나님의 지성소에 바로 직행을 해서 죄 씻음을 받고 은혜와 축복을 받는 것입니다.

그리고 또 하나는 우리의 인식의 차이입니다.

구약의 율법은 돌에 새겨 주신 것이었습니다. 모세가 시내산에서 받았던 그 율법의 말씀은 아마 불로 새겨서 주셨을 것입니다. 그러나 아무리 하나님께서 불로 새겨 주셨다 하더라도 이스라엘 백성들이 그것을 읽지 않으면 단지 하나의 차가운 돌에 불과한 것입니다. 즉 이스라엘 백성들이 그 말씀을 읽을 때에는 이 율법 하나하나가 백성들의 가슴에 불을 일으킬 것입니다. 그러나 읽지 않으면 그냥 이런 돌비가 있다는 정신적인 위안으로 그칠 것이며 특히 이스라엘 백성들이 금우상을 섬겼을 때 이 돌비는 깨어질 수밖에 없었습니다. 이스라엘 백성들이 돌비를 깨는 방법은 두 가지였습니다. 하나는 우상을 섬기거나 아니면 모압에서 했던 것처럼 성적인 죄를 저지르면 이 돌비는 깨어질 수밖에 없습니다.

그래서 9절에 "또 주께서 가라사대 내가 저희 열조들의 손을 잡고 애굽 땅에서 인도하여 내던 날에 저희와 세운 언약과 같지 아니하도다 저희는 내 언약 안에 머물러 있지 아니하므로 내가 저희를 돌아보지 아니하였노라"고 했습니다. 하나님께서 모세를 통해서 주신 언약은 '애굽에서 손을 잡고 인도하실 때 주신 언약'이었습니다. 손을 잡고 인도하셨다는 말에서 우리는 이스라엘이 그때에는 참 어렸었구나 하는 것을 알 수 있습니다.

어린 아이들을 어디에 데리고 가려고 할 때에는 손을 잡고 가야지 그냥 두면 바로 걸려서 넘어지고 맙니다. 그리고 또 하나는 이스라엘 백성들이 가지 않으려고 떼를 쓰는데 하나님께서 강권적으로 끌고 가신 것을 볼 수 있습니다. 아이들은 어디에 가자고 해도 자기가 가기 싫으면 가지 않겠다고 떼를 씁니다. 그러면 대개 아이를 달래기 위해서 '언약'을 하나 맺어야 합니다. 즉 맛있는 것을 사주겠다든지 아니면 게임을 실컷 하게 해주겠다든지 해야 하는 것입니다. 그래서 하나님께서 이스라엘 백성들에게 주신 것이 젖과 꿀이 흐르는 가나안 땅이었습니다.

그러나 지금은 하나님께서 우리를 그런 유치한 식으로 데리고 가시지 않으신다고 말씀하고 있습니다.

10-12절 또 주께서 가라사대 그날 후에 내가 이스라엘 집으로 세울 언약이 이것이니 내 법을 저희 생각에 두고 저희 마음에 이것을 기록하리라 나는 저희에게 하나님이 되고 저희는 내게 백성이 되리라. 또 각각 자기 나라 사람과 각각 자기 형제를 가르쳐 이르기를 주를 알라 하지 아니할 것은 저희가 작은 자로부터 큰 자까지 다 나를 앎이니라 내가 저희 불의를 긍휼히 여기고 저희 죄를 다시 기억하지 아니하리라 하셨느니라

이 말씀은 예레미야 31:31-34에 나오는 새 언약에 대한 유명한 말씀입니다. 하나님께서는 새 언약을 우리에게 세우시는데 이것은 돌에 하나님의 말씀을 새기는 것이 아니라 우리 마음에 성령의 불로 하나님의 말씀을 새

기십니다. 이제는 우리가 억지로 하나님을 믿는 것이 아니라 하나님이 너무 좋아서 믿게 되고 죄가 너무 싫고 추악하기 때문에 죄를 멀리하게 됩니다. 이것이 구약 율법과는 너무나도 다른 것입니다. 구약 율법은 아직 하나님도 잘 모르고 죄도 잘 모르는데 억지로 눌러 놓는 것이었습니다. 왜냐하면 우리 마음에 하나님의 말씀을 새기려면 어마어마한 성령의 에너지가 필요하기 때문입니다. 이것은 하나님의 아들의 십자가 죽음이 없이는 불가능한 일입니다.

그래서 이 세상에서 이스라엘 백성들이 출애굽한 것보다 더 놀라운 기적이 우리가 우상을 버리고 미신을 버리고 예수를 믿는 것입니다. 우리가 하나님의 말씀을 들을 때마다 우리 마음에 불로 하나님의 말씀이 새겨지게 됩니다.

그러면 우리 마음이 바로 하늘의 지성소가 됩니다. 하늘의 지성소와 우리 마음의 지성소가 성령으로 하나가 됩니다.

여기에 보면 다른 사람에게 하나님을 알라고 하지 않는다고 했는데 이것은 우리가 하나님을 아는 본성이 이미 우리 안에 생기는 것입니다. 마치 옛날 시골 할머니들은 글씨를 모르기 때문에 아들에게서 편지가 오기만 하면 글을 아는 옆집 아저씨에게 편지를 가지고 가서 물어야만 했습니다. 그러나 할머니가 글을 깨치면 그때는 자기 스스로 편지를 읽을 수가 있습니다. 마찬가지로 구약 이스라엘 자손들은 모든 것을 일일이 제사장이나 레위인에게 물어야만 했습니다. 왜냐하면 그들의 마음에 성령의 조명이 약했기 때문입니다.

그러나 오늘 우리는 자기 스스로 하나님의 뜻을 묵상하고 분별할 수 있습니다. 이것만 해도 엄청난 것입니다. 오늘날 사람들은 이런 깨달음이 없으니까 자꾸 점쟁이를 찾아가고 무당을 찾아가는데 얼마나 스스로 속고 있는지 모릅니다. 하나님은 우리의 허물과 죄를 기억도 아니하신다고 했습니다. 이것은 죄가 완전히 해결되어지는 것을 말합니다. 물론 우리 안에 죄의 욕망이 전혀 없는 것은 아닙니다. 그러나 하나님께서 우리 안에 주신 거룩한 성품이 결국 죄의 욕망을 이기고 우리를 거룩한 자리로 자라게 합니다.

우리가 바로 이 새언약의 백성들이라는 것을 알게 될 때 어떻게 해야 하겠습니까? 우선 세상이 완전히 변했다는 것을 우리 자신이 인정해야 합니다. 지금 이 세상은 완전히 예수님의 세상이며 은혜와 축복의 때입니다. 우리는 중간에 다른 사람을 거칠 필요 없이 바로 하나님 앞에 나아가 죄 용서를 받을 수 있습니다. 그렇다고 해서 오늘날 많은 사람들이 하는 것처럼 죄를 가볍게 생각하거나 죄 용서가 불필요한 것처럼 생각해서는 안 됩니다. 오히려 더 철저하게 죄 용서 받아서 나의 가치도 참으로 존귀해지고 이 세상에 하나님의 복이 쏟아지게 해야 하겠습니다. 우리가 하나님 앞에서 기도할 수 있는 것은 모든 것입니다. 모든 마귀의 공격과 모든 죄의 후유증과 우리를 불행하게 하는 모든 것을 하나님 앞에서 기도로 해결 받을 수 있습니다. 특히 우리가 주 안에서 소원하는 모든 소원들도 담대하게 기도할 수 있습니다. 주위에 불행에 빠진 모든 사람들을 위해서 기도해야 합니다. 특히 하나님께서 성령을 부으셔서 마른 뼈와 같이 죽어 있는 이 민족이 살아날 수 있도록 기도해야 하겠습니다.

CHAPTER • 10

예수님의 제사

히브리서 9:1-28

우리나라에서는 사회적으로 큰 사고가 터져서 많은 사람들이 무고하게 희생되었을 때 대개 그 유족들의 분노를 금전적으로 보상합니다. 그러나 국가를 위해서 싸우다가 전사한 군인들의 경우에는 금전적인 보상을 하지 않고 죽은 자에게 최고의 명예를 돌림으로 그 죽음을 나라를 지키기 위한 희생으로 승화시키는 것을 볼 수 있습니다. 그래서 국가의 원수들이 다른 나라를 방문하게 되면 대개 그 나라의 무명용사의 무덤에 헌화를 함으로써 국가적인 존경을 표시하는 것을 보게 됩니다.

우리는 보통 제사라는 개념을 사용할 때 많은 복을 주신 신에 대한 감사나 혹은 장래의 축복을 기원하는 의미에서 사용합니다. 그러나 이스라엘 백성들이 행했던 제사의 개념은 그런 감사의 뜻이 아니었습니다. 이스라엘 백성들의 제사는 인간들이 하나님의 거룩함을 훼손한 죄에 대한 하나님의 진노를 해소하는 의미였습니다. 즉 이스라엘 백성들이 바쳤던 제사는 인간의 죄에 대한 하나님의 진노를 전제로 하고 어떻게 인간의 죄에 대하여 진노하시는 하나님의 감정을 누그러트릴 수 있느냐 하는 것이 제사의 주목적이었습니다.

오늘 본문은 예수님이 드리신 제사에 대한 말씀입니다. 히브리서는 오늘 본문에서 예수님의 죽으심이 우리의 죄를 대속하는 희생의 제사였다는 것을 구약 제사 제도와 구약의 언약을 통해서 증명하고 있습니다. 우리는 이 말씀이 히브리서에서 가장 중요한 핵심에 해당되는 클라이맥스라는 것을 알 수 있습니다.

그런데 우리는 예수님의 죽음이 하나님께 드리는 제사라는데 상당한 문제가 있는 것을 알게 됩니다. 우선 생각나는 몇 가지 의문을 제시해 보겠습니다.

첫 번째, 예수님은 이 세상에 사시면서 한 번도 제사를 드려본 적이 없는 분이셨습니다. 예수님께서 제사장의 신분을 가지시고 늘 제사를 드리던 분이 죽으면서 자신의 죽음을 제사의 의미로 받아 달라고 했더라면 조금은 이해가 갈 수도 있는데 예수님은 제사장도 아니시고 제사를 한 번도 드리신 적이 없었습니다.

두 번째, 어떻게 하나님께서는 하나님의 죽음을 제사로 받으실 수가 있을까 하는 것입니다. 성경에 보면 하나님께서 이방인들의 제사 제도 중에서 가장 싫어하셨던 것이 사람을 죽여서 제물로 바치는 인신의 제사였습니다. 사람을 죽여서 제물로 바치는 것은 가장 야만적이고 미개한 짓입니다. 그런데 어떻게 가장 거룩하신 하나님께서 사람을 죽이는 것을 제사로 받으실 수 있을까 하는 것입니다.

세 번째, 예수님을 십자가에 못 박아서 죽게 했던 유대인 지도자들이나 로마 군인들 중에서 자기들이 하고 있는 행위가 하나님께 바치는 제사라는 인식을 가진 사람들이 아무도 없었습니다. 오히려 그들은 예수님을 죽이면서 엄숙하고 진지했던 것이 아니라 예수님을 조롱했으며 로마 군인들은 예수님의 옷을 나누어 가지는데 정신이 없었습니다. 그런데 어떻게 이것이 모든 인간의 죄를 대속하는 희생의 제사가 될 수 있습니까?

그래서 오늘 본문에서 가장 어려운 부분이 바로 이 부분입니다. 즉 유대인들과 로마인들은 예수님이 누구인지도 모르고 그냥 시기하고 미워해서 죽였는데 알고 보니까 하나님의 아들이었더라는 것입니다. 그래서 어떤 의미에서 예수님의 죽음은 하나님의 아들이 이 세상에 와서 하나님의 말씀을 전하시고 병자를 치료하시다가 인간들에게 붙들려 죽으신 것입니다. 그런데 이것이 어떻게 우리의 모든 죄를 대속하는 희생의 제사가 될 수 있느냐 하는 것입니다.

사실 십자가는 우리 인간의 입장에서 보면 구제 불능의 죄이고 더 이상 소망이 없는 죄악입니다. 왜냐하면 우리 인간들은 지금까지 하나님께 죄만 지었는데 거기에 플러스해서 우리 인간을 도우려고 온 하나님의 아들을 그것도 가장 끔찍한 방법으로 처형해서 죽여 버렸기 때문입니다. 그래서 우리 인간의 입장에서는 십자가가 하나님에 대한 전쟁의 선포이고 최후의 발악적인 반역이며 모든 인간들이 영원히 저주의 심판을 면할 수 없는 죄였습니다. 그러나 가장 놀라운 것은 하나님의 구원은 인간의 가장 절망적인 죄악에서 이루어지게 되었습니다. 우리 인간들은 예수님을 건방지다고 주인 없는 개 한 마리 잡아 죽이듯이 두들겨 패고 못 박아 죽였지만 하나님께서는 우리 인간들이 한 행위를 보시지 아니하시고 사랑하는 아들이 행한 것을 보셨습니다. 그래서 하나님께서는 십자가가 우리 인간들의 최고 악질적인 반역이지만 오히려 우리 죄를 대신하는 아들의 제사로 받아들이신 것입니다.

오늘 히브리서 저자는 예수님의 죽음이 단순히 유대인들과 로마인들이 합작한 예수님이라는 개인에 대한 살인이나 처형이 아니라 우리 모든 인간의 죄를 대신하는 희생의 제사였다는 것을 증명하려고 합니다. 히브리서 저자가 이것을 밝히는 데는 우리 인간들이 모르고 있는 많은 사실이 있다는 것입니다. 그 하나가 구약의 많은 제사가 사실은 예수님의 죽음을 상징하고 있었다는 것과 또 하나는 우리 인간들이 모르는 비밀 언약이 있었다는 것입니다.

구약의 제사 제도

사실 현대인들도 가장 이해하기 힘들어 하는 부분이 바로 예수님의 죽음이 우리 죄를 대신하는 대속의 죽음이었다는 것입니다. 그래서 자유주의 신학자들은 예수님께서 그만큼 철저히 자기희생을 하셨다는 식으로 십자가의 죽음을 이해하려고 합니다.

그러나 히브리서 저자는 예수님의 죽음은 그런 죽음이 아니고 하나님께 자신을 바치는 제사였다는 것을 밝히는데 초점을 맞추고 있습니다. 그가 첫 번째로 제시하는 것은 구약의 제사 제도와 예수님의 관계입니다.

사실 구약 제사의 모형은 이스라엘 백성들이 출애굽할 때 죽였던 어린양의 피였습니다. 이스라엘 백성들은 이때부터 어린양의 피가 자신들의 죽을 생명을 대신한다는 생각을 가지게 되었고 세례 요한은 예수님을 보고 '세상 죄를 지고 가는 하나님의 어린양을 보라' 고 했던 것입니다.

그러나 이스라엘 백성들은 출애굽한 후 광야에서부터 성막을 만들어서 하나님께 제사를 드리고 또 대제사장이 피를 가지고 지성소에 들어가는 일을 했습니다.

1-5절 첫 언약에도 섬기는 예법과 세상에 속한 성소가 있더라 예비한 첫장막이 있고 그 안에 등대와 상과 진설병이 있으니 이는 성소라 일컫고 또 둘째 휘장 뒤에 있는 장막을 지성소라 일컫나니 금향로와 사면을 금으로 싼 언약궤가 있고 그 안에 만나를 담은 금항아리와 아론의 싹난 지팡이와 언약의 비석들이 있고 그 위에 속죄소를 덮는 영광의 그룹들이 있으니 이

것들에 관하여는 이제 낱낱이 말할 수 없노라

하나님께서는 이스라엘 백성들이 성전에 대하여 이상한 신비로운 생각을 가지지 못하도록 그 구조나 내용을 다 공개하셨습니다. 만약 하나님께서 그렇게 하시지 않으셨다면 이스라엘 백성들은 하나님이 그 집 안에 사신다고 생각했을 것입니다. 지성소 안에는 천사들이 날아다니고 또 저 천국에 갈 수 있는 문이나 입구도 거기에 있을 것이라고 생각했을 가능성이 많습니다. 어쩌면 사람들은 언약궤가 천국으로 가는 입구라고 생각했을지도 모릅니다. 그러나 하나님께서는 성전 안에는 천사도 없고 하나님도 계시지 않고 천국에 가는 입구도 없다는 것을 분명히 밝히셨습니다.

오늘 본문에서 설명하는 성전 구조의 특징은 안뜰에 대한 설명은 없다는 것입니다. 안뜰에는 번제단과 물두멍이 있는데 설명이 없습니다. 그리고 금향로가 원래는 지성소 밖에 있는데 지성소 안에 있는 것으로 설명을 하고 있습니다. 그리고 지성소의 언약궤 안에 아론의 싹 난 지팡이나 만나를 담은 금 항아리는 아주 초기에 있던 것이고 나중에는 없어졌는데 그것을 포함시키고 있는 점입니다.

그러면서 중요한 것은 대제사장이 일 년에 한 번씩 지성소에 들어가서 피를 뿌리는데 초점을 맞추고 있습니다.

7절 오직 둘째 장막은 대제사장이 홀로 일 년 일차씩 들어가되 피 없이는 아니하나니 이 피는 자기와 백성의 허물을 위하여 드리는 것이라

그러면 도대체 구약의 성전 제사가 천국에 들어가는 입구도 아니고 그 안에 하나님이 사시는 것도 아니라면 무엇 때문에 이스라엘 백성들이 이 성전에 집착을 했을까요?

우선 중요한 것은 이 성막이 교훈적 의미가 크다는 것입니다. 즉 사람이 말로만 들어서는 하나님의 진리를 깨닫지 못하고 은혜를 깨닫지 못하기 때문에 이런 제사 행위를 통해서 하나님의 진리를 깨닫게 하려는 의도가 있습니다. 즉 '우리는 하나님 앞에서 이 만큼 큰 죄인이다. 그리고 우리는 하나님의 말할 수 없는 자비로 생명을 연장받는다' 는 것을 깨닫는 것입니다. 그 중에서 가장 중요한 것이 피로 죄 사함을 받는다는 것입니다. 그래서 이 세상의 어느 민족보다 피와 가까운 민족이 이스라엘 민족이었습니다. 이스라엘 민족은 피로 사는 사람들이었습니다. 그들이 이 성전 제도를 통해서 배운 것은 피가 없으면 하나님께 나아갈 수 없고 피가 없으면 하나님의 축복을 받을 수도 없다는 것입니다.

그리고 또 하나는 역시 성전의 불완전성입니다. 성전의 가장 핵심적인 곳에 하나님께로 가는 입구가 없었습니다. 단지 하나님께서 거기에 임하셔서 말씀하실 뿐이지 성전 자체가 천국에 가는 입구는 아니었습니다.

8절 성령이 이로써 보이신 것은 첫 장막이 서 있을 동안에 성소에 들어가는 길이 아직 나타나지 아니한 것이라

즉, 이스라엘 백성들의 성전은 천국의 성소로 들어가는 입구가 아니었습니다. 단지 잠정적으로 이스라엘 백성들의 죄를 용서받는 곳이었을 뿐입니다. 예를 들어, 시골의 보건소는 대형 병원의 일부가 아닙니다. 진료소 안에 큰 병원의 수술실이 있는 것이 아니라 심각한 환자는 따로 앰뷸런스에 태워서 종합 병원으로 가야 하는 것입니다.

그래서 히브리서 저자는 딴 성전이 있다는 것을 주장합니다. 그러면 딴 성전이 어디에 있습니까? 그것은 사람의 손으로 짓지 아니한 성전이었고 눈에 보이지 않는 성전이었습니다.

11절 그리스도께서 장래 좋은 일의 대제사장으로 오사 손으로 짓지 아니한 곧 이 창조에 속하지 아니한 더 크고 온전한 장막으로 말미암아

예수님은 자기 몸이 성전이라고 말씀하셨습니다. 그래서 유대인들을 향하여 '너희가 이 성전을 헐라 내가 사흘 동안에 일으키리라'(요 2:19)고 말씀하셨습니다. 즉 예수님의 육신이 찢어지면서 하늘에 가는 입구가 열렸고 예수님께서는 자기 피를 가지시고 천국의 지성소로 올라가셔서 하나님께 단 한 번의 제사를 드리셨습니다.

이것은 정말 엄청난 기적이 아닐 수 없습니다. 사람들은 예수님을 미워하고 시기해서 죽였는데 그의 육체가 찢어지면서 천국 문이 열렸고 예수님은 자기 피를 가지시고 땅의 지성소가 아닌 천국의 지성소로 올라가셨습니다.

24절, "그리스도께서는 참 것의 그림자인 손으로 만든 성소에 들어가지 아니하시고 오직 참 하늘에 들어가사 이제 우리를 위하여 하나님 앞에 나타나시고" 이것이 바로 감추인 성전의 비밀입니다. 하나님 앞에 올라갈 수 있는 감추인 성전은 예수님 자신의 몸이었습니다. 그리고 그 몸이 찢어짐으로 천국 가는 지성소의 문이 열렸습니다. 그러니까 그 모형인 예루살렘 성전의 휘장도 찢어진 것입니다.

사람들은 예수님께서 십자가 위에서 죽으시고 장사 지내셨을 때 그 영혼이 어디에 계셨느냐 하는 것을 궁금하게 생각합니다. 그래서 어떤 사람들은 한 강도에게 '네가 나와 함께 낙원에 있으리라' 고 하셨기 때문에 낙원에 가셨을 것이라고 하고 어떤 사람들은 서양 사도신경처럼 지옥에 가셨을 것이라고 합니다. 그러나 히브리서 저자는 자신의 피를 가지시고 하늘의 지성소에 가셔서 단 한 번의 제사를 드리셨다고 말씀하고 있습니다.

구약 이스라엘 백성들의 제사에 있어서 대제사장이 일 년에 한번 지성소에 들어갔다가 살아서 나오는 것이 중요했습니다. 왜냐하면 대제사장이

살아서 나오지 못하고 죽으면 백성들의 죄가 용서되지 못한 것이기 때문입니다. 그런데 예수님은 무덤 문을 여시고 살아서 나오셔서 '너희에게 평강이 있을찌어다' 라고 인사하심으로 당신의 제사가 하나님께 받아들여진 것을 보여주셨습니다.

첫 언약과 새 언약의 관계

히브리서 저자는 일단 구약의 제사와 예수님의 죽음을 연결시키면서 실제로는 예수님의 죽음이 진짜 제사라는 것을 밝히고 있습니다. 이스라엘 백성들이 수천 년 동안 지켜왔던 성전은 미안하지만 예수님의 몸을 상징하는 모형이었다는 것입니다. 그러면 과연 이것으로 설명이 충분한가하는 것입니다.

히브리서 저자는 더 중요한 것이 있는데 그것은 하나님이 세우신 새 언약이라는 것입니다.

오늘날도 중요한 국가적인 행위는 어떤 국가 간의 조약이 있기 때문에 이루어지는 것입니다. 지금 지구가 멸망하지 않고 이렇게 유지가 되는 것도 하나님께서 세우신 약속이 있기 때문에 가능한 것입니다. 그것이 바로 하나님께서 노아와 맺은 언약입니다. 즉 하나님께서는 세상 끝날까지 이 지구를 멸망시키지 아니하시고 그대로 유지하기로 약속을 하셨습니다. 그렇기 때문에 지구가 멸망을 하지 않고 유지가 되는 것입니다.

이것은 나라들 사이에도 마찬가지입니다. 나라들 사이에 조약이 깨어지면 전쟁이 터지는 것입니다.

구약 이스라엘 백성들이 존재할 수 있었던 것은 하나님이 모세와 세우신 시내산 언약이라는 것이 있었기 때문입니다. 시내산 언약이 있었기 때문에 이스라엘 백성들이 가나안 땅을 차지할 수 있었고 성전 제사로 죄 용서를 받을 수 있었습니다. 그런데 이미 구약 성경에서 하나님께서는 '새 언약을 세우겠다'는 말씀을 하고 계십니다.

렘 31:31 여호와의 말씀이니라 보라 날이 이르리니 내가 이스라엘 집과 유다 집에 새 언약을 맺으리라

이것은 모세의 시내산 법 위에 있는 더 큰 언약이 있다는 것입니다. 그 언약이 무엇인지 모세의 법은 설명을 잘 하지 못하고 있습니다. 왜냐하면 이 법은 모세의 법보다 더 높은 법이기 때문입니다. 단지 선지자들이 간간히 설명하기를 그때가 되면 사자와 어린 양이 함께 뛰놀며 어린 아이가 독사굴에 손을 넣어도 물리지 않는 평화의 시대가 올 것이라고 하셨습니다. 또 눈먼 자가 눈을 뜨며 장애인들이 걸으며 억눌린 자가 해방이 되는 은혜의 때가 될 것이라고 말씀하고 있습니다.

그리고 이 새 언약은 모세의 법처럼 하나님의 말씀을 돌판에 새기는 것이 아니라 사람들의 마음 판에 새기며 하나님께서 우리 죄를 기억도 아니 하시는 새 법이 될 것이라고 말씀하십니다.

그러나 이 모든 것은 새 법의 효력 내지는 결과이지 새 법의 구체적인 내용에 대해서는 선지자들도 잘 몰랐습니다.

하나님의 새 법은 엄청난 것이었습니다. 이 법은 하나님과 그 아들이 세운 것입니다. 즉 하나님의 아들이 하나님의 말씀에 순종하여 우리 모든 인간을 대신해서 죽으면 하나님께서 누구든지 이 아들을 믿는 자의 죄를 다 용서하시며 성령을 그들에게 주시겠다는 것입니다.

이것이 구약 성경 여러 곳에 부분적으로 예언이 되어 있었습니다. 즉 처음 아담과 하와가 범죄했을 때 하나님께서는 여자에게 잉태하는 고통을 더하시면서 장차 여인의 후손이 와서 뱀의 머리를 깰 것이라고 하셨습니다.

바로 이 여인의 후손이 장차 사람으로 오실 하나님의 아들을 의미하는 것입니다. 그리고 인간들이 죄를 짓고 난 후에 벌거벗어서 부끄러워 할 때 하나님께서는 가죽옷을 만들어 입혀주셨는데 낙원에서 한 짐승이 죽었습니다. 바로 이 죽은 짐승도 나중에 오셔서 죽을 하나님의 아들을 상징하는 것입니다.

아브라함은 사랑하는 독자 이삭을 모리아 산에 바치라는 하나님의 말씀을 듣고 거의 바칠 뻔 했습니다. 사실 아버지가 사랑하는 아들을 죽이는 것은 말이 안 되는 것입니다. 그러나 하나님은 이 말도 되지 않는 일을 하셔서 우리의 구원을 이루셨습니다.

나중에 이스라엘 백성들이 광야에서 하나님을 원망했을 때 불뱀이 나타나서 백성들을 물었습니다. 그때 하나님께서는 모세에게 놋으로 뱀을 만들어 장대에 매달고 누구든지 그 뱀을 보면 낫게 해주시겠다고 하셨습니다. 실제로 뱀에 물려 고통 받던 자들이 놋뱀을 보았을 때 치료를 받아서 살게 되었습니다.

새 언약은 사실 옛 언약보다 후에 만들어진 것이 아닙니다. 만들어지기는 옛 언약보다 훨씬 전에 만들어졌지만 사람들에게 알려지기를 모세의 율법보다 늦게 알려져서 새 언약이 된 것 뿐입니다. 이 새 언약은 우리가 알지 못하는 시간에 성부와 성자 사이에 체결된 약속입니다. 즉 하나님의 아들이 우리 모든 인간의 죄를 책임지고 죽으면 하나님은 그 아들을 믿는 모든 사람들의 죄를 다 사하시고 구원해주신다는 것입니다.

실제로 이 새 언약을 가장 정확하게 우리에게 전하신 분은 예수님 자신이었습니다. 예수님 자신이 직접 몸을 입고 이 세상에 오셔서 내가 하늘에서 이루어진 것을 너희에게 전한다고 하시면서 누구든지 인자를 믿는 자는 그 안에 생명이 있고 사망에서 생명으로 옮기워졌다고 말씀을 하셨습니다(요 5:24).

그래서 이 새 언약은 만들어지기는 아주 오래 전에 만들어졌지만 완전히 사람들에게 공개가 되기는 예수님이 오심으로 알려지게 되었습니다.

그러면서 히브리서 저자는 13, 14절에서 "염소와 황소의 피와 및 암송아지의 재로 부정한 자에게 뿌려 그 육체를 정결케 하여 거룩케 하거든 하물며 영원하신 성령으로 말미암아 흠 없는 자기를 하나님께 드린 그리스도의 피가 어찌 너희 양심으로 죽은 행실에서 깨끗하게 하고 살아계신 하나님을 섬기게 못하겠느뇨?"라고 했습니다.

그러면 우리에게 한 가지 의문이 남는 것은 예수님을 십자가에 못 박았던 유대인들이나 로마인들은 그것이 하나님께 바치는 제사라는 개념이 전혀 없었는데도 불구하고 예수만 이것이 제사라고 생각하면 제사가 될 수 있느냐 하는 것입니다. 이것에 대하여 히브리서 저자는 신약의 유언과 구약 언약의 개념을 들고 설명을 합니다.

15-20절 이를 인하여 그는 새 언약의 중보니 이는 첫 언약 때에 범한 죄를 속하려고 죽으사 부르심을 입은 자로 하여금 영원한 기업의 약속을 얻게 하려 하심이니라 유언은 유언한 자가 죽어야 되나니 유언은 그 사람이 죽은 후에야 견고한즉 유언한 자가 살았을 때에는 언제든지 효력이 없느니라 이러므로 첫 언약도 피 없이 세운 것이 아니니 모세가 율법대로 모든 계명을 온 백성에게 말한 후에 송아지와 염소의 피와 및 물과 붉은 양털과 우슬초를 취하여 그 책과 온 백성에게 뿌려 이르되 이는 하나님이 너희에게 명하신 언약의 피라 하고

우리는 '언약'이라고 할 때 말로 하는 아주 가벼운 약속 정도의 의미로 사용합니다. 그러나 성경에 나오는 '언약'은 아주 무게가 있는 것입니다. 즉 성경에 나오는 '언약'이라는 말이 헬라어로는 '디아데케'라고 하는데

유언이라는 뜻이 있습니다. 그리고 히브리어에서는 '베리트' 라고 하는데 목숨을 건 피의 언약이라는 뜻입니다. 아버지가 자식들에게 유언장을 써 놓으면 그것이 디아데케입니다. 그런데 언제든지 아버지가 돌아가시기만 하면 유언장은 효력을 발생합니다. 구약의 '베리트' 는 피의 언약이라고 해서 그 약속을 깨트리면 죽어야 하는 것입니다. 그런데 이것은 누군가가 대신 죽어줄 수도 있었습니다. 즉 예수님께서는 우리의 죄를 대신해서 죽으신 것입니다. 그러니까 하나님의 아들이 이 세상에 오셔서 죄 없이 죽기만 하시면 언제든지 하나님의 언약은 효력을 발생하는 것입니다. 그러니까 본인의 논리에 의하면 예수님이 이 세상에 오셔서 어떤 방식으로 죽든지 그 방법과 상관없이 죽으심과 동시에 하나님의 언약은 효력을 발생하는 것입니다.

예를 들어, 예수님이 칼에 찔려 죽으시든지, 돌에 맞아죽으시든지 언약은 효력을 발생한다는 것입니다. 그러나 예수님은 가장 비참하고 가장 고통스러운 십자가의 죽음을 택하심으로 하나님의 진노의 심판을 가장 극적으로 보여주셨습니다. 그러니까 십자가의 죽음은 하나님의 언약으로 조금도 부족함이 없이 가장 명쾌하고 분명한 방법으로 하나님의 뜻을 이루신 것입니다.

인간의 남은 운명

오늘 우리에게 궁금한 것은 왜 우리 구원이 이렇게 어렵고 복잡한가 하는 것입니다. 가장 중요한 것은 우리 인간이 하나님 앞에서 특별한 존재이기 때문입니다.

27절 한번 죽는 것은 사람에게 정하신 것이요 그 후에는 심판이 있으리니 우리 모든 인간들은 이 세상에 태어나면서 한 가지 중요한 책임을 갖게 됩니다. 그것은 바로 이 세상을 살면서 구원받을 수 있는 길을 찾아야 하는 것입니다. 어떤 사람은 하나님께서 이것을 우리에게 말씀하지 않으셨다고 항의할지 모르겠습니다. 물론 하나님께서는 모든 사람들에게 '너희가 이 세상에 사는 동안에 반드시 하나님을 찾고 구원의 길을 찾아야 한다' 라고 말씀하지는 않으셨습니다. 그러나 우리를 인간으로 만드신 그 자체가 이미 우리에게 그런 책임을 지우고 있는 것입니다.

하나님께서 우리들에게 이렇게 놀라운 인격과 지능을 주신 것은 단순히 이 세상에 살면서 돈이나 벌고 공부나 하라고 하신 것이 아닙니다. 인간은 누구를 막론하고 반드시 이 세상에 사는 동안에 하나님을 찾고 구원의 길을 찾아야 하는 것입니다. 만일 그것을 찾지 못하면 온 세계를 돌아다녀서라도 구원의 길을 찾아야만 합니다. 결국 옛날 구원의 길을 찾아서 방황하던 순례자들이 마지막으로 가던 곳이 예루살렘이었고 그들은 거기서 인생의 문제를 풀었던 것입니다.

그래서 이 세상에서 가장 행복한 사람은 돈을 많이 벌었거나 권력을 쥐고 나라를 좌지우지하는 사람들이 아닙니다. 그 사람들은 아직 인생의 길을 찾지 못했습니다. 이 세상에서 가장 행복한 사람은 바로 하나님을 찾고 구원의 길을 찾은 사람들입니다. 그런데 그 구원의 길이 예수님 안에 있습니다. 사람들은 누구나 다 한번은 죽게 되어 있고 죽으면 바로 하나님의 심판이 임하게 됩니다. 즉 하나님 없이 자기 멋대로 한 평생을 산 것에 대한 무서운 저주와 심판이 있게 됩니다. 하나님의 심판이 무서운 것은 그나마 이 세상에서 누리고 있던 은혜와 축복까지도 죽은 후에는 완전히 박탈을 당하게 되는 것입니다. 이 세상에 사는 동안에는 햇빛도 보고 건강의 복도 누리고 재물의 복도 누렸지만 죽는 순간 그 모든 것은 다 반납하게 되고 오직 그가 이 세상에서 하나님을 찾지 않고 진리를 찾지 않은 죄만 심판을 받게 되는 것입니다.

그래서 누구든지 이 세상에 살면서 가장 우선적으로 해야 하는 것은 자기 영혼을 구원받는 것입니다. 자기 영혼을 구원받지 않고 다른 것을 아무리 많이 해도 소용이 없습니다. 예를 들어, 비행기를 타고 여행을 하는 분 같으면 가장 먼저 해야 하는 것이 비행기 티케팅을 해 놓는 것입니다. 그리고 난 후에 쇼핑도 하고 식사도 하고 사람들과도 만나는 것이 현명합니다. 그러나 다른 것은 실컷 해놓았는데 비행기 표를 사지 않아서 비행기를 놓쳐버린다면 다른 것은 아무 소용이 없게 될 것입니다.

그리스도께서 우리 죄를 담당하시기 위해서 죽으신 것은 우리로 하여금 하나님을 알고 구원을 얻게 하시기 위해서입니다.

28절에, "이와 같이 그리스도도 많은 사람의 죄를 담당하시려고 단번에 드리신바 되셨고 구원에 이르게 하기 위하여"라고 말씀하셨습니다.

예수님께서는 우리 인간으로서는 죽어도 할 수 없는 길을 열어 놓으시기 위하여 이 세상에 오셔서 죽으셨습니다. 하나님께서는 이 아들의 수고와 죽음을 너무나도 귀하게 생각하십니다. 그래서 누구든지 이 아들의 죽음이 자기 죄를 대신한 죽음이라는 것을 믿기만 하면 하나님의 친 아들로 우리를 받아주십니다. 그리고 우리를 책임지시고 구원의 길로 이끄시는 것입니다.

오늘 우리가 여기까지 오게 된 것은 우리가 알고 온 것이 아닙니다. 단지 하나님의 말없는 자비와 긍휼 가운데서 우리를 구원하시기를 기뻐하셨던 것입니다. 그러면 한 가지 의문이 더 남아 있습니다. 그것은 하나님께서는 모든 인간들의 죄를 다 용서하실 수는 없으셨는가 하는 것입니다. 물론 하나님께서는 원하신다면 얼마든지 그렇게 하실 수도 있으실 것입니다. 그러나 하나님은 우리를 인간으로 만드셨습니다. 인간이라고 하는 것은 스스로 생각해서 스스로 행동하고 그 결과를 책임져야 하는 것입니다. 하나님께서는 우리 인간들에게 구원의 길을 열어 놓으시고 강요하지 않으십니다. 우리는 스스로 그 길을 찾아서 가야 하는 것입니다.

우리는 예수님 때문에 천국으로 향하여 가는 순례자가 되었습니다. 다른 사람들은 무거운 욕심의 짐을 지고 이 세상에 눌러 앉아 있는 동안 우리는 이런 욕심의 짐을 벗어버리고 전혀 예측할 수 없는 미지의 세계를 향하여 한 걸음씩 나아갑니다. 어떻게 보면 다른 사람들은 이런 고생하지 않고 이 세상에 주저앉아서 모든 좋은 것을 다 누리는데 우리는 그런 것을 뒤로 하고 하나님만 바라보고 나아갈 때 바보 같기도 하고 어리석은 사람들 같기도 할 것입니다. 그러나 이렇게 하지 않는 사람들이 결국은 바보요 어리석은 사람들인 것이 알게 될 것입니다. 결국 이 사람들은 자기 욕심의 함정에 걸려든 것입니다.

세상에서 머리가 좋다고 공부만 하고, 세상에서 재주가 많다고 돈만 많이 버는 것이 결국 자기 죄에 자기가 빠진 것입니다. 하나님께서는 우리 인간들에게 가장 먼저 하나님을 찾게 하셨고 하나님이 주시는 힘으로 이 모든 것을 하게 하셨습니다. 우리가 그렇게 할 때 우리에게 천사와 같이 아름다운 삶이 이루어지게 될 것입니다.

이제 우리는 예수님께서 단번에 우리의 죄를 대신하는 제사를 드렸기 때문에 이제 수시로 하나님의 지성소에 들어가서 은혜를 받아야 되겠습니다. 우리는 이제 더 이상 땅에 있는 것을 가지려 하지 말고 하나님의 축복을 이 세상에 흘려보내 다른 사람들도 하나님의 사랑을 누리고 하나님의 축복으로 자신의 존귀함을 되찾는 일을 할 수 있기를 바랍니다.

CHAPTER • 11

그리스도의 피의 효과

히브리서 10:1-22

우리나라 사람들은 오래 전부터 먹을 것이 없어서 선지라고 해서 소피를 삶아서 먹었습니다. 그러나 이제는 피가 사람을 수술하는데 가장 중요하게 사용되어지고 있습니다. 얼마 전에 교인 중 한 젊은 분이 간경화가 심해져서 거의 돌아가시게 되었는데 다른데서 간을 이식을 받아서 목숨을 건진 분이 계십니다. 참으로 기적 같은 일이 일어났고 본인이나 주위에 있는 분들이 얼마나 기뻐했는지 모릅니다.

간이라고 하는 것은 물론 우리 몸 안에 있는 기관인데 조금 나빠서는 전혀 통증을 느끼지 못하는 것이 특징입니다. 그런데 이 간은 몸 안에 있는 독소를 해독시키는 아주 중요한 역할을 하는 기관이고 일단 간이 병이 나서 굳어지면 결국 다른 기관이 아무리 튼튼해도 죽을 수밖에 없습니다. 그런데 간이 몸의 독소를 해독시키는 중요한 기관이라면 우리 인간들에게 정신적인 독소들을 해독시키는 아주 중요한 기관이 있습니다. 이것이 바로 '양심' 입니다. 사람이 죄를 지으려고 하면 그 전에 먼저 양심이 그 죄의 독소를 감지하고 통증을 느끼기 시작합니다. 그래서 사람들이 죄를 지으려면 일단 자기 양심부터 죽여 놓아야 죄를 지을 수가 있는 것입니다. 그런데 만일 사람이 양심을 완전히 죽여 버리면 그때는 더 이상 사람이 아니라 죄를 만드는 짐승이 되고 맙니다. 죄를 자주 지은 사람들의 특징은 자기가 저지른 죄에 대하여 전혀 양심의 가책이나 부끄러움을 느끼지 못하는 것을 보게 됩니다. 사람들은 이런 것을 '사람의 탈을 쓴 짐승' 이라고 말을 합니다.

인간에게 가장 심각한 것은 영혼이 하나님을 알지 못하고 자기 죄에 대해서 양심의 가책을 느끼지 못하는 것입니다. 물론 우리 인간들에게 양심의 가책이 전혀 없다고 말할 수는 없습니다. 만일 사람들에게 양심의 가책이 전혀 없다면 그들은 더 이상 인간이 아니고 짐승처럼 서로 물고 뜯고 서로 죽이면서 살아갈 것입니다.

우리 인간들에게는 양심이 살아 있습니다. 그러나 중요한 것은 우리 인간의 양심의 상태입니다. 지금 인간의 상태는 간으로 비교하면 중증 간경화에 걸린 것으로 보아야 합니다. 그러나 이 상태는 나이가 들면 들수록 그리고 세상을 살아가면 살아갈수록 그리고 거짓말을 하고 죄를 지으면 지을수록 급격하게 악화가 되며 일단 한번 악화가 된 것은 회복이 어렵습니다. 우리 인간이 사는데 가장 중요한 것은 양심이 깨끗한 것이라는 것을 알아야 합니다. 짐승에게는 양심이 없습니다. 그래서 짐승은 죄를 지어도 수치심이 없고 죄에 대하여 후회하거나 고통스러워하지도 않습니다. 최근에는 더 많은 사람들이 짐승처럼 죄 짓고도 뻔뻔하게 살아가고 있습니다. 이것은 우리 주위에 이 양심의 악화가 너무 심각한 수준까지 와 있다는 것을 알려주는 것입니다. 양심이 굳어버리면 죄를 지어도 전혀 부끄러워하지 않을 뿐 아니라 아예 드러내 놓고 죄를 짓게 되는 것입니다.

오늘 성경은 예수님의 피의 제사가 인간에게 중요한 두 가지 문제를 완전하게 해결했다고 말씀하고 있습니다. 하나는 인간의 죽어 있고 굳어 있는 양심을 도로 살린 것과 다른 하나는 우리 인간의 죄에 대한 하나님의 진노를 푼 것입니다.

죄를 생각나게 하는 제사

오늘 본문을 해석하는데 가장 중요한 근거를 제공하는 성경 구절은 두 곳입니다. 하나는 9:14이고 다른 하나는 10:22입니다.

9:14절 하물며 영원하신 성령으로 말미암아 흠 없는 자기를 하나님께 드린 그리스도의 피가 어찌 너희 양심으로 죽은 행실에서 깨끗하게 하고 살아 계신 하나님을 섬기게 못하겠느뇨

10:22절 우리가 마음에 뿌림을 받아 양심의 악을 깨닫고 몸을 맑은 물로 씻었으니 참 마음과 온전한 믿음으로 하나님께 나아가자

이 구절에 모두 '양심' 이라는 말이 나옵니다.

우리 마음속에 있는 '양심' 은 도대체 무엇일까요?

이 양심은 하나님께서 우리 마음속에 심어 놓으신 최고로 비싸고 가치 있는 기관입니다. 즉 이 양심은 우리로 하여금 생각이나 행동으로나 모든 죄의 독을 해독하는 기관입니다. 그래서 이 양심의 가치는 수백억짜리 다이아몬드 이상 가는 것입니다. 결국 인간이 사람다울 수 있는 것은 양심이 있고 이 양심이 정상적인 역할을 하기 때문입니다.

우리 인간의 양심은 일단 우리가 죄를 생각하게 되면 벌써 수치심을 느끼게 되고 마음의 정서가 불안해지게 됩니다. 죄를 수사하는 사람들이 이것을 이용해서 만든 것이 '거짓말 탐지기' 입니다. 사람은 일단 양심의 가책이 되는 말을 하거나 그런 상태가 되면 혈압이나 맥박에 이상이 생기게 되는 것입니다. 그런데 나중에는 거짓말 탐지기를 사용해도 전혀 나타나지 않는 사람들도 있습니다. 이 사람들은 이미 양심의 기능이 굳어져서 전혀

그 기능을 발휘하지 못하기 때문입니다.

우리는 다른 사람의 양심의 상태에 대해여 좋지 않은 말을 많이 합니다.

예를 들면, '더러워진 양심', '돌같이 굳은 양심', '썩은 양심', '화인 맞은 양심' 같은 말을 많이 합니다. 이 표현들은 우리들이 보기에도 이런 사람들의 양심 상태는 문제가 있다는 뜻입니다. 즉 수치심도 없고 자신의 잘못을 바꿀 생각도 없는 구제불능의 상태라는 뜻입니다.

인간들은 양심이 병든 상태에서 태어납니다. 그리고 이 세상에서 많은 것을 보고 듣고 배우면서 점점 이 양심은 급속하게 굳어져 갑니다. 그래서 어린 아이들보다는 어른들의 양심의 상태가 훨씬 더 굳어 있고 죄를 지어도 수치심을 느끼지 못하는 것입니다. 그렇게 하다가 죄를 짓게 되면 이 양심이 급격하게 굳어져서 다시는 회복이 되지 않습니다. 죄를 자꾸 짓는 사람들은 전혀 양심의 가책이 없기 때문입니다. 그때부터는 죄를 연구하게 되고 다른 사람을 무서워하지도 않고 때로는 짐승처럼 사람을 죽이고 해치는 자리까지 가게 되는 것입니다.

우리가 양심의 기능을 몇 가지 단계로 생각을 해 보면 가장 초기 단계가 죄에 대해서 두려움이나 수치심을 느끼는 단계입니다. 그래서 인간은 이미 이 초기 단계에서 죄를 예방하는 것이 정상입니다. 그리고 그 다음 단계가 죄를 짓고 난 후에는 불안해하고 다른 사람이 알까봐 무서워하는 상태입니다. 그리고 이런 불안한 상태는 죗값에 대한 처벌을 받기 전까지는 없어지지 않고 지속이 됩니다. 그래서 어떤 사람은 이런 불안을 지우기 위해서 추가로 죄를 짓기도 하고 때로는 자기 자신을 포기해서 더 타락한 삶을 찾아가기도 합니다. 이것이 바로 양심의 굳어지는 단계입니다.

그러나 반대로 양심이 치료가 되면 굉장히 기쁘고 감격스러우며 자기를 내리누르던 무거운 죄의 짐이 벗겨진 것을 깨닫게 됩니다. 그래서 진심으로 기뻐하며 감사하게 되고 거기에서 더 치료가 되면 하나님께 예배를 드리고 싶어 하고 더 거룩하게 살고 싶어 하고 자신의 모든 삶을 자기 양심을 치료하신 분을 위해서 헌신하고 싶은 마음이 생기게 되는 것입니다.

1-4절 율법은 장차 오는 좋은 일의 그림자요 참형상이 아니므로 해마다 늘 드리는바 같은 제사로는 나아오는 자들을 언제든지 온전케 할 수 없느니라 그렇지 아니하면 섬기는 자들이 단번에 정결케 되어 다시 죄를 깨닫는 일이 없으리니 어찌 드리는 일을 그치지 아니하였으리요 그러나 이 제사들은 해마다 죄를 생각하게 하는 것이 있나니 이는 황소와 염소의 피가 능히 죄를 없이 하지 못함이라

여기서 우리가 알아야 할 것은 우리가 죄를 지었을 때 어떤 결과가 우리에게 나타나느냐 하는 것입니다. 죄는 두 가지 결과를 가지고 옵니다. 하나는 하나님의 진노를 불러 일으킵니다. 하나님은 죄를 지은 자에 대하여 대단히 불쾌하게 생각하십니다. 그리고 또 하나는 우리 속에 있는 양심이 급격하게 굳어지게 됩니다. 그래서 시간이 갈수록 죄에 대한 수치심도 없어지고 부끄러움도 없어지고 다른 사람의 인격에 대한 소중한 생각도 없어져 버립니다. 그러면 그 사람의 인격 속에 있는 모든 죄가 전혀 해독되지 않고 온 몸을 돌아다니다가 말이나 행동을 통해서 그대로 다 쏟아져 나오게 됩니다.

그래서 제자들이 손을 씻지 않고 떡을 먹는 것을 보고 바리새인들이 비난을 했을 때 예수님께서는 손을 씻지 않고 음식을 먹는 것은 단순한 위생의 문제이지만 양심이 죽은 사람이 하는 말이나 행동은 살인이요 간음이요 저주요 그 모든 것이 죄 덩어리를 만들어내는 공장이 되는 것이라고 말씀하셨습니다. 어떤 사람의 양심이 마비되어버리면 그 사람은 살아있는 죄

공장이 되어버립니다. 살아 있는 내내 입으로 다른 사람을 저주하고 손으로 남을 때리고 빼앗고 발로 차고 눈으로 흘기고 그것으로도 모자라서 연구를 해서 다른 사람을 끌어들여서 죄를 만들어내게 되는 것입니다.

이때 구약의 제사는 어떤 역할을 하는지 말씀하고 있습니다. 구약의 제사는 불안전하지만 대단한 역할을 합니다. 하나는 하나님 앞에서 우리의 죄를 가리우는 역할을 합니다. 일단 죄가 있기는 하지만 하나님의 눈에는 보이지 않게 합니다. 죄가 있는 것과 보이지 않는 것은 그래도 차이가 있습니다. 집안에서 먹다 남은 음식을 손님 앞에 그대로 두는 것과 보이지 않는 곳에 치워서 신문지로 덮어 놓는 것 사이에는 불쾌감에서 큰 차이가 있습니다. 어떤 집에서는 먹다 남은 자장면 그릇들을 집 앞에 쌓아놓고 있는 데 보기에 별로 좋지 않습니다. 일단 이스라엘 백성들이 하나님께 제사를 드리면 죄가 없는 것은 아니지만 일단 보이지 않게 하기 때문에 하나님의 불쾌감을 줄이는 역할을 하게 됩니다. 일단 불쾌하지 않기 때문에 얼마든지 대화를 나눌 수 있고 또 더 좋은 관계로 발전할 수도 있습니다.

그리고 또 하나는 우리 인간의 마음속에 있는 굳어져 있는 양심을 치료하는 역할을 하게 됩니다. 그런데 구약 제사 제도가 굳어 있는 양심을 완전히 치료하지는 못하고 일단 치료하기는 하지만 다시 재발이 되는 것입니다.

그래서 구약 제사는 한 번의 제사로 완전히 병든 양심을 깨끗하게 치료하지 못하고 지은 죄에 대해서만 치료하게 되고 또 죄를 지으면 양심은 또 굳어져서 자기 치료를 받아야 하는 것입니다. 그래서 구약의 제사는 '죄를 생각하게 하는 것이 있다' 고 말씀을 하시는 것입니다. 어떤 의미에서 구약의 제사는 굳은 양심을 치료하는 주사라고 볼 수 있습니다. 구약의 제사를 지냄으로 굳어져 있고 뻔뻔스럽고 무감각한 양심이 살아나게 됩니다.

즉, 누구든지 죄를 짓게 되면 괜히 반발심이 더 생기게 됩니다. 그래서 '내가 뭐를 잘못했는데' 라고 하든지 혹은 '너희들 중에는 죄 없는 자가 없나' 하는 식으로 더 뻔뻔스러워지게 됩니다. 그러나 자기 죄 때문에 소나 양이나 염소가 아무 소리 없이 칼에 찔려서 피가 쏟아지고 몸이 갈라져서 불에 타는 것을 볼 때 죽는 짐승에 대하여 미안한 마음이 들게 됩니다.

'소야, 양아, 미안하다. 주인을 잘못 만나는 바람에 네가 고통 중에 죽게 되는구나. 미안하다. 이 주인을 용서해라' 고 하면서 굳어져 있는 양심이 살아나게 됩니다.

이스라엘 백성들에게 가장 중요한 것은 제사를 드릴 때 양심의 찔림이 있어야 한다는 것입니다. 그래서 형식적으로 제사를 드리는 것은 도움이 되지 못했습니다. 적어도 소나 양에게 미안한 마음이 들면서 양심이 치료가 되는데 사실은 그것이 하나님께 대한 미안한 마음인 것입니다. 그리고 이스라엘의 병은 늘 재발되는 것이 문제였습니다. 그러면 그들은 재발이 될 때마다 성전에 뛰어와서 또 거룩한 주사를 맞아야만 했던 것입니다. 마치 간 환자들이 조금 몸이 나아졌다가 악화가 되면 다시 응급실로 뛰어와서 주사를 맞고 치료를 받아야 하는 것과 같은 원리입니다.

우리 인간에게 있어서 마음이 시원할 때에는 속에 있는 모든 죄를 다 토해내고 죄 용서를 받을 때입니다. 그러나 이 세상에서는 아무리 죄를 다 토해내고 싶어도 토해낼 대상이 없습니다. 그리고 토해내면 당장 비난을 받게 되고 붙들려가서 심판을 받게 됩니다.

이것을 통해서 알 수 있듯이 인간의 양심을 치료하는 것은 결코 쉬운 일이 아니라는 것입니다. 인간은 오랫동안 굳은 양심을 치료하는 방법을 알지 못했습니다. 그나마 이스라엘 백성들이 했던 것이 짐승을 죽여서 일시적으로 마비된 양심을 살리는 것이었는데 재발되는 것이 문제였습니다.

그리스도가 오실 때까지는 인간의 양심은 치료할 수 있는 방법이 전혀 없었습니다.

예수님의 완전한 제사

오늘 성경 말씀은 구약의 제사가 우리 인간의 죄에 대한 하나님의 불쾌감을 잠시 눌러주는 것이지 하나님을 완전히 기쁘시게 하는 것은 아니었다는 것을 밝히고 있습니다. 예를 들면, 온 세상이 오물의 썩는 냄새가 진동하는 죄의 구렁텅이인데 오직 이스라엘만 잠시 죄의 냄새가 덜 나도록 조치를 해 놓은 정도인 것입니다. 우리는 아주 심하게 악취가 나는 곳에서 코를 막고 있다가 잠시 냄새가 덜 나는 곳에 피해 있어도 숨을 돌리고 살 것 같을 것입니다. 사실 우리가 살고 있는 이 세상은 사람의 시체가 썩는 냄새로 진동하는 곳이었습니다. 그래서 구약 제사 제도를 보면 제사의 냄새에 대해서 거듭 말씀하시는 것을 볼 수 있습니다.

하나님께서 이스라엘 백성들에게 제물을 다 태우라고 하시고는 '이것은 하나님을 기쁘게 하는 향기' 라고 말을 합니다. 우리는 왜 하나님께서 냄새를 맡으려고 하실까 하는 생각을 했는데 실제로는 이 세상이 그만큼 썩은 냄새가 진동을 해서 그 냄새가 필요했던 것입니다.

우리는 이런 속에 살고 있으면서도 그 심각성을 알지 못했습니다. 요즘 사람들은 여자 아이들을 밤에 혼자 심부름시키러 보내지 못하겠다고 합니다. 그리고 밤늦게 다니는 여학생이나 여자 직장인들은 경호업자를 고용해서 다녀야 할 형편입니다. 우리나라에 많은 성 범죄자들이 잡히지 않고 있는데 그 중에 어떤 사람은 백 명 이상의 여성들을 성추행한 것으로 나타나고 있습니다.

얼마 전 어떤 가게에서 일을 하던 아저씨가 자기 동네에 사는 초등학생 여자 아이를 가게에 불러 들여 추행을 하려다 살인을 하고는 아들과 같이 시체를 버렸다가 붙들리는 사건도 있었습니다. 이 세상은 얼마나 썩은 냄새로 진동하는지 모릅니다. 그럼에도 불구하고 하나님께서 이 세상을 쓰나미나 지진으로 둘러엎지 않으신 이유는 무엇일까요? 그것은 이 세상의 썩은 양심을 치료할 수 있는 하나님의 비책이 있었기 때문입니다. 그것이 바로 예수님께서 이 세상에 오셔서 우리를 대신해서 죽는 것이었습니다.

5-7절 그러므로 세상에 임하실 때에 가라사대 하나님이 제사와 예물을 원치 아니하시고 오직 나를 위하여 한 몸을 예비하셨도다 전체로 번제함과 속죄제는 기뻐하지 아니하시나니 이에 내가 말하기를 하나님이여 보시옵소서 두루마리 책에 나를 가리켜 기록한 것과 같이 하나님의 뜻을 행하러 왔나이다 하시니라

우리 인간의 문제가 완전히 해결되려면 두 가지 방향에서 일이 이루어져야 합니다. 그 하나가 우리 죄에 대한 하나님의 진노를 완전히 해소하는 것입니다. 그리고 또 하나는 우리 안에 굳어 있고 썩어서 냄새가 진동하는 양심을 살려내는 것입니다. 예수님의 죽음은 이 두 가지를 모두 탁월하게 해결하셨습니다.

우선 하나는 우리가 구약 제사에 있어서 속죄제와 화목제를 구별할 필요가 있습니다. 물론 속죄제나 화목제나 모두 다 하나님께 드리는 제사임에는 공통되지만 일단 속죄제는 자기 죄를 인정하는 제사입니다. 즉 하나님 앞에서 '나는 이러이러한 죄를 저질렀습니다' 라는 것을 인정하면 그 짐승의 피가 죄를 덮어서 일시적으로 보이지 않게 합니다. 즉 죄는 있지만 하나님께서 보시지 않으신 것입니다. 우리 죄에 대해서 하나님은 불쾌하시지만 그 불쾌한 기분을 잠시 접어두는 것입니다. 그렇다고 우리가 하나님과 친해지거나 마음 놓고 하나님께 나아갈 수 있는 것은 아닙니다.

예를 들어, 속죄제라고 하는 것은 누군가가 죄를 지어 집에서 쫓겨났을 때 일단 집에는 들어오게 하는 것입니다. 그렇다고 해서 예전처럼 친해지

거나 사랑하는 관계로 회복되는 것은 아니고 단지 더 이상 적대적으로 지내지는 않는 것입니다. 그렇다고 해서 서로 사랑하거나 신뢰하는 단계는 아닙니다. 그것에 비해 화목제라는 것은 관계의 회복까지 가져와서 서로 이야기도 하고 껴안기도 하고 서로 완전히 이해하고 신뢰하는 자리까지 가는 것입니다. 어떤 의미에서 구약의 제사 제도는 속죄제의 단계였다고 보는 것이 옳을 것입니다. 물론 화목제를 드리기는 했지만 과연 그들이 얼마나 하나님과 친해지고 가까워지는 것을 알았을까 하는 것은 잘 알 수가 없습니다. 단지 앞으로 예수님이 오시면 우리와 하나님 사이의 서먹서먹한 관계가 완전히 회복이 될 것이라는 예표로 화목제 제사를 드렸을 것입니다.

예수님의 십자가는 우리 인간의 죄에 대한 하나님의 진노를 잠시 덮어두는 정도가 아니라 완전히 해결하셨습니다. 그래서 예수님은 단 한 번의 제사만 드렸고 그 결과 하나님의 우편에 올라가셨습니다. 만일 예수님의 제사가 부족했더라면 하나님께서 자꾸 드리라고 하셨을 것이고 결코 예수님께서 그 능력의 보좌 우편에 올라가시지 못하셨을 것입니다. 만일 예수님에게 조금이라도 죄의 냄새가 배여 있었더라면 그 거룩한 지성소에는 들어가지 못하셨을 것이고, 결코 부활의 첫 열매가 되지도 못하셨을 것입니다.

우리가 예수를 믿을 때 가장 먼저 나타나는 현상이 무엇입니까? 예수님께서 죄 없이 십자가에 달려 돌아가신 것에 대한 말로 표현할 수 없는 충격입니다. 특히 그가 내 죄를 대신하여 죽었다는 사실에 말로 표현할 수 없는 충격을 받습니다. 그러면서 우리의 굳어 있고 썩은 양심에 예수님의 피가 떨어질 때 우리의 양심이 살아나기 시작합니다. 그때 제일 먼저 나타나게 되는 것이 지금까지 살아오면서 지은 죄에 대한 부끄러운 감정이 살아나게 됩니다. 그 전에는 살아오면서 죄를 전혀 짓지 않은 것은 아니지만 그럼에도 불구하고 자기가 그렇게 비열하고 추악한 죄인이라고 생각하지는 않았습니다. 그러나 마음속에 성령님께서 빛을 비추시면서 자기가 지은 죄가 얼마나 역겹고 가증스러운지 알고 말할 수 없는 수치심을 느끼게 됩니다. 정말 굴속에라도 들어가고 싶고 어딘가 피하여 숨고 싶은 생각까지 들게 됩니다. 어떤 사람은 지금까지 자기가 살아온 죄를 생각하고 너무 기가 막혀서 기절을 해버리는 사람도 있습니다. 그리고 이렇게 교만하고 자기 잘난 맛으로 살아온 자신에 대하여 진노하시는 하나님을 느끼게 됩니다. 그 때 예수님이 십자가에 못 박히신 것이 눈앞에 생생하게 나타나게 됩니다. 그때 예수님께서 뭐라고 말씀을 하십니까? '형제여, 그리고 자매여, 너의 그 많은 죄를 인하여 내가 이렇게 손에 못을 박히고 옆구리에 창으로 찔렸었다' 고 말씀을 하시는 것입니다.

우리가 예수를 믿기 전에는 하나님이 싫고 하나님이 무서웠습니다. 그리고 최후의 심판이 두려웠고 하늘에서 번개가 치거나 우레가 울리면 얼마나 무서웠는지 모릅니다. 그러나 예수를 믿고 나면 그 모든 죄가 다 벗겨져 버리면서 자기 자신의 마음속에 신선한 두려움이 임합니다. 이것은 심판이 두려운 것이 아니라 갑자기 모든 것이 깨끗해졌을 때 다시는 더러워지지 않으려 하는 두려움입니다. 그리고 나를 위하여 십자가에 죽어주신 예수님이 너무 귀하고 하나님이 너무 사랑스러워서 견딜 수가 없게 됩니다. 그래서 담대한 마음으로 하나님의 이름을 부르면서 눈물로 기도하고 눈물로 찬송하면서 말로 표현할 수 없는 감격 가운데 살게 되는 것입니다. 이제는 더 이상 하나님이 두렵지가 않습니다. 그리고 이제는 죽어 있는 양심이 살아나면서 하나님을 열망하게 되고 하나님의 거룩을 사모하게 되고 죄는 어떤 모양이라도 버리려고 애를 쓰게 되는 것입니다.

예수님의 피의 효과

우리 인간에게 가장 중요한 부분은 눈에도 보이지 않는 양심입니다. 우리는 양심이 깨끗해야 다른 사람을 동정할 수 있고 죄의 유혹을 극복할 수 있으며 하나님을 향하여 담대하게 나아갈 수 있습니다. 오늘날 사람들이 불행한 것은 아무도 이 양심의 소중함을 알지 못하는 것입니다. 우리 눈앞에 이익이 있을 때 사람들은 그 이익을 가지기 위하여 거짓말하는 것을 예사로 생각합니다. 그리고 일시적인 쾌락을 위해서 양심을 속이는 것을 너무나도 쉽게 생각합니다. 오늘 우리나라가 이토록 불행하게 되었고 서서히 망해가고 있는 이유는 바로 이 양심들이 썩어서 완전히 쓰레기 하치장이 되어버렸기 때문입니다.

그러나 예수님의 피는 위대합니다. 예수님의 피 한 방울은 완전히 죽어서 굳어 있는 양심을 살릴 수 있습니다. 그리고 완전히 썩어서 시체 냄새가 나는 썩은 양심도 살려낼 수가 있습니다. 그래서 하나님께서는 온 세상이 썩은 냄새로 진동하는 것도 오랫동안 참아내셨던 것입니다.

오늘 우리가 반드시 깨달아야 할 것은 내 양심의 가치가 수백억 아니 수천억 달러를 능가한다는 사실입니다.

우리 안에 있는 최고의 보물이 양심입니다. 전에 어떤 영화에서 보니 보물을 찾았는데 보물이 도자기로 된 인형이었습니다. 그 인형은 전혀 보물이 아니었습니다. 그런데 그 인형을 깨보니 그 안에서 세계에서 최고로 비싸고 큰 다이아몬드가 나왔습니다. 오늘 사람들은 로또 복권을 타면 횡재를 했다고 좋아할 것입니다. 한꺼번에 수고도 하지 않고 한 평생 죽도록 일을 해도 가질 수 없는 돈을 가지게 되었으니 얼마나 두렵고 떨리겠습니까? 그러나 로또 복권보다 수백 배 더 비싼 것이 우리 모든 사람들 안에 있습니다. 우리가 예수님의 십자가 보혈을 믿기만 하면 우리의 병든 양심은 살아납니다. 이것은 바로 이 자리에서 엄청난 횡재를 하는 것입니다.

많은 사람들이 많지도 않은 이익 때문에 양심을 속이고 죄를 짓습니다. 그러나 그 사람들은 자기 자신을 인생 오물로 만들고 있는 것입니다. 하나님께서 사람을 보실 때 다른 것으로 보시지 않으십니다. 오직 그 사람의 깨끗한 양심만 보시면서 상대를 하십니다. 아무리 세상적으로 똑똑하고 유명해도 양심을 팔아먹은 사람의 기도를 듣지 않으십니다. 가룟 유다가 아무리 똑똑하고 열심이 있어도 양심을 팔아먹었을 때 하나님은 가룟 유다를 외면하셨습니다. 그러나 예수님의 피로 깨끗한 양심을 회복한 자는 바로 천국의 지성소로 인도하셔서 남들이 알지 못하는 비밀을 알게 하시고, 축복과 능력을 주시는 것입니다.

그러나 여기서 우리가 풀어야 할 몇 가지 의문이 있습니다.

첫째는 우리들의 양심의 병은 재발될 가능성은 없느냐 하는 것입니다. 우리에게 가장 두려운 것이 바로 이것입니다. 우리는 예수를 믿은 후에도 죄의 유혹을 받아서 죄를 짓기도 하고 또 악한 것을 머릿속으로 공상을 하기도 합니다. 그리고 눈앞의 이익 때문에 거짓말을 하거나 다른 사람을 속일 때도 있습니다. 그러면 우리 양심은 다시 병들게 되는 것은 아닐까요? 물론 우리가 악한 생각을 하기도 하고 행동도 하고 거짓말을 할 때 우리의 양심이 좋은 상태에 있는 것은 아닙니다. 그러나 우리가 예수님 앞에 나아가서 죄를 자백하고 회개하면 바로 깨끗함을 받을 수 있습니다. 즉 우리 제사장은 제사는 단번에 드리셨지만 우리의 양심을 깨끗케 하시는 일은 스물네 시간 하나님의 보좌 앞에서 하십니다. 그래서 우리는 더 이상 내 죄를 가지고 내가 해결하려고 씨름을 하는 것은 어리석은 일입니다. 바로 예수님께 나아가서 입술로 자백을 하고 죄를 버리면 됩니다.

22절 우리가 마음에 뿌림을 받아 양심의 악을 깨닫고 몸을 맑은 물로 씻었으니 참 마음과 온전한 믿음으로 하나님께 나아가자 우리가 양심의 악을 깨달았을 때 바로 회개하고 몸을 씻고(여기서 몸을 씻는 것은 죄를 버리는 것을 말합니다) 하나님께 나아가면 되는 것입니다.

두 번째로 내가 예수를 믿음에도 불구하고 이런 양심의 자유는 없고 오직 심판의 두려움만 있으면 어떻게 되는 것일까요?

물론 하나님의 죄의 용서를 체험하는 강도는 사람들마다 다양한 차이가 있습니다. 어떤 사람들은 극적인 체험을 통해서 새 사람으로 거듭나는가 하면 어떤 사람은 어렸을 때부터 조용하게 믿는 가운데 그런 은혜를 체험하기도 합니다. 그러나 어떤 경우이든지 간에 거듭난 사람은 내 속에 십자가가 있어서 예수님이 없는 세상의 즐거움을 향해서 갈 수는 없습니다. 그리고 우리가 아직도 옛날의 죄 짓던 육체를 가지고 있기 때문에 죄가 그리울 수도 있고 어떤 경우에 죄를 찾아가서 지을 때도 있지만 금방 후회하고 마음을 비참하게 하는 것을 발견하게 될 것입니다.

그러나 우리는 지금도 율법을 전혀 가치가 없다고 말할 수는 없습니다. 왜냐하면 우리가 진정으로 예수님을 영접하기 전에 율법적인 정죄함의 고통을 받을 때가 많이 있습니다. 특히 우리가 내 힘으로 하나님을 사랑하고 나의 노력으로 거룩해지려고 몸부림을 칠 때 사도 바울이 고백했던 것처럼 '오호라, 나는 곤고한 자로다. 이 사망의 몸에서 누가 나를 건져내랴' 하는 소리가 터져 나오게 되는 것입니다. 우리는 우리 자신의 노력으로는 절대로 거룩해질 수가 없습니다. 우리가 자신의 노력으로 거룩해지려고 하는 것은 모세의 불붙는 시내산에 기어오르는 것과 같습니다. 아마 모세의 발에 깔려서 숨도 쉬지 못할 것입니다. 우리는 내 힘으로 거룩해지려는 노력을 포기하고 내 힘으로 교회에 봉사하려는 것도 포기하고 예수님과 함께 죽을 때 모세의 발에서 빠져나와서 새로운 기쁨의 삶을 얻게 될 것입니다.

그러면 예수님의 피로 거룩함을 받은 자는 어떻게 살아야 할까요?

19, 20절 그러므로 형제들아 우리가 예수의 피를 힘입어 성소에 들어갈 담력을 얻었나니 그 길은 우리를 위하여 휘장 가운데로 열어 놓으신 새롭고 산 길이요 휘장은 곧 저의 육체니라

우리는 깨끗해진 이 양심을 가지고 하나님께로 자꾸 나아가야 합니다. 왜냐하면 하나님 앞에 모든 복이 다 있기 때문입니다. 하나님께서는 금도 내 것이요 은도 내 것이라고 하셨습니다. 솔로몬에게 부귀와 영화와 지혜를 주신 분도 하나님이십니다. 이 세상 사람들은 주로 권력이 있는 곳을 찾아가거나 돈이 많은 곳을 기웃거리거나 혹은 지식이 있는 곳을 찾아갑니다. 그러나 모든 복이 하나님 앞에 다 있습니다. 깨끗한 양심을 가진 자에게 최고로 좋은 것을 주실 것입니다. 뿐만 아니라 하나님 앞에 모든 진노와 재앙과 심판이 다 있습니다. 우리가 하나님께 이런 것을 내리지 말라고 간구하면 하나님께서 이 민족에게 내리실 진노의 재앙을 내리지 않으실 것입니다.

그러면 양심이 썩어서 악취 나는 이 세상을 어떻게 향기롭게 바꿀 수 있을까요? 일단 사도 바울은 우리 예수 믿는 사람 한 사람 한 사람이 그리스도의 향기라고 말씀하셨습니다. 우리가 쓸데없이 욕심을 버리고 억지를 부리지 않고 하나님께 만족하고 감사할 때 우리에게서 강한 향기가 날 것입니다. 오랫동안 씻지 않은 사람을 만나면 그 사람의 온 몸에서 악취가 나는 것을 맡게 될 것입니다. 물론 그 사람의 몸에 향수 몇 방울 뿌린다고 해서 악취가 없어지지는 않을 것입니다. 그러나 우리 그리스도인들이 지속적으로 정직한 삶을 살 때 하나님께서 반드시 우리의 삶을 향기 나는 번제로 받으셔서 더 많은 성령을 이 땅에 부어주시면 모든 악취를 물리치실 것입니다. 이 세상을 다시 한 번 그리스도의 향기로 가득하게 하는 우리의 믿음이 되기를 바랍니다.

CHAPTER • 12

하늘에 소망을 둔 신앙

히브리서 10:19-39

사람들은 아무래도 자기 나라와 자기가 의지하는 사람들이 있는 곳에 소망을 두게 되어 있습니다. 예를 들어, 외국으로 이민을 간 우리나라 사람들도 결국은 조국에 관심을 갖게 되어 있습니다. 왜냐하면 아무래도 우리나라가 잘 되어야 이민 가있는 사람들도 고국에 대한 자부심을 가질 수 있기 때문입니다. 그래서 우리나라가 외국에서 월드컵 축구 본선에 올라가게 되면 본국에 있는 사람들이나 이민 가있는 사람들이나 모두 텔레비전 앞에 모여서 열심히 응원하는 것을 보게 됩니다. 그러나 사람들이 이 세상에서 실패하게 되면 낙심해서 땅만 쳐다보게 됩니다. 왜냐하면 하늘을 쳐다봐도 별 뾰족한 수가 없다고 생각하기 때문입니다. 그러나 하늘에 진짜 하나님이 계시며 하늘에서 하나님의 능력이 나에게 온다는 것을 믿는 사람은 열심히 하늘을 바라볼 것입니다. 성경을 보면 하늘은 아무 것도 없는 빈 공간이 아니라 바로 그 뒤에 하나님이 계시며 우리의 모든 능력은 하나님으로부터 온다고 말씀하고 있습니다.

예수님께서는 이 세상에 하나님 나라를 가져오셨습니다. 즉 예수님은 오랫동안 닫혀 있었던 하늘 문을 여셨던 것입니다.

오늘 말씀은 우리에게 하늘 문을 열어 놓으신 예수님이 계신데 우리가 이 세상을 어떤 자세로 살아야 되겠는가 하는 것을 도전하시는 말씀입니다. 즉 과거에 일제 식민지로 있다가 해방이 되었을 때 우리나라 젊은이들이 더 이상 패배의식과 절망에 빠져 있을 것이 아니라 모두 다 일어서서 영광된 조국의 미래를 위해서 마음껏 애쓰고 노력을 해야 하는 것처럼 하나님의 아들이 하늘 문을 활짝 열어 놓으셔서 우리에게 천국을 회복시켜주셨다면 우리는 도대체 어떤 자세로 살아야 하는지 도전하시는 말씀인 것입니다.

그리스도가 하시는 일

예수님께서 십자가에 못 박혀 죽으셨다가 부활하신 이 날은 천국의 자유가 회복이 된 날이었습니다. 즉 우리 인간에 대한 오랜 사탄의 지배가 끝이 나고 누구든지 믿음으로 하나님의 백성이 될 수 있는 자유가 허용된 것입니다. 이것은 실로 우리나라가 일본의 식민지에서 해방된 것보다 더 엄청나게 중요한 것입니다. 이제 우리는 더 이상 마귀의 지배를 두려워하지 않게 되었습니다. 이제는 더 이상 죄의 감옥에 갇혀 있을 필요가 없게 되었습니다. 이제 마음껏 하나님 앞에 나아가서 영광을 돌리며 축복을 받을 수 있게 되었습니다.

19, 20절 그러므로 형제들아 우리가 예수의 피를 힘입어 성소에 들어갈 담력을 얻었나니 그 길은 우리를 위하여 휘장 가운데로 열어 놓으신 새롭고 산 길이요 휘장은 곧 저의 육체니라

우리가 비유를 들자면 모세의 성전은 우리나라 독립의 3.1절에 해당되고 예수님의 부활은 8.15 해방에 해당되는 것입니다. 구약 시대부터 하나님

께서는 우리 인간들의 죄를 용서하시고 우리 안에 하나님의 능력과 성령을 부어주시는 축복을 약속하셨습니다. 그 모든 일이 이스라엘의 성전 중심으로 이루어졌는데 사실은 성전이 천국에 가는 문이나 길이 아니었습니다. 왜냐하면 성전 가장 안에 있는 지성소에도 천국 가는 문이나 입구는 없었기 때문입니다. 놀라운 것은 천국 가는 진정한 성전은 예수님의 몸이었습니다. 예수님께서는 자신의 육체 안에 천국의 모든 비밀과 능력과 축복을 다 싸가지고 이 세상에 오셨습니다. 그야말로 예수님의 육체는 걸어 다니는 천국이었습니다. 그런데 놀랍게도 예수님의 몸에 못이 박히고 창이 찔려서 그의 육체가 찢어질 때에 하나님과 우리 인간을 가로 막고 있는 담이 허물어지면서 천국에 가는 길이 열렸습니다.

그래서 20절 말씀처럼 '그 길은 우리를 위하여 휘장 가운데로 열어 놓으신 새롭고 산 길이요 휘장은 곧 저의 육체니라' 고 했습니다.

이제 우리가 철저히 알아야 할 것은 천국 문을 열어놓으신 예수님과 우리는 어떤 관계에 있으며 우리가 어떤 방식으로 천국에 출입을 할 수 있느냐 하는 것입니다.

가장 중요한 것은 예수님은 천국 문을 열어 놓으신 후에 육체를 가진 채로 하나님 우편에 올라가셨습니다. 이것이 우리에게는 대단히 중요한 것입니다. 예수님께서는 하나님 우편에 올라가실 때 인간의 모든 흔적을 다 지우시고 과거의 영광된 몸을 가진 것이 아니라 인간의 육체를 가지고 그곳으로 올라가셨습니다. 그래서 찬송가에도 '나의 주 나의 주를 손의 못자국을 보아 알겠네' 라고 되어 있습니다.

예수님은 천국에 그냥 올라가신 것이 아니라 우리의 모든 문제를 다 가지고 올라가셨습니다. 예수님은 하나님의 보좌 우편에서 철저하게 우리 편에 서서 우리의 모든 문제를 해결해 주십니다. 그래서 우리가 우리의 모든 어려움을 이 세상에서 내 힘으로 해결을 하려고 끙끙거리는 것보다 더 어리석은 것은 없을 것입니다. 우리는 어떤 어려움이든지 우리의 대제사장 되시는 예수님께 가지고 가서 해결해 달라고 부탁을 해야 합니다.

민주 정치에서 의회의 기능은 아주 중요합니다. 국민들이 대표를 뽑아 그들이 법을 세우고 정부의 활동을 감시하는 것입니다. 그래서 우리는 우리의 모든 필요한 것을 국회를 통해서 해결해야 합니다. 마찬가지로 우리는 우리의 대표가 하늘에 있습니다. 우리는 예수님께 무한정으로 나아가서 우리의 고통과 우리의 연약함과 우리의 실수와 모든 부족한 것을 다 말씀드리고 도움을 받아야 합니다.

예수님께서는 하나님의 우편에서 어떤 일을 하고 계실까요?

크게 세 가지를 본다면 일단 가장 중요한 것이 죄를 없애는 일을 하십니다.

역시 이 세상에서 가장 심각한 것은 죄 문제입니다. 우리의 대제사장은 하나님의 우편에서 죄를 사하는 일을 하십니다. 그리고 두 번째는 그곳에서 온 세상을 다스리는 일을 하십니다. 물론 직접 다스리시지는 않으시고 중간에 많은 정사나 권세와 같은 천사들이나 위정자들을 세워서 다스리시지만 가장 중요한 모든 것은 예수님의 허락이나 결재 없이는 일어날 수가 없습니다. 그리고 세 번째는 우리 믿는 자들에게 성령을 부으셔서 마귀를 이기게 하시고 세상을 이기게 하시고 놀라운 능력으로 하나님의 뜻을 이루어가게 합니다. 이것이 지금 이 세상에서 가장 중요한 일입니다. 우리 눈으로 보기에는 미국이나 러시아나 강대국들의 정책이 전 세계를 쥐고 흔드는 것 같지만 이것은 엑스트라의 연기에 불과하고 가장 중요한 핵심은 우리 믿는 자들이 성령의 능력을 받아서 죄를 이기고 마귀를 이기고 하나님의 거룩한 뜻을 이루어 드리는 것입니다.

그것을 위해서 가장 중요한 것은 우리의 두 가지가 깨끗함을 받는 것입니다. 우리가 이 두 가지가 언제나 깨끗할 수 있다면 마귀는 우리를 건드리지도 못할 것이며 우리가 하나님의 은혜와 축복 중에서 받지 못할 것이 없을 것입니다.

21, 22절 또 하나님의 집 다스리는 큰 제사장이 계시매 우리가 마음에 뿌림을 받아 양심의 악을 깨닫고 몸을 맑은 물로 씻었으니 참 마음과 온전한 믿음으로 하나님께 나아가자

우리가 이 세상에서 해야 할 가장 중요한 일은 우리의 양심이 깨끗함을 받는 것입니다. 우리의 양심은 이 세상에서 가장 귀하고 비싼 보석입니다. 사람들은 보석이 다른데 있는 줄 알고 열심히 땅을 파고 열심히 돈을 벌려고 쫓아다니지만 그것은 진짜 보석이 아닙니다. 진짜 귀한 보석은 우리 안에 있는 양심입니다. 우리가 예수님의 피로 이 양심을 깨끗하게 씻음을 받으면 우리의 영혼이 하나님 앞에 천사처럼 높이 들림을 받게 됩니다. 우리의 영혼이 하나님의 영광의 빛으로 가득차게 될 것입니다. 그리고 우리는 하나님 앞에 담대한 믿음과 용기를 가지고 나아가게 될 것입니다. 사람들이 하나님 앞에 엄청난 복이 있는 줄 알면서도 나아가지 못하는 이유는 양심이 더럽기 때문입니다. 그래서 이 세상에서 우리 믿는 사람들의 가장 큰 승리가 세상에서 유명해지거나 무슨 큰일을 하는 것이 아닙니다. 이 세상에서 유명해지고 부자가 되는 것은 하나님 앞에서는 썩어서 냄새나는 면류관 밖에 되지 않습니다. 하나님의 말씀에 찔림을 받아서 냄새나고 더러운 모든 죄들을 울면서 회개하고 깨끗이 씻음 받을 때 우리는 가장 위대한 승리를 거둔 것입니다. 그리고 또 하나는 우리의 행실을 깨끗이 씻는 것입니다. 22절에 보면 '몸을 맑은 물로 씻었으니' 라고 말씀하고 있습니다. 몸을 맑은 물로 씻는 것은 우리의 행실을 깨끗케 하는 것입니다.

예수님께서는 제자들의 발을 씻으시면서 이미 목욕한 자는 발만 씻어도

깨끗하다고 하시면서 너희 중에 목욕을 하지 않는 자가 있다고 말씀하셨습니다. 우리가 예수를 믿어도 우리의 발에서는 냄새가 날 수 있습니다. 그런데 우리가 냄새 나는 발을 씻으면 놀랍게도 온 몸에서 향기가 나고 온 몸에서 빛이 나게 됩니다. 우리의 생활이 깨끗하고 경건할 때 얼마나 우리의 마음이 기쁜지 모릅니다. 이때 우리의 몸은 이 세상에 살고 있지만 이미 우리의 마음은 하나님 앞에 있는 것과 같습니다. 성도들이 만나면 자기가 은혜받은 이야기를 하고 예배드리면서 함께 말할 수 없는 기쁨을 체험합니다. 그리고 사적으로 만나도 전혀 교만하지 않고 남을 흉보지 않고 온전히 그리스도와 하나님께만 영광을 돌려드리는 생활을 하게 되는 것입니다.

지상의 성전

우리는 19절에서 '그러므로 형제들아 우리가 예수의 피를 힘입어 성소에 들어갈 담력을 얻었나니' 라는 말씀을 보면서 '아니, 예수님이 십자가에 죽으신 지금도 성소가 필요한가?' 라고 생각하기 쉽습니다. 그러나 오늘도 성소는 여전히 필요합니다. 왜냐하면 지금도 수많은 사람들이 죄에 빠져서 고통을 받고 죽어가고 있기 때문입니다. 성소라고 하는 것은 요즘 식으로 말하면 병원과 같습니다. 아무리 현대 문명이 발달하고 주거 환경이 좋아져도 더 많은 사람들이 병에 걸려서 병원에서 치료를 받고 있습니다. 요즘은 병원도 많이 좋아져서 의료 기구들도 세계 첨단의 기구들이고 수술 실력들도 얼마나 좋아졌는지 모릅니다. 그래서 옛날 같으면 죽었을 환자들이 의술의 발달로 생명을 많이 건지고 있습니다. 요즘은 대개 너무 늦지 않게 바른 병원, 바른 의사를 찾아가면 대부분 치료를 받아서 생명을 건질 수 있습니다.

하나님께서는 이 세상에서도 그런 지상의 성소를 허락해주셨습니다.

예수님께서 천국문을 활짝 열어놓으셨고 마귀는 완전히 패배해서 달아났지만 이것은 우리 눈에 보이지 않습니다. 이것은 하나님의 말씀을 가지고 보아야 볼 수 있는 것입니다. 그래서 아직도 많은 사람들은 죄의 무거운 짐을 지고 마귀의 채찍을 맞으면서 멸망의 길을 가면서도 모르고 있습니다.

이 세상에 하나님께서 허락하신 성소는 많이 있습니다.

그 중에서 중요한 한 가지 성소가 우리의 골방입니다.

예수님께서는 제자들에게 기도를 가르치면서 다른 외식하는 자들처럼 밖에 나와서 떠들지 말라고 하셨습니다. 그 대신 골방에서 기도할 때 은밀한 중에 보시는 하나님께서 우리의 기도를 들으실 것이라고 말씀하셨습니다. 그래서 우리 그리스도인들에게 필수적으로 있어야 하는 시설이 바로 '자신의 골방' 입니다. 우리는 다른 사람으로부터 말로 심한 상처를 받았거나 혹은 자기 스스로 죄의 욕망에 빠져서 가슴 속에 큰 상처가 생겨서 피가 철철 흐르고 있을 때 자신의 골방으로 달려가야 합니다. 거기서 하나님 앞에 내 부끄러운 상처를 내어놓고 기도하면 하나님께서 치료해주시고 회복시켜 주십니다. 혹은 내가 너무 지쳤을 때 혹은 내가 이 세상에서 너무 실망을 했을 때 혹은 믿었던 사람으로부터 배신을 당했을 때 혹은 너무 절박한 가운데 있을 때 우리는 모두 자신의 골방에서 하나님을 찾아야 합니다. 이것이 바로 우리 믿는 자들의 골방의 비밀입니다.

예수님은 바로 이 골방의 비밀을 가진 분이십니다. 그래서 어느 곳에 가시든지 이 골방에서 하나님 아버지를 찾으셨습니다. 어떤 때에는 제자들이 예수님을 찾아도 만날 수 없었습니다. 예수님은 아침 일찍 한적한 곳에 가셔서 기도를 하셨습니다. 예수님께서는 보리 떡 다섯 개와 물고기 두 마리로 오천 명을 먹이신 후에도 사람들과 제자들을 다 보내시고 혼자 산에서 기도하셨습니다. 그 후에는 예수님이 어떻게 하셨는지 아십니까? 물 위를 걸어서 제자들에게 오셨습니다. 예수님은 베드로와 요한과 야고보를 데리고 높은 산에 가셔서 골방의 비밀을 보여주셨습니다. 그 골방 안에는 영광이 있었고 빛이 충만했습니다. 예수님께서 십자가 지시기 전에 겟세마네에서 기도하셨는데 바로 그곳도 예수님의 골방이었습니다.

또한 예수님께서는 골방을 능가하는 큰 성소를 마련해 주셨습니다. 그것은 바로 우리 믿는 자들이 모여서 예배를 드리는 모임입니다.

23-25절 또 약속하신 이는 미쁘시니 우리가 믿는 도리의 소망을 움직이지 말고 굳게 잡아 서로 돌아보아 사랑과 선행을 격려하며 모이기를 폐하는 어떤 사람들의 습관과 같이 하지 말고 오직 권하여 그날이 가까움을 볼수록 더욱 그리하자

믿는 자들이 예수님의 이름으로 모여서 말씀을 듣고 기도할 때 그 모임은 성소로 변합니다. 보통 성소가 아니라 하나님의 지성소로 변하게 됩니다. 거기서 우리는 기도의 응답을 받으며 거기서 불치의 병도 치료받게 되고 기적을 체험하며 성령의 충만함을 받게 됩니다. 그래서 신약 성경 여러 곳에서 너희가 하나님의 성전이라는 말씀을 하고 있습니다.

그러나 우리의 성전은 구약 성전보다 훨씬 월등합니다. 구약 성전 안에는 결국 언약궤와 그룹 천사들이 새겨진 뚜껑만 있지만 우리의 성전은 하나님과 우리가 실제로 연결이 된 곳입니다. 이 세상에서 가장 귀한 것이 바로 하나님의 성령인데 우리가 모여서 예배를 드릴 때 하나님의 성령이 우리 안에 충만히 임하여 우리 모두를 변화시키십니다. 어떤 죄인도 용서받을 수 있고 어떤 어려움도 해결 받을 수 있습니다.

그런데 아마 이 당시에도 모이기를 폐하는 사람들이 있었던 것 같습니다. 그 사람들은 나름대로 하나님에 대하여 실망을 한 사람들인 것 같습니다. 그래서 '우리들끼리 모여서 예배를 드려 봐도 아무 소용이 없더라. 이

제부터 우리는 더 이상 모이지 말고 각자 알아서 세상으로 가자' 는 식으로 결정을 내린 것 같습니다. 이런 사람들이 바로 엠마오로 가던 제자들과 같은 사람들입니다. 예수님이 부활하신 후에 글로바와 또 다른 한 제자는 예수님이 부활하신 것을 믿지 않고 이제는 고향에 가서 농사나 짓고 장사나 하려고 열심히 엠마오로 내려가고 있었습니다. 예수님께서는 그들을 끝까지 찾아가셔서 말씀으로 그들의 식은 가슴을 뜨겁게 하시고 다시 제자들이 있는 곳으로 돌아오게 하셨습니다.

사람들이 모이기를 폐하는 이유는 여러 가지가 있을 것입니다. 그 중의 하나는 핍박일 것입니다. 자꾸 모이면 결국 경찰에 들켜서 붙들려가게 되니 모이지 말자고 할 수도 있을 것입니다. 또 어떤 사람들은 예수님이 생각보다 더디 오시니까 실망을 해서 이제는 더 이상 예수님을 기다리지 말고 세상으로 가서 실컷 하고 싶은 것을 하면서 살아보자고 생각해서 해산을 할 것입니다. 혹은 믿는 사람들끼리 내분이 생겨서 서로 보기 싫으니까 흩어지자고 할 수도 있습니다. 그러나 이 사람들이 모르고 있는 것은 우리의 모임은 우리의 모임이 아닌 것입니다. 우리는 하나의 질그릇에 불과하고 우리 안에 하나님의 영광이 임하고 성령이 부어지며 부활하신 예수님이 우리 가운데 계십니다. 그래서 질그릇이 갈라지거나 깨어져버리면 하나님의 영광이 담길 그릇이 없어지게 되는 것입니다.

그래서 우리는 서로 격려해서 열심히 모여 부지런히 하나님의 말씀을 듣고 기도를 해야 합니다. 그러면 우리가 모일 때마다 부요해지고 모일 때마다 어려움이 해결되며 모일 때마다 기적이 일어날 것입니다.

우리에게 이런 교회의 모임을 허락하신 하나님은 신실하신 하나님이십니다. 절대로 우리를 기만하거나 속이지 않으십니다. 우리가 떡을 달라고 하는데 돌을 주시며 생선을 달라고 하는데 뱀을 주시는 분이 아니십니다.

일단 우리가 모여서 하나님의 이름을 부르며 예배를 드리면 승리한 것입니다. 그 다음 은혜를 주시고 우리를 치료하시고 어려움을 해결해주시는 것은 모두 하나님께 다 맡겨버리십시다. 우리는 그저 열심히 모여서 말씀을 듣고 기도하기만 하면 하나님께서 다 해결해주시는 것입니다.

구원 문제가 해결되지 못한 사람들

오늘 이 세상에서 가장 심각한 문제는 우리의 구원이 너무나도 쉽고 가까운 것입니다. 실제로 지금은 천국 가는 길이 쉽게 열렸습니다. 그야말로 온 도시나 동네마다 교회가 있고 심지어는 길에서도 복음을 전하는 사람이 있고 텔레비전이나 인터넷에서도 복음을 전하고 있습니다. 누구든지 이 말씀 중 어느 말씀이라도 믿으면 구원을 얻을 수 있습니다. 그럼에도 불구하고 구원을 소홀히 해서 믿지 않는 사람들이 많고 또 어떤 사람들은 이미 믿다가도 신앙을 버리고 세상으로 가는 사람들도 있습니다.

특히 히브리서 저자는 이 당시에 예수를 이미 믿다가 배교하고 타종교나 세상으로 가는 사람들에 대하여 경고하고 있습니다.

26-29절 우리가 진리를 아는 지식을 받은 후 짐짓 죄를 범한즉 다시 속죄하는 제사가 없고 오직 무서운 마음으로 심판을 기다리는 것과 대적하는 자를 소멸할 맹렬한 불만 있으리라 모세의 법을 폐한 자도 두 세 증인을 인하여 불쌍히 여김을 받지 못하고 죽었거든 하물며 하나님 아들을 밟고 자기를 거룩하게 한 언약의 피를 부정한 것으로 여기고 은혜의 성령을 욕되게 하는 자의 당연히 받을 형벌이 얼마나 더 중하겠느냐 너희는 생각하라

여기에 보면 '복음'을 '진리를 아는 지식'이라고 말하고 있습니다. 복음

은 우리 인간의 처지와 운명에 대한 유일한 진리입니다. 그럼에도 불구하고 한번 믿은 후에 여러 가지 이유로 신앙을 버리는 자들이 생겨나게 되었습니다.

여기서 '짐짓 죄를 범했다' 고 하는 것은 우리가 연약해서 시험에 들거나 실수로 죄에 빠지는 것을 말하는 것이 아니라 예수님을 버리는 것을 말합니다. 이미 실컷 믿고 난 후에 이 신앙을 버리면 더 이상 속죄하는 제사가 없다는 것입니다. 이것은 그냥 나온 것이 아니고 옛날의 피의 언약 사상에서 나온 것입니다. 옛날에 피의 언약은 그 약속을 지키지 못하면 저주의 죽음을 당하게 되어 있습니다. 예수님께서 십자가 위에서 죽으심으로 이 언약을 성취하셨기 때문에 우리도 목숨을 걸고 이 신앙을 지켜야 합니다. 그런데 사실 이 세상에서 도저히 믿음을 지킬 수 없을 것 같은 환난이 올 때 어떻게 해야 합니까? '감당치 못할 시험당하는 것을 허락지 아니하시고 시험당할 때 반드시 피할 길을 주신다' 는 말씀을 믿어야 합니다.

두려운 것은 교회는 다니지만 진정한 구원의 확신이 없는 사람들이 있을 수 있습니다. 옛날 청교도들은 교회 다니는 사람들의 구원받는 은혜를 위해서 노력을 많이 했습니다. 왜냐하면 영국 국교회에서는 모든 주민들을 다 교인으로 인정했기 때문입니다. 그래서 교회는 다니지만 구원의 진리를 모르는 사람들도 있었고 자기가 진정으로 거듭나는 체험이 없었던 사람들도 많이 있었습니다. 그런데 한 번씩 부흥의 바람이 불 때 많은 교인들이 자신들이 하나님의 진노의 심판아래 있다는 것을 깨닫고 부르짖으면서 회개하는 일들이 많은 지역의 교회에서 동시 다발적으로 일어났던 것입니다.

사실 오늘 우리나라 교회도 점점 쇠퇴하는 근본적인 이유가 일단 교회에 다니는 사람은 다 천국 백성이 되었다고 생각해서 일을 시키고 훈련을 시키려고 하지만 복음을 설교하지 않는 것입니다. 복음은 교회의 철문과 같습니다. 복음이 지속적으로 설교되어지면 그 문 안에 들어오는 교인들이 아주 신실한 하나님의 백성으로 변합니다. 그리고 이단이나 사탄의 시험이 틈을 타지 못하게 됩니다.

그러면 과연 중생이나 회심이라고 하는 것이 사람의 노력으로 되느냐 하는 것입니다. 물론 이것이 사람의 노력으로 되는 것은 아니지만 복음은 사람을 거듭나게 하는 능력이 있습니다. 우리는 이것을 믿고 신실하게 복음을 전할 때 교회가 알곡으로 가득하게 될 것입니다.

그러나 하나님의 신실하심을 믿지 못해 두려워서 주님을 버린 자들은 이미 마음에 평화가 없습니다. 예수님께서는 주님을 위해서 살려고 하는 자는 죽고 죽고자 하는 자는 산다고 하셨습니다. 우리가 이 세상에서 잘 사는 것은 정말 잠깐입니다. 이 잠깐 사는 세상에서 쾌락을 즐기고 사람들의 인정을 받기 위하여 영원한 미래를 포기하는 것은 정말 미련하고 어리석은 것입니다.

오늘 말씀은 예수가 누구신지 알면서 일부러 믿지 않는 것이 얼마나 큰 죄인지 말씀하고 있습니다. 하나님의 아들이 일부러 이 세상에 오셔서 온갖 고통을 다 당하시면서 구원의 길을 열어 놓으셨는데 일부러 이것을 알면서도 예수님을 믿지 않는 것은 하나님의 아들을 발로 밟는 것이라고 말씀하고 있습니다. 하나님의 아들을 발로 밟고 성령을 욕되게 하고 그 피를 더러운 피로 여기면 얼마나 무서운 심판을 받을지 생각을 해보라고 말씀하고 있습니다.

즉, 우리 인간의 죄 중에서 가장 큰 죄가 하나님을 인정치 않는 것이고 그것보다 더 큰 죄가 하나님의 아들의 죽음을 알고도 일부러 믿지 않는 것입니다. 그래서 장차 지옥의 심판도 그 심판의 정도로 다를 것으로 생각이 됩니다. 복음을 아예 들을 기회가 없어서 믿지 못한 자와 복음을 수없이 듣고 또 주위에서 일어나는 놀라운 변화를 보고서도 믿지 않는 자의 심판은 다를 것입니다.

30, 31절 원수 갚는 것이 내게 있으니 내가 갚으리라 하시고 또 다시 주께서 그의 백성을 심판하리라 말씀하신 것을 우리가 아노니 살아계신 하나님의 손에 빠져 들어가는 것이 무서울진저

누구든지 이 세상에서 자신의 영혼 구원을 확실하게 해 놓지 않는 자는 하나님의 원수입니다. 하나님의 심판은 자기 백성이라고 해서 봐주는 것이 없습니다. 하나님은 구원받지 못한 자의 영혼과 육체를 다 함께 영원한 지옥에 던져 넣으실 것입니다. 그래서 이 세상에서 가장 불쌍한 사람들은 구원이 가까이 있는데도 자신의 영혼 구원을 확실히 해 놓지 않고 엉터리로 신앙생활을 한 사람들입니다. 그래서 우리는 이 세상에서 신앙 생활하면서 혹시라도 내가 엉터리가 아닌지 내 영혼은 방치해 놓고 엉뚱한 일에 빠져 있지 않은지 늘 주의를 해야 합니다. 사도 바울은 자기가 다른 사람들은 실컷 구원해 놓고 막상 자기 자신은 지옥에 떨어질까 두려워한다는 말을 했습니다.

결국 우리가 믿음으로 승리하기 위해서는 언제나 저 하늘나라를 소망하면서 끝까지 인내하는 신앙을 가져야 합니다.

우리가 계속 하나님의 말씀으로 은혜를 받으면 천국의 기쁨과 영광이 자꾸 우리에게 부어지게 됩니다. 그래서 마치 베드로와 야보고와 요한이 예수님을 따라 높은 산에 올라갔을 때 그 산에서 예수님이 변화되고 산도 변화되고 또 먼저 간 모세와 엘리야 같은 능력의 종들을 만났던 것처럼 우리는 하늘의 은혜로 충만해지게 됩니다. 그렇게 되어야 이 세상의 고난으로도 덜 실망하고 이 세상에서 다른 사람들로부터 욕을 얻어먹고 핍박을 당해도 즐겁게 믿음의 길을 갈 수 있는 것입니다.

32-35절 전날에 너희가 빛을 받은 후에 고난의 큰 싸움에 참은 것을 생각

하라 혹 비방과 환난으로써 사람에게 구경거리가 되고 혹 이런 형편에 있는 자들로 사귀는 자 되었으니 너희가 갇힌 자를 동정하고 너희 산업을 빼앗기는 것도 기쁘게 당한 것은 더 낫고 영구한 산업이 있는 줄 앎이라 그러므로 너희 담대함을 버리지 말라 이것이 큰 상을 얻느니라

아마도 이 서신을 받아보는 교인들이 예수를 믿고 난 후에 큰 고난을 당했던 것 같습니다. 왜 예수를 믿고 나면 이런 핍박을 받게 되는 것일까요? 그것은 우리와 가장 가까운 사람들이 이미 우리가 변한 줄을 알기 때문입니다.

우리가 하나님을 알기 전까지는 우리의 친척이나 우리가 몸을 담고 있는 사회에 충성된 종이었습니다. 그러나 하나님을 알고 난 뒤 모든 것이 뒤바뀌어 있다는 것을 알게 됩니다. 즉 지금까지 절대적으로 중요한 줄 알았던 것이 별로 중요한 것이 아니고 지금까지 틀린 줄 알았던 것이 진리라는 것을 알게 됩니다. 이런 엄청난 가치관의 변화를 우리 가족이나 우리의 친구나 가까운 사람들이 알고는 우리에게 배신을 당했다고 생각해서 미워하게 됩니다. 여기에 보면 히브리서를 받아보는 교인들에 대한 정보가 조금 나옵니다.

이 사람들은 예수를 믿고 난 후에 공개적으로 비방을 당했던 것 같습니다. 그래서 '사람들에게 구경거리가 되었다' 고 말하고 있습니다. 아마도 거리에 끌려 나와서 손가락질을 당하든지 아니면 조롱을 받았던 것 같습니다. 그리고 그런 취급을 당하지 않았다 하더라도 결국 이런 사람들과 사귀는 자라는 불명예를 받았습니다. 즉 예수 믿는 사람들은 모두 다 통틀어서 좋지 않는 사람으로 인식을 했고 심지어는 감옥에 갇히기도 하고 직장이나 산업을 빼앗기기도 했습니다. 그래서 도대체 어느 지역에 있던 유대인들이 예수를 믿고 나서 이런 취급을 당했을까하는 것을 생각해 보면 대략 히브

리서를 받은 사람들을 알 수 있을 것입니다. 예루살렘에 있던 유대인일까? 아니면 로마에 있던 유대인들일까? 아니면 알렉산드리아에 있던 유대인들일까 하는 것입니다. 그것은 분명치 않습니다. 그러나 이들은 처음 핍박은 대단히 용기 있게 이겨냈습니다. 그래서 감옥에 갇힌 자도 돌아보고 직장이나 산업을 빼앗겨도 용기를 잃지 않았습니다. 거리에 몰려 나가서 조롱을 당해도 그리스도인의 신분을 버리지 않았습니다. 그러다가 이제는 슬그머니 많은 사람들이 신앙을 포기하고 유대교로 돌아가거나 세상으로 가려고 하는 것입니다.

그래서 히브리서 저자는 이들에게 강하게 권면을 하고 있습니다.

35, 36절 그러므로 너희 담대함을 버리지 말라 이것이 큰 상을 얻느니라. 너희에게 인내가 필요함은 너희가 하나님의 뜻을 행한 후에 약속을 받기 위함이라

예수 믿는 사람들에게 필요한 두 가지는 담대함과 인내입니다. 우리는 하늘의 소망을 두고 사는 사람들입니다. 그러나 하늘의 소망은 전혀 눈에 보이지 않습니다. 이것이 눈에 보이지 않기 때문에 사람들은 끝까지 그리스도에게 자신을 드리기를 주저합니다. 그리고 때로는 우리 자신도 헷갈릴 때가 있습니다. 세상의 이익은 당장 눈에 보이는 것이고 천국의 상급은 오직 약속으로 남아 있을 뿐입니다. 우리가 천국 약속을 믿고 끝까지 충성을 다했는데 그만 그 약속이 부도(?)가 나면 어떻게 할까요? 그래서 예수를 믿는 것은 많은 용기와 결단이 필요한 것입니다.

우리는 오직 왕에게 충성된 신하일 뿐입니다. 이 세상 사람들은 거짓 왕에게 충성을 하면서 온갖 좋은 소리를 다 듣고 호의호식을 합니다. 그러나 우리 왕은 하늘에 계시며 우리는 언젠가 우리 왕 앞에 서서 우리가 끝까지

왕에게 충성을 다한 것을 보고 하게 될 것입니다.

히브리서 저자는 하박국서의 말씀으로 격려를 합니다.

37-39절 잠시 잠깐 후면 오실 이가 오시리니 지체하지 아니하시리라 오직 나의 의인은 믿음으로 말미암아 살리라 또한 뒤로 물러가면 내 마음이 저를 기뻐하지 아니하리라 하셨느니라 우리는 뒤로 물러가 침륜에 빠질 자가 아니요 오직 영혼을 구원함에 이르는 믿음을 가진 자니라

'의인은 결코 머리로 이해해서' 사는 사람들이 아닙니다. 우리가 우리에게 일어나는 모든 일들을 다 이해하고 또 우리 미래에 일어날 일들을 다 예측을 한다면 우리는 미치든지 신앙을 버리든지 할 것입니다. 우리는 우리에게 일어나는 일들을 다 이해하지 못합니다. 오직 모든 것을 믿음으로 받아들이고 내가 할 수 있는 범위 내에서 최선을 다해서 하나님을 높여드리는 것입니다. 이런 작은 믿음들이 모여서 큰 기적을 만드는 것이지 매일 고민하고 걱정을 한다고 해서 기적이 저절로 일어나는 것은 아닙니다.

본문에 '또한 뒤로 물러가면 내 마음이 저를 기뻐하지 아니하리라' 고 되어 있는데 히브리어 성경에는 '그 마음이 교만하며 정직하지 못하니라' 라고 되어 있습니다. 결국 믿음으로 이기지 못하는 자는 교만한 자들이고 정직하지 못한 자들인데 이런 사람들은 불 시험을 이기지 못해서 모두 뒤로 물러가 영적 침체에 빠지고 맙니다. 왜 사람들이 영적인 침체에 빠지게 됩니까? 두려움이나 불안이나 자기 생각에 빠져서 주저 앉아버리기 때문입니다.

우리는 우리의 모든 것을 다 책임지려고 해서는 안 됩니다. 우리는 하나님의 종으로서 못한 것은 야단맞을 수도 있는 것이고 잘한 것은 칭찬받을 수도 있는 것이지만 궁극적으로 중요한 것은 모든 것을 주님이 맡아 주시

는 것입니다. 우리가 저 빛나는 영광에 들어가려면 아직도 이 세상에서 많은 시간을 살아야 합니다.

우리가 끝까지 저 영광의 나라에 들어가려면 성전 중심으로 살아야 합니다. 즉 매일 하나님의 말씀을 붙들고 깨끗한 양심을 지키며 서로 권면하면서 함께 나아갈 때 날마다 주님의 기적이 우리를 지켜줄 것이며 우리의 모든 부끄러움이나 부족한 것도 해결해주실 것입니다.

CHAPTER • 13

믿음의 능력

히브리서 11:1-7

수년 전에 인도네시아 아체 지방에 쓰나미가 발생해서 적어도 수십만 명 이상이 사망한 것으로 알려지고 있습니다. 그 당시 일어났던 쓰나미는 바다 밑에 있는 지층이 어긋나면서 생긴 것인데 히로시마에 떨어졌던 원자 폭탄의 백만 배가 넘는 위력이었다고 합니다. 결국 인도네시아나 태국, 심지어는 인도까지 바닷가의 많은 마을들이 물에 잠겨 수많은 사람들이 물에 빠져 죽었습니다. 그런데 놀라운 것은 물이 빠지고 난 후에 사람들의 시체는 많이 있었지만 야생동물들의 시체는 거의 찾아볼 수가 없었다는 것입니다. 그 이유는 야생동물들은 사람들에게는 없는 육감이라는 것이 있어서 지진의 진동을 미리 느껴서 대비를 하기 때문이라고 합니다.

사람들이 그렇게 지혜롭고 똑똑한 것 같아도 짐승들보다 못한 부분이 있는 것입니다. 쥐는 지진이 나기 전에 미리 대이동을 합니다. 또 조류나 들짐승들도 지진이나 재앙이 나기 전에 감각으로 느끼고 이상한 소리를 내면서 이동을 합니다. 그러나 오직 사람들만 눈에 보이는 것만 믿고 있다가 결국 큰 재앙을 대비하지 못해서 멸망을 당하고 마는 것입니다. 그래서 우리 인간들은 쥐라든지 야생 동물 등 짐승들을 우습게 보아서는 안 됩니다. 그들이 보기에는 오히려 우리 인간들이 미련하고 우스운 것입니다.

결국 오늘 성경 말씀은 사람이나 짐승들이나 모두 다 무엇인가를 근거로 나름대로 판단을 해서 행동을 하고 살아가는데 그 모든 판단의 기초가 되는 것이 무엇이냐 하는 것입니다. 우리 인간들은 모든 판단의 기초가 눈에 보이는 현상들입니다. 그리고 우리 인간들은 눈에 보이지 않는 것은 잘 믿으려고 하지 않습니다. 그러나 오늘 성경 말씀은 진짜 중요한 실체는 눈에 보이지 않는 것들이고 눈에 보이는 것은 이런 실체의 그림자에 불과하기 때문에 결국 그림자를 믿으면 멸망하게 된다고 말씀하고 있습니다.

히브리서 11장은 그 유명한 믿음의 장입니다. 오늘 본문에서 히브리서 저자는 사람들마다 나름대로 무엇인가 다 믿고 사는데 그 믿음의 근거가 어디에 있느냐에 따라서 생명과 사망이 나누어진다고 말씀하고 있습니다. 즉 눈에 보이는 것을 믿는 사람은 결국 눈에 보이지 않는 재앙이나 심판이 왔을 때 망할 수밖에 없고 눈에 보이지 않는 말씀을 믿는 자는 결국 구원을 받고 영생을 얻는다는 뜻입니다.

믿음의 본질

오늘 우리가 여기서 먼저 생각해 봐야 할 문제는 히브리서에서 지금까지 계속 제사에 대해서 말씀을 하다가 왜 갑자기 믿음에 관한 문제가 나와야 하느냐 하는 것입니다.

그 이유는 구약의 제사가 독립적인 의미를 가지는 것이 아니라 믿음의 한 부분이었기 때문입니다. 다시 말해서 이스라엘 백성들이 하나님 앞에서 죄를 지었을 때 제사 행위 자체가 그들의 죄를 씻어주는 것이 아니었습니다. 그 대신 하나님 앞에 그 죄를 가지고 와서 짐승을 죽여서 피를 뿌릴 때 하나님께서는 그 믿음을 보시고 죄를 사하여 주셨던 것입니다. 그러나 구약의 제사는 아주 큰 거래를 전제로 한 임시적인 거래였습니다.

구약의 피 제사는 앞으로 그리스도가 오셔서 행하실 큰 구원을 전제로 하는 것입니다. 즉 앞으로 이루어질 그리스도의 제사를 예고하고 준비하게 하는 의미가 컸던 것입니다. 그런데 그리스도가 오신 후에는 어떻게 됩니까? 그리스도의 제사가 너무나도 강력하고 완벽하기 때문에 구약의 피의 제사는 완전히 자취를 감추어버리게 되는 것입니다. 그런데 그리스도의 제사의 핵심이 믿음입니다. 이것은 우리가 어렸을 때 단체로 극장에 들어가는 것과 비슷합니다.

어렸을 때 혼자서 극장에 들어가려면 각자가 돈을 내고 입장료를 사서 들어가야 합니다. 그런데 학교에서 단체로 극장에 입장할 때에는 한 사람 한 사람이 입장료를 낼 필요가 없이 그냥 들어가서 영화를 보면 되는 것입니다. 오히려 우리가 입장료를 내려고 하면 단체가 예약이 되어 있다고 하면서 들어가지 못하게 할 것입니다.

마찬가지로 예수님께서 십자가 위에서 죽으심으로 우리의 모든 죄값은 다 지불이 되었습니다. 이제 우리가 해야 할 것은 오직 예수님의 피 공로를 믿고 예수님이 이루신 모든 것을 믿음으로 받아들이고 누리면 되는 것입니다. 하나님께서 우리 죄를 용서하셨으면 그것을 믿으면 되는 것이고 우리의 인생에 대한 하나님의 뜻과 계획을 믿으라고 하면 믿으면 되는 것이고 하나님께서 우리에게 주시는 축복을 우리가 믿고 받아들이면 되는 것입니다.

그런데 만일 우리가 예수님의 피 공로를 믿지 못하고 자기 노력이나 열심으로 구원을 얻으려고 하면 하나님 앞에서 거부를 당하게 될 것입니다. 이것이 우리가 신앙 생활하면서 특히 주의해야 할 부분입니다.

어떤 사람들은 십자가에 못 박혀 죽으신 예수만 믿는 것은 너무 쉽다고 생각해서 자기 나름대로의 노력으로 구원을 얻어 보려고 합니다. 혹은 예수님을 믿는 믿음에다가 자기 노력을 더 플러스를 하면 더 확실하게 구원을 얻을 것이라고 생각을 합니다. 그러나 이 모든 것은 실패입니다. 왜냐하면 하나님께서는 우리의 구원에 오직 믿음만을 요구하시기 때문입니다. 그래서 하나님께서는 우리가 이 엄청난 구원과 축복을 통해서 예수님을 더 사랑하고 하나님께 더 감사하기를 바라시는 것입니다.

그래서 만약 우리가 신앙생활을 하면서 믿음만으로 구원받는 것이 불안해서 자기 노력을 통해서 구원을 얻으려고 할 때 우리는 자비로우신 하나님을 만나는 대신에 성난 모세를 만나게 될 것입니다. 그 어느 누구도 믿음이 아닌 행위로는 구원의 문을 들어갈 수가 없습니다.

우리가 믿는다고 하면서 자기의 노력이나 공로로 하나님께 나아가려고 할 때 실패할 수밖에 없습니다. 천국문은 너무나도 이상한 것이 자기의 노력이나 열심으로 구원을 얻으려고 할 때 천국문은 아주 작게 좁아져버립니다. 어느 정도 좁아지는가 하면 바늘구멍보다 더 좁아져서 어느 누구도 절대로 통과를 할 수가 없습니다.

그래서 우리가 교인들에게 신앙을 지도할 때에 율법적으로 교인들을 훈련 시키면 훨씬 더 헌신적이고 훈련된 교인들을 얻을 수 있을 것 같습니다. 혹은 우리가 믿음의 영성보다 율법적으로 자기 나름대로 죄에 대하여 몸부림도 쳐보고 자기 자신을 극단적인 상황까지 몰고 가서 고행을 해보기도 하는 것이 굉장히 의롭고 경건하게 보이지만 하나님 앞에서는 이 모든 것이 역겨운 것이고 절대로 인정받을 수 없는 자기 의입니다.

어떤 의미에서 우리가 그리스도 안에서 할 수 있는 것은 단순한 것입니다. 예수님께서 해 놓으신 것을 믿고 예수님을 통해서 하나님이 주시는 축복을 믿음으로 받아들이기만 하면 되는 것입니다. 우리가 생각하기에는 너무나 보잘것 없는 것 같고 시시하게 보일지라도 하나님은 이것을 통해서 오직 하나님께만 온전한 영광이 돌려지기를 바라시는 것입니다.

우리가 예수님께서 해놓으신 구원을 믿고 감사함으로 받아들일 때 천국문은 대문짝 같이 열리면서 하나님의 축복이 우리에게 부어지게 됩니다.

그래서 이 시대에 중요한 것은 오직 믿음입니다. 믿음 외에는 그 어떤 것도 우리에게는 중요하지 않습니다. 우리가 죄 용서 받고 천국에 들어가고 하나님의 축복을 받는데 다른 것은 아무 필요가 없습니다. 오직 믿음 하나만 있으면 모든 것이 다 '만사 오케이!' 인 것입니다.

믿음의 정의

예수님이 오신 이후에 우리가 진정으로 축복받는 삶을 살기 위해서는 오직 하나 믿음 밖에 없는데 도대체 이 믿음이란 무엇이냐 하는 문제가 생기게 됩니다.

그러면 여기서 중요한 것이 도대체 '믿음' 이라고 할 때 이 믿음이 무엇인지 정의를 내려야 할 것입니다. 왜냐하면 우리는 매우 잘못된 의미로 이 믿음이라는 단어를 사용하기 때문입니다. 우리가 보통 '믿음' 이라는 말을 쓸 때에는 두 가지 의미로 사용합니다. 하나는 내가 주체가 되어서 어떤 사람을 믿고 내가 어떤 사실을 믿는 것을 말합니다. 즉 '내가 무엇을 믿는 것' 입니다. 성경에서는 내가 어떤 것을 믿는 것을 '신념' 이라고 말을 하지 믿음이라고 말하지 않습니다.

철학자 데카르트는 이 세상에 있는 모든 것을 믿을 수 없다고 생각을 했습니다. 왜냐하면 내가 잘못 알고 엉터리로 믿을 수도 있다고 생각했기 때문입니다. 사실이 아닌 것을 사실로 알 수 있는 것입니다. 예를 들어, 내가 어머니라고 생각하는 사람이 어머니가 아닐 수도 있는 것이고 내가 진리라고 생각하는 것이 진리가 아닐 수도 있습니다. 그는 모든 것을 의심하면서도 결국 한 가지 사실은 믿지 않을 수가 없었습니다. 그것은 지금 자기가 생각하고 있다는 사실이었습니다. 그래서 데카르트는 '나는 생각한다. 고로 존재한다' 라는 유명한 말을 남겼습니다. 바로 이렇게 하는 것이 자기를 믿는 것이고 신념입니다. 사람들의 신념은 흩어지려고 하는 자기를 집중시켜서 어떤 일을 하는데 도움이 될 것입니다.

그러나 성경에서 말하는 믿음이라고 하는 것은 내 자신을 믿을 수가 없어서 내 자신을 다른 사람에게 맡기는 것을 말합니다.

예를 들어, 어떤 사람이 중병에 걸려서 수술을 받아야 했을 때 그는 자기 자신을 완전히 의사에게 맡겨버립니다. 그래서 전혀 의식이 없는 상태에서 그 의사에게 자기 몸을 완전히 맡깁니다.

혹은 어떤 사람이 술을 많이 마셔서 도저히 몸을 가눌 수 없게 되었을 때 자기보다 운전을 더 잘 하는 사람에게 운전대를 맡기게 됩니다. 믿음이라고 하는 것은 바로 자기 자신을 상대방에게 맡기는 것입니다.

오늘 성경은 믿음에 대하여 정말 놀라운 사실을 말해주고 있습니다.

1-3절 믿음은 바라는 것들의 실상이요 보지 못하는 것들의 증거니 선진들이 이로써 증거를 얻었느니라 믿음으로 모든 세계가 하나님의 말씀으로 지어진 줄을 우리가 아나니 보이는 것은 나타난 것으로 말미암아 된 것이 아니니라

여기서 히브리서 저자는 '눈에 보이는 것' 과 '눈에 보이지 않는 것' 을 날카롭게 대비시키고 있습니다. 일단 이 세상에는 '우리 눈에 보이는 것' 들이 있습니다. 땅이나 사람, 물건 등 많은 것들이 우리 눈에 보입니다. 그런데 성경에서는 이런 식으로 우리 눈에 보이는 것은 실제로 존재하는 실체가 아니라고 말씀하고 있습니다. 우리 눈에 보이는 것들은 모두 실체의 그림자에 불과한 것입니다. 그 대신 이 세상을 유지하거나 지탱하는 중요한

실체는 '눈에 보이지 않는 것' 이라고 말씀하고 있습니다.

예를 들어, 우리가 어떤 큰 건물 속으로 들어가게 되었을 때 그 건물을 유지하거나 지탱하고 있는 철근이나 콘크리트들은 일체 눈에 보이지 않습니다. 단지 우리 눈에 보이는 것은 나무로 만든 벽이라든지 혹은 타일 같은 보기에 좋은 것들뿐입니다. 그러나 우리 눈에 보이는 이 벽지나 타일 같은 것은 건물을 유지하는 실체가 아닙니다. 이 모든 것들은 모두 다 내부를 장식하는 재료일 뿐입니다.

가끔 보면 아파트와 똑같은 외모로 만들었는데 철근이나 콘크리트를 전혀 사용하지 않은 집이 있습니다. 그 집은 바로 아파트의 '모델 하우스' 인 것입니다. 그런 집은 사람이 들어가서 살 수가 없습니다. 왜냐하면 모델 하우스는 아무리 잘 만들어도 합판 같은 것으로 만들었기 때문에 전혀 힘이 없습니다. 집을 잘 광고한 후에 철거하는 모습을 보면 형편없는 재료로 보기에만 좋지 실속이 전혀 없습니다.

마찬가지로 우리가 이 세상에서 보는 많은 것들은 모두 내부 장식에 불과하고 온 세상을 이루고 있는 실체는 우리 눈에 보이지 않는 하나님 자신과 하나님의 말씀인 것입니다.

그래서 우리의 믿음은 눈에 보이는 이런 세상에 있는 것들이어서는 안 됩니다. 눈에 보이는 사람들의 인정이라든지 권력이라든지 땅이나 집 같은 것을 믿는다면 우리는 결국 망하게 될 것입니다. 오직 우리의 신앙은 눈에 보이지 않는 하나님과 하나님의 말씀을 믿는 것이 되어야 합니다.

'믿음은 바라는 것들의 실상이요 보지 못하는 것의 증거니' 라는 말은 지금 우리 눈에 보이는 이 세상이 전부가 아니라는 것입니다. 우리 눈에 보이는 이 세상과 세상에 있는 모든 것들은 모두 집안에 있는 인테리어 장식에 불과합니다. 우리의 믿음이 우리를 살리는 믿음이 되려면 세상과 세상에 있는 것들을 붙들어서는 안 됩니다. 우리의 신앙은 눈에 보이지 않는 하나님과 하나님의 말씀에 깊이 뿌리 내리는 신앙이 되어야 하는 것입니다.

이 세상에 있는 것들을 붙잡는 사람은 자기 집도 아닌데 자기 집이라고 생각해서 장식을 많이 해 놓는 사람들과 같습니다. 예를 들어, 어떤 사람이 세를 얻은 집에 엄청난 돈을 들여서 내부 인테리어를 했는데 나중에 주인이 집을 내어놓으라고 하면 돈을 많이 들여서 인테리어를 한 것이 소용이 없게 되는 것입니다.

거의 대부분의 사람들은 눈에 보이는 권력이나 학벌이나 직장이나 사업체 같은 것을 붙들고 살아갑니다. 그러나 이것이 바로 벽지를 붙들고 살아가는 것과 같고 집 벽의 판자를 붙들고 사는 것과 같습니다. 우리는 오직 하나님과 하나님의 말씀을 믿어야 살 수 있습니다.

믿음으로 산 사람들

우리가 생각하기에 '아, 우리가 하나님 앞에서 죄 용서받고 멋진 축복의 삶을 살기 위해서는 오직 믿음만 있으면 되는구나. 어서 성경을 믿어버리자' 라고 생각하기 쉽습니다. 그러나 실제로 우리가 믿는다는 것이 결코 쉽지 않다는 것을 성경은 우리에게 소개해주고 있습니다. 우리가 믿음으로 사는 것이 어려운 이유는 두 가지로 볼 수 있습니다.

첫째는 믿음의 대상이 눈에 보이지 않는 것입니다. 이 세상에 있는 다른 것들은 모두 다 눈에 보이는 것이고 구체적인 것들이지만 하나님과 하나님의 말씀은 눈에 보이지 않습니다. 그래서 눈에 보이지 않는 것을 믿으려니 아무래도 불안한 것입니다. 그리고 또 한 가지 이유는 다른 사람들이 우리의 믿음을 인정해주지 않습니다. 오히려 미쳤다고 하거나 자기만 잘 난체한다고 미워하고 핍박합니다. 그래서 우리는 믿음으로 살아가기가 대단히 어려운 것입니다. 오늘 성경 말씀은 아브라함 전에 믿음으로 살았던 세 사람의 예를 소개하고 있습니다. 이 사람들은 다른 사람들과 달리 모두 하나님과 하나님의 말씀을 믿었던 사람들입니다.

그 첫 번째 사람이 아벨이었습니다.

4절 믿음으로 아벨은 가인보다 더 나은 제사를 하나님께 드림으로 의로운 자라 하시는 증거를 얻었으니 하나님이 그 예물에 대하여 증거하심이라 저가 죽었으나 그 믿음으로써 오히려 말하느니라

우리는 아벨이 무엇을 믿었는지 잘 이해가 되지 않을 것입니다. 아벨은 하나님의 말씀을 믿었습니다. 아벨은 눈에 보이지 않는 하나님의 말씀을 믿었기 때문에 가인과는 다른 제사를 드렸고 그것 때문에 가인의 미움을 받아서 죽임을 당했습니다.

어떤 사람들은 가인과 아벨의 제사에 대하여 가인은 하나님께 제사를 드리는데 인색한 마음으로 드렸기 때문에 하나님께서 받지 아니하셨고 아벨은 정성껏 드렸기 때문에 하나님이 받으셨다고 설명을 합니다. 제가 어렸을 때 보았던 신앙 영화에는 가인이 하나님께 제사를 드리다가 아까워 곡식을 덜어놓는 장면이 있었습니다. 그러나 실제로는 정반대였습니다.

우리가 성경에서 이 부분을 제대로 추론을 해 낸다는 것은 상당히 어려운 일인 줄 압니다. 그런데 가인은 자기가 가지고 있는 곡식을 가지고 자기 자신의 감사하는 마음을 가지고 하나님께 제사를 드렸습니다. 그러나 중요한 것은 하나님께 드리는 제사는 결코 자기가 원하는 방식으로 제사를 드려서는 안 되는 것입니다.

사람들은 하나님께 예배를 드릴 때 내 안에 있는 감정이나 내 생각을 가지고 예배를 드리면 된다고 생각을 합니다. 이것이 바로 눈에 보이는 것입

니다. 우리가 불교나 천주교에서 보면 바로 자신의 정성이나 자신의 종교적인 감정으로 예배를 드립니다. 그러나 하나님께서는 이런 예배를 받지 아니하십니다. 우리의 예배는 하나님의 말씀에 대한 믿음으로 나와야 합니다. 아벨은 자기 아버지 아담으로부터 하나님의 말씀을 들었습니다. 우리 인간은 하나님께 죄를 지었고 하나님께서 에덴동산에서 인간의 수치를 가리우시기 위해서 짐승을 하나 죽여서 가죽 옷으로 입혔다는 사실입니다. 그리고 하나님께 제사를 드리려고 할 때에는 반드시 죄를 회개하는 뜻으로 짐승을 죽여서 바쳐야 한다는 것을 배웠던 것입니다. 이 부분이 우리가 가인과 아벨의 제사에서 찾아내기가 어려운 부분입니다.

그러나 아벨은 아담을 통해서 들었던 하나님의 말씀을 믿고 어떻게 보면 야만적인 것 같고 끔찍한 것 같지만 짐승을 죽이는 제사를 믿음으로 드렸고 가인은 그것을 무시하고 자기가 생각하기에 좋은 방식으로 예배를 드렸던 것입니다. 예배의 결과는 완전히 달랐습니다. 아벨은 그 제사를 통해서 하나님의 응답을 받았습니다. 그리고 하나님의 축복을 받았습니다. 그러나 가인은 그 예배로 전혀 은혜를 받지 못했고 오히려 마음이 더 악해지게 되었습니다.

성경을 보면 아벨은 믿음의 제사 때문에 가인의 미움을 받아서 죽임을 당했습니다. 이것은 어떻게 보면 하나님에 대한 불만이라고 볼 수 있습니다. 가인은 왜 하나님은 나의 이 멋진 예배를 받아주시지 않고 아벨의 그 시시한 짐승을 죽이는 제사를 축복하시느냐 하는 것입니다. 이것은 바로 하나님의 말씀에 대한 믿음 때문이었습니다.

아벨은 가인이 시키는 대로 멋진 제사를 드리지 않고 믿음의 제사를 드렸기 때문에 미움을 받아서 죽임을 당했습니다. 그러나 성경은 그 결과에 대해서도 말씀을 하고 있습니다.

성경은 4절에 '저가 죽었으나 그 믿음으로써 오히려 말하느니라' 고 말씀하고 있습니다. 이것이 창세기에서는 '아벨의 피가 땅에서 호소했다' 고 기록하고 있습니다. '그가 죽었으나 말한다' 는 것이 무슨 뜻입니까? 아벨은 죽었지만 하나님 앞에서 살아 있다는 것입니다. 아벨은 하나님의 말씀을 믿었기 때문에 죽었지만 영원히 죽지 않는 생명으로 살아 있다는 것입니다. 아벨은 죽었지만 말을 할 수 있었습니다. 왜냐하면 그는 영원한 생명을 얻었기 때문입니다.

여기에 보면 아벨이 '말하였다' 고 하는데 도대체 하나님께 무슨 말을 했을까요? 거의 대부분의 사람들은 아벨이 하나님 앞에서 '하나님, 저는 억울하게 죽었습니다. 저의 원한을 갚아 주십시오' 라고 호소한 것으로 생각합니다. 그렇게 생각한다면 하나님께서 살인한 가인을 죽이지 아니하시고 살려주신 것을 이해하지 못할 것입니다. 오히려 아벨은 자신의 예배를 통해서 가인의 죄가 용서받을 수 있도록 호소를 했던 것입니다.

'하나님, 저의 이 제사는 물론 제 자신의 죄를 위해서 드리기도 하지만 가인을 위해서 드리는 의미도 있습니다. 제발 가인을 용서해주시기를 바랍니다' 라는 의미가 있습니다. 그래서 하나님께서는 가인에게 표까지 주셔서 사람들이 죽이지 못하게 하셨던 것입니다.

예수님이 십자가에 달리셨을 때 하나님 아버지께 '하나님, 저는 억울합니다. 어서 제 원수를 갚아주십시오' 라고 말씀하지 않으셨습니다. 오히려 '저희들은 알지 못해 저런 짓을 하고 있습니다. 저희 죄를 용서해 주십시오' 라고 기도를 드렸던 것입니다. 그래서 예수님의 피 때문에 멸망해야 할 많은 사람들이 살게 된 것입니다. 그 피를 믿는 자는 영생을 얻고 믿지 않는 자도 이 세상에 살아 있는 동안에는 하나님께서 지켜주시는 것입니다.

예수님의 십자가는 피뢰침 역할을 합니다. 하늘에서 번개가 떨어질 때 피뢰침이 있으면 거기에 떨어짐으로 주위에는 벼락이 떨어지지 않습니다. 마찬가지로 모든 심판이 십자가에 달리신 예수님께 떨어짐으로 우리는 살게 된 것입니다.

우리가 하나님의 말씀을 믿고 제사를 드릴 때 우리는 영생을 얻을 뿐 아니라 이 세상의 죄인들에게도 하나님의 보호와 축복이 임합니다. 그래서 우리가 이 나라를 살리는 예배를 드리려면 다른 것으로 예배를 드려서는 안 됩니다. 오직 하나님의 말씀만 믿고 예배를 드릴 때 하나님의 진노의 심판이 우리 가운데 큰 은혜의 불로 떨어지면서 우리는 은혜를 받고 이 세상은 하나님께서 일시적으로나마 보호해주시고 지켜주시게 되는 것입니다.

두 번째는 에녹입니다.

> **5절** 믿음으로 에녹은 죽음을 보지 않고 옮기웠으니 하나님이 저를 옮기심으로 다시 보이지 아니하니라 저는 옮기우기 전에 하나님을 기쁘시게 하는 자라 하는 증거를 받았느니라

특히 에녹이 살던 당시에는 온 세상이 노아 홍수 전이었기 때문에 극심하게 방탕하고 타락한 삶을 살고 있었습니다. 사람들이 무엇 때문에 방탕하고 타락한 삶을 살까요? 그것은 그 이유는 눈에 보이는 것이 전부라고 생각하기 때문입니다. 죽기 전에 실컷 먹고 실컷 즐기고 실컷 누리자고 생각하기 때문에 방탕하고 죄짓는 삶을 살게 되는 것입니다. 그러나 에녹은 어떻게 살았습니까?

에녹의 삶은 '하나님을 기쁘시게' 하는 삶이었습니다. 창세기에는 '에녹이 하나님과 동행하였더라' 고 기록하고 있습니다. 즉 에녹에게 있어서 하나님은 실제적인 분이셨습니다. 다른 사람들에게는 하나님의 존재가 관념적으로 머릿속으로만 존재하는 분이시고 있어도 그만 없어도 그만인 존재이지만 에녹에게는 하나님은 실제로 살아계신 하나님이시고 실제로 존재하는 분이셨습니다. 우리가 이 세상을 살아갈 때에 하나님의 존재를 인

정하는 것과 인정하지 않는 것은 큰 차이가 있습니다. 일단 이 세상에 하나님이 없다면 사람은 자기 머리나 자기 힘으로 하고 싶은 모든 것을 다 할 수 있습니다. 지금 이 세상 사람들이 하고 있는 것이 바로 그것입니다. 이 세상 사람들은 능력과 돈만 있으면 하고 싶은 것은 무엇이든지 다 할 수 있다고 생각합니다. 그러나 만일 이 세상에 하나님이 계시고 하나님이 이 모든 것의 주인이라면 우리는 하나님의 눈치를 보지 않을 수 없을 것입니다. 그러면 에녹은 어떻게 하나님이 실제로 존재하신다는 것을 알게 되었을까요? 그것은 그가 하나님의 말씀을 믿었고 말씀의 체험이 있었기 때문입니다.

하나님께서 이 세상에서 가장 좋아하는 사람은 에녹처럼 하나님을 늘 인식하고 사는 사람입니다. 즉 하나님의 말씀을 실제로 믿고 그 말씀대로 사는 사람입니다. 하나님께서 에녹을 얼마나 사랑하셨는가 하면 어느 날 갑자기 데려가 버리셨습니다. 에녹은 죽음을 통과하지 않고 바로 영생의 세계로 가버렸습니다.

이것을 볼 때 우리가 살고 있는 이 세상이 진짜 세상이 아니라는 것을 알게 됩니다. 우리가 살 진짜 세상은 이 세상이 아닙니다. 실제로 좋은 것은 거기에 다 있는데 사람들은 하나님의 말씀을 믿지 않기 때문에 자기 자신에게 속아서 철거될 건물에 모든 것을 다 투자해서 살아가고 있는 것입니다. 오늘 어떻게 하면 하나님이 우리에게 실제적인 분이 될 수 있을까요? 우리가 어떻게 하면 하나님과 동행을 할 수 있을까요? 그것은 하나님의 말씀을 믿고 그 말씀을 붙들면 됩니다.

세 번째는 노아입니다. 특히 노아는 하나님의 말씀을 믿음으로 구원과 멸망을 너무나도 생생하게 체험을 한 사람이었습니다.

7절 믿음으로 노아는 아직 보지 못하는 일에 경고하심을 받아 경외함으로 방주를 예비하여 그 집을 구원하였으니 이로 말미암아 세상을 정죄하고

믿음을 좇는 의의 후사가 되었느니라

노아 때까지만 해도 이 세상에는 큰 홍수도 없었고 큰 비도 없었습니다. 그런데 어느 날 하나님께서 말씀하시기를 얼마 후에 큰 홍수가 내려서 온 세상을 다 멸할 것이라고 하셨습니다. 보통 사람들은 지금까지 그런 비가 내린 적도 없었고 그런 홍수도 없었을 뿐 아니라 하나님은 사랑의 하나님이시기 때문에 절대로 우리를 멸망시킬 리가 없다고 주장했습니다. 그러나 노아는 하나님의 말씀을 믿고 자신의 전 삶을 투자하여 홍수를 대비해 큰 배를 만들었습니다. 노아의 이런 행동은 주위 사람들이 보기에 너무나 바보 같은 짓이었습니다. 다른 사람들은 백이십 년 동안이라면 장사를 하거나 공부를 하거나 여행을 하거나 다른 물건을 만들었어도 어마어마한 것을 해낼 수 있었을 것입니다. 그러나 노아는 오직 하나님의 말씀을 믿었기 때문에 무려 백이십 년 동안 아무 것도 하지 않고 배만 하나 만들었습니다. 그러나 이 방주라는 배는 진짜 제대로 된 배가 아니었습니다. 노도 없고 돛도 없고 바지선처럼 자기 스스로를 움직이지도 못하고 그냥 물 위에 떠 있기만 하는 배였습니다. 그러나 노아는 하나님의 말씀을 믿었기 때문에 백이십 년 동안 다른 것은 하나도 하지 못해도 전혀 아깝지 않았습니다. 결국 하나님께서 온 세상을 심판하실 때 자기의 믿음이 옳다는 것을 훌륭하게 입증을 했던 것입니다.

본문에 보면 '믿음을 좇는 의의 후사가 되었다' 고 말씀하고 있습니다. 물론 이 세상에 살던 사람들이 다 죽어버렸으니까 이 세상은 노아의 것이 될 수 있겠지요. 그러나 이 세상은 노아의 것이 아니었습니다. 왜냐하면 이 세상은 하나님이 주시는 진짜 철근과 콘크리트로 된 집이 아니기 때문입니다. 노아 때 이 세상을 붙들고 살던 사람들은 모두 멸망을 당했습니다. 그러나 하나님의 말씀을 믿었던 노아는 멸망당하지 않고 영원히 없어지지 않는 그 나라를 상속할 수가 있었습니다.

우리는 여기서 믿음으로 사는 것이 어떤 것인지 분명하게 알 수 있습니다. 믿음으로 사는 것은 하나님의 말씀을 통해서 나의 감정이나 생각을 믿지 않고 비록 이해가 잘 되지 않아도 하나님이 하라고 하시는 예배를 드리는 것입니다. 믿음이라고 하는 것은 세상에 아무리 좋은 것이 많이 있어도 그것을 의지하지 않고 눈에 보이지 않는 하나님이 실제로 존재하시는 것을 믿어야 합니다. 그리고 믿음은 이 세상의 모든 것들이 장차 없어질 것인 줄 알고 세상에서 아무 것도 하지 못해도 말씀으로 사는 것입니다. 하나님께서 우리에게 지으라고 하는 배는 신앙의 공동체입니다. 다른 사람들은 돈 번 것을 알아주고 세상적인 직위를 알아주고 눈에 보이는 지식을 알아주지만 우리는 열심히 믿음의 공동체를 만들 때 참으로 어리석다는 생각이 들 것입니다. 그러나 이 안에 하나님의 축복의 보물이 쌓이기 시작할 것이며 기적의 능력이 나타나기 시작할 것이며 놀라운 기도의 응답이 이루어지기 시작할 것입니다.

6절 말씀이 오늘 말씀의 결론입니다.

> 믿음이 없이는 기쁘시게 못하나니 하나님께 나아가는 자는 반드시 그가 계신 것과 또한 그가 자기를 찾는 자들에게 상주시는 이심을 믿어야 할찌니라

여기서 우리는 세 가지 사실을 알 수 있습니다. 우선 첫째는 하나님을 기쁘시게 하는 방법은 믿음 밖에 없다는 것입니다. 나의 열심이나 나의 공로나 세상적인 자랑들은 일체 하나님을 기쁘게 하지 못합니다. 하나님을 기쁘시게 하는 것은 오직 예수님을 믿고 예수님이 행하신 것을 믿고 성경을 믿는 것입니다. 우리가 이렇게 할 때 하나님은 기뻐하시고 우리에게 부

족하다고 조금도 책망하지 아니하십니다. 또한 우리에게 중요한 것은 하나님이 실제로 살아계신 하나님이신 것을 믿어야 합니다. 물론 우리가 믿으려고 애쓴다고 해서 되어지는 것은 아니고 말씀으로 체험을 해야 합니다. 하나님은 종이에 그려진 그림 호랑이가 아니고 실제로 우리 눈앞에 살아계신 하나님이십니다. 하나님은 우리를 살릴 수도 있고 죽이실 수도 있습니다. 사람들이 죄를 많이 짓고 타락하는 것은 하나님을 두려워하지 않기 때문입니다. 그러나 부흥이 일어날 때 나타나는 가장 중요한 현상이 하나님을 두려워하고 죄짓는 것을 무서워하고 하나님의 심판을 두려워하는 것입니다. 그리고 마지막으로 믿음으로 하나님을 찾는 자들에게 하나님은 상을 주십니다. 이 상賞이라고 하는 것은 우리가 상상할 수 없는 엄청난 하나님의 능력과 축복이며 영생입니다.

하나님을 두려워하고 하나님의 말씀을 사랑하는 자에게는 기도 응답이 있습니다. 그리고 기적이 일어납니다. 그리고 하나님께서 성령을 부으셔서 참으로 이 세상에서 탁월하게 하십니다. 그리고 결국은 죽어도 살고 살아도 살고 어떤 사람은 죽음을 통과하지 않고 영생의 나라로 데려가시는 것입니다. 오늘 우리는 하나님을 의지하고 하나님의 말씀을 붙듦으로서 우리의 삶이 영원히 무너지지 않는 반석 위에 세운 집이 되시기를 바랍니다.

CHAPTER • 14

믿음으로 산 사람들

히브리서 11:8-40

몇 년 전에 우리나라 선수들 중에서 열심히 경기를 해서 우승을 함으로 세계적인 명성을 올린 사람들이 있습니다. 특히 몬트리올 동계 올림픽에서 김연아 선수가 피겨 부분에서 금메달을 딴 것은 온 국민들의 자부심을 높여주는 일이었습니다. 우리나라는 세계적인 안목으로 볼 때 결코 큰 나라가 아닙니다. 그런데 이 작은 나라의 선수가 자신의 분야에서 최선을 다해 최고가 되었을 때 전 세계 사람들은 놀라게 됩니다.

마찬가지로 많은 사람들은 하나님 나라라는 곳이 있다는 것을 알지 못합니다. 그런데 전혀 이름도 없는 하나님의 백성들이 믿음으로 어느 누구도 해낼 수 없는 승리를 만들어 내었을 때 사람들은 하나님과 하나님의 나라에 대하여 다시 한 번 주목을 하게 되는 것입니다.

한 동안 우리는 신앙이 예수를 믿어서 천국에 가는 것으로만 생각을 했습니다. 그러나 우리 예수 믿는 사람들에게 죽어서 천국 가는 것만큼 중요한 것이 이 세상에 살아 있는 동안에 얼마나 멋진 믿음의 삶을 사느냐 하는 것입니다. 믿음이라고 하는 것은 단순히 우리가 어떤 사실을 믿는 것만을 의미하지는 않습니다. 우리가 어떤 진리를 믿는다면 우리는 분명히 무엇인가 다른 사람들과는 다른 행동을 하거나 다른 삶을 살 것입니다.

예를 들어, 내가 지금 타고 있는 열차가 얼마 있지 않아서 폭발하게 되어 있다는 것을 알게 되면 우리는 그 열차에서 뛰어내리든지 아니면 옆에 가는 다른 열차로 옮겨 타야 할 것입니다. 내가 탄 열차가 멸망으로 가고 있다는 것을 믿으면서도 그 자리에 앉아 있다면 그것은 믿는 것이 아닐 것입니다. 진정한 믿음은 내가 어떤 사실을 알게 되었다면 어떤 위험이나 어려움이라도 무릅쓰고 다른 결단을 내려야 하는 것입니다.

또한 나 혼자만 살려고 할 것이 아니라 그런 위기 가운데서도 다른 사람을 살리기 위해서 엄청난 노력을 할 것입니다.

성경이 우리에게 말씀하고 있는 것은 하나님께서 우리 모든 인간들의 불신앙에 대하여 진노하고 계신다는 사실입니다. 하나님께서 우리에게 원하시는 것은 우리가 더 이상 이 세상의 안일하고 편안한 성공적인 삶을 의지하지 않고 하나님의 말씀을 붙드는 새로운 삶을 시작하라는 것입니다. 오늘 본문에 나타난 믿음의 사람들은 모두 그런 삶을 산 사람들입니다.

즉, 이 세상과 타협하고 세상이 요구하는 대로 따라갔더라면 얼마든지 행복하고 편안한 삶을 살 수 있었지만 그 모든 것을 거부하고 믿음으로 살기 위해서 사서 고생을 했던 사람들입니다. 이 사람들의 삶의 공통된 특징은 모두 하나님의 말씀을 이 세상의 어떤 권력이나 물질적인 복이나 자기들의 행복보다 더 확실하게 믿었다는 사실입니다.

오늘 본문에는 아브라함에서부터 시작해서 모세 그리고 성경 역사에 나타나는 믿음의 사람들의 생애에 대하여 간략하게 소개를 하고 있습니다. 이 사람들은 모두 그리스도가 오시기 전에 살았던 사람임에도 불구하고 믿음을 붙잡았고 놀라운 승리를 거두었던 사람들입니다. 이들이 예수님이 오시기 전에도 이미 이런 위대한 믿음의 축복을 거둘 수 있었다면 예수님이 오신 지금 우리는 더 엄청난 믿음의 승리를 거둘 수 있을 것입니다. 우리는 결코 우리의 능력을 과소평가해서는 안 됩니다. 우리가 말씀과 성령의 능력으로 한 걸음씩 앞으로 나갈 때 이 위대한 믿음의 사람들보다 더 큰 능력을 나타낼 수 있을 것입니다.

아브라함의 신앙

8-10절 믿음으로 아브라함은 부르심을 받았을 때에 순종하여 장래 기업으로 받을 땅에 나갈쌔 갈 바를 알지 못하고 나갔으며 믿음으로 저가 외방에 있는 것 같이 약속하신 땅에 우거하여 동일한 약속을 유업으로 함께 받은 이삭과 야곱으로 더불어 장막에 거하였으니 이는 하나님의 경영하시고 지으실 터가 있는 성을 바랐음이니라

믿음의 조상 아브라함의 삶에 진정한 변화가 일어나게 된 것은 그의 나이 75세가 되었을 때였습니다. 그 전까지만 해도 아브라함은 자기 땅과 친척과 동맹한 사람들이 있는 아주 안정된 삶을 살던 사람이었습니다. 그런데 75세 때 갑자기 하나님의 말씀에 은혜가 임하면서 아브라함에게 그의 안정된 모든 삶을 다 포기하고 말씀 하나만 붙들고 전혀 모르는 새로운 땅에 가서 믿음으로 살 것을 요구하셨습니다. 어떤 의미에서 아브라함은 하나님의 말씀의 은혜를 받았기 때문에 이 세상에서는 미친 사람처럼 되었고, 망한 사람이 되었습니다. 누구든지 이 세상에서 부와 권력을 가지고 안정된 생활을 하는 것보다 더 나은 삶은 없을 것입니다. 그럼에도 불구하고 아브라함은 하나님의 말씀을 붙잡고 그 모든 부와 안정된 삶을 다 포기하고 한 번도 살아본 적이 없는 이방 땅에 이민을 가서 전혀 새로운 삶을 시작하게 되었습니다. 세상적으로 보면 아브라함은 이때에 망한 것이고 하나님 앞에서는 위대한 믿음의 삶이 시작된 것입니다.

하나님께서 아브라함에게 요구하신 것은 이 세상에 주는 안정된 삶을 다 포기하고 오직 하나님의 말씀 하나만 가지고 살라는 것이었습니다. 이것이 바로 믿음의 서바이벌 게임입니다.

몇 년 전 외국의 텔레비전 프로 중에서 서바이벌 게임이 인기를 끌었던 적이 있었습니다. 이 프로그램은 아무 도움도 받을 수 없는 정글에서 여러 가지 어려운 과제들을 주고 그 어려움들을 극복해서 살아남는 것이었습니다. 매 게임을 하고 난 후 못한 사람을 투표해서 추방을 하는데 끝까지 살아남은 자에게는 많은 상금을 주는 프로그램이었습니다.

믿음이라고 하는 것은 오직 하나님의 말씀과 기도만으로 아무 것도 없는 세상에서 살아남는 프로그램입니다. 아브라함은 아는 사람도 없고 도와줄 사람도 없고 심지어는 심한 흉년까지 든 가나안 땅에서 하나님의 말씀과 기도만으로 살아남았습니다.

아브라함이 처음 가나안 땅에 와보니 그를 환영하는 사람은 한 사람도 없었습니다. 오히려 내가 잘못 온 것이 아닐까 싶을 정도로 아브라함에 대한 사람들의 태도는 무관심하거나 적대적이었습니다. 게다가 심한 흉년까지 겹쳤을 때 아브라함은 상당히 실망을 했던 것 같습니다. 그래서 너무나도 쉽게 약속의 땅을 버리고 애굽으로 내려갔다가 부인을 바로에게 빼앗기는 일을 당했습니다. 엄청난 실패입니다. 그러나 아브라함이 말씀을 붙들었기 때문에 하나님의 능력이 나타났습니다. 애굽의 바로는 사라에게 손을 대지 못했습니다. 왜냐하면 하나님께서 손도 대지 못하게 하셨기 때문입니다. 오히려 많은 재물과 가축을 주면서 사라를 내주고 애굽을 떠나라고 했습니다. 여기서 아브라함은 믿음의 놀라운 맛을 체험했습니다. 아브라함이 믿음으로 산다고 해서 어려움이 없어지는 것이 아니었습니다. 또 아브라함 자신에게 힘이 생기는 것도 아니었습니다. 그런데 믿음은 하나님의 능력이 나타나게 해서 애굽의 바로를 굴복시켰습니다. 아브라함이 발견한 믿음은 참으로 이상한 것이었습니다.

아브라함은 목축을 하는 사람이었는데 목축하는 사람에게는 목초지가 아주 중요했습니다. 그런데 자기 하인과 조카 롯의 하인들이 싸우는 바람에 문제가 생겼습니다. 아브라함은 목초지가 너무 좁아서 그렇다고 생각하고 조카에서 좋은 곳을 선택하라고 했습니다. 그랬더니 조카 롯이 야속하게도 최고로 좋은 소돔 들판을 선택했습니다. 아브라함은 어쩔 수 없어서 헤브론 골짜기로 들어갔습니다. 그런데 그 동안 전쟁이 터져 가나안 사람들은 모두 다 붙들려갔습니다. 그런데 쳐들어 온 사람들이 아브라함이 있는 헤브론 골짜기는 건드리지도 않았습니다. 아브라함은 자기 조카 롯이 붙들려갔다는 말을 듣고 따라가서 침략자들을 공격했는데 또 하나님의 능력이 나타나서 그 많은 적들을 다 이기고 사람들이나 물건들을 다 찾아오게 되었습니다. 믿음은 참으로 이상한 것입니다. 분명히 나는 아무 것도 할 수 없는데 하나님은 이기게 해주셨습니다.

아브라함에게 참으로 어려운 문제는 후손의 문제였습니다. 하나님께서는 아브라함에게 하늘의 별처럼 많은 후손을 주시겠다고 하셨는데 아브라함과 사라 두 사람이 모두 늙었을 때까지 자식을 주시지 않으셨습니다. 그래서 아브라함과 사라는 하나님의 말씀을 믿지 못하고 첩을 통해서 아이를 가졌습니다. 그러나 이 아이는 하나님의 주실 아이가 아니었습니다.

이제 아브라함과 사라가 더 늙어서 아이를 낳는다는 것은 절대 불가능하게 되었습니다. 그럼에도 불구하고 그들이 하나님의 말씀을 믿었을 때 말씀이 늙은 그들의 몸을 치료하기 시작했습니다. 그래서 결국 아브라함이 100세가 되었고 사라가 90세가 되었을 때 약속대로 아들을 낳게 되었습니다.

11절 믿음으로 사라 자신도 나이 늙어 단산하였으나 잉태하는 힘을 얻었으니 이는 약속하신 이를 미쁘신줄 앎이라 하나님의 말씀은 늙어서 자식을 전혀 낳을 수 없는 두 늙은이의 몸을 치료하고 아들을 낳게 했습니다. 하나님의 말씀은 능치 못한 것이 없었습니다. 아브라함이 자식이 없어서 포기하려고 했을 때 하나님께서는 아브라함을 밤에 밖으로 데리고 나가셔서 하늘의 수많은 별들을 헤아리게 하셨습니다. 그러면서 그의 후손들이 하늘의 별처럼 많아질 것이라고 하셨습니다. 바로 오늘 이 믿음의 자손들을 말하는 것입니다.

사실 아브라함과 사라의 믿음은 처음부터 완전한 것은 아니었습니다. 그들은 때로 실수를 하기도 하고 때로 하나님의 뜻을 잘 모르기도 했습니다. 그러나 이들은 자기들이 실패했을 때에도 하나님의 뜻이 분명하게 나타났을 때에는 자기 생각을 버리고 하나님의 말씀을 붙잡았습니다.

아브라함의 믿음에서 가장 클라이맥스는 독자 이삭을 하나님께 바치는 것이었습니다. 살아 있는 아들을 죽여서 하나님께 바치는 것은 모든 부분에서 맞지 않았습니다. 이것은 도덕적으로도 살인이요 특히 아버지가 죄 없는 자기 아들을 죽인다는 것은 이성적으로도 말이 안 되는 일입니다. 또 하나님께서는 이삭에게서 자손이 날 것이라고 약속을 하셨기 때문에 이삭은 죽을 수가 없습니다. 그럼에도 불구하고 하나님은 말이 되지 않는 말씀을 주시면서 이삭을 죽여서 번제로 바치라는 것이었습니다. 그런데 아브라함은 그 명령에 순종해서 이삭을 모리아 산 제단에 묶어서 죽이려 했습니다. 아브라함이 그 정도로 순종할 수 있었던 이유가 어디에 있을까요? 아브라함은 아무리 하나님의 말씀이 모순이 되어도 하나님의 말씀에는 길이 있다고 믿었기 때문입니다. 즉 하나님께서 이삭을 통해서 자식을 주신다고 하셨으면 이삭은 죽어도 하나님이 다시 살리실 것이라고 믿었기 때문입니다.

아브라함은 이 세상이 주는 모든 편안하고 안정된 삶을 거부하고 오직 하나님의 말씀과 기도만으로 어느 누구도 해낼 수 없는 위대한 믿음의 삶을 살았습니다. 그가 그렇게 할 수 있었던 것은 오직 하나님의 말씀에 자신을 다 맡겼기 때문입니다. 아브라함의 신앙은 철저하게 현실을 떠나는 신앙이었습니다.

어떻게 아브라함은 모든 것을 버리고 하나님의 말씀을 잡을 수 있었을까요? 그것은 아브라함 자신 속에 있는 죄성 때문이었습니다. 성경 말씀은 아브라함이 '하나님의 경영하시고 지을 터가 있는 성을 바랐기 때문'이라고 말씀하고 있습니다. 그가 그럴 수밖에 없었던 이유는 죄로 인한 내면적인 갈등이 있었고 불만족이 있었기 때문입니다.

아브라함은 안정된 생활에서 자기 자신을 찾을 수 없었습니다. 아브라함의 아내 사라는 아름다운 여성이었습니다. 그러나 아름다운 여성과의 결혼도 그에게 진정한 만족을 주지 못했습니다. 더욱이 그가 살고 있던 땅 사람들의 죄악은 더욱 더 아브라함으로 하여금 이 세상 현실에 안주할 수 없게 만들었습니다. 그러다가 아브라함은 인격적인 하나님을 만났고 말씀 안에 있는 새로운 세계를 알게 되었습니다. 그리고는 그 말씀 안에 자기 자신을 모두 다 던져버렸던 것입니다. 그 결과 아브라함의 삶에 하나님의 능력이 나타났고 하나님의 축복이 이루어졌으며 기적이 나타나게 되었습니다.

예수님께서 많은 사람들이 예수님을 버리고 떠날 때 제자들에게 너희도 가려느냐고 물으셨습니다. 그때 베드로가 말하기를 '영생하는 말씀이 주께 있사오니 우리가 뉘게로 가오리이까?'(요 6:68)라고 대답을 했습니다. 우리가 이 말씀에서 알 수 있는 것은 베드로나 다른 제자들이 예수님을 만나서 말씀을 듣기 전에는 이 세상 어떤 것으로도 만족하지 못하는 내면적인 갈등이 있었던 것입니다. 그러다가 예수님의 말씀을 듣고 비로소 그들은 자신의 가치를 되찾게 되었습니다.

모든 사람들이 진정으로 하나님을 만나기 전까지는 많은 돈이나 안정된 삶이나 아름다운 남자나 여성과의 결혼으로도 절대로 만족할 수가 없습니다. 우리 인간 내면 깊은 곳의 갈증은 죄가 주는 것이며 이것은 진정으로 하나님의 말씀으로 내 내면의 죄가 모두 다 씻어지기 전까지는 절대로 없어지지 않습니다. 그래서 사람들은 너무나도 속이 타니까 자꾸 술을 마시는데 술은 마시면 마실수록 더 속이 타게 되어 있습니다.

진정으로 자기 자신에게 정직한 사람은 절대로 이 세상에서 잘 사는 것이 행복이 아니라는 것을 인정할 것입니다. 왜냐하면 그것은 자기 자신을 속이는 것 밖에 되지 않기 때문입니다. 우리는 절대로 이 세상의 행복에서 만족할 수가 없습니다. 하나님의 말씀과 기도만으로 아무 것도 없는 곳에서 살아남아야 이것이 진정한 믿음이 되는 것입니다. 그때 하나님의 능력이 나타나고 기도가 응답되며 기적이 일어나게 됩니다.

성경은 아브라함이 늘 본향을 사모했다고 말씀하고 있습니다.

14-16절 이같이 말하는 자들은 본향 찾는 것을 나타냄이라 저희가 나온바 본향을 생각하였더면 돌아갈 기회가 있었으려니와 저희가 이제는 더 나은 본향을 사모하니 곧 하늘에 있는 것이라 그러므로 하나님이 저희 하나님이라 일컬음 받으심을 부끄러워 아니하시고 저희를 위하여 한 성을 예비하셨느니라

아브라함이 원했더라면 자기 땅이 있는 하란으로 돌아갈 수도 있었습니다. 그러나 그는 결코 옛 고향으로 돌아가지 않았습니다. 그 이유는 더 나은 고향을 찾았기 때문입니다. 그 고향은 주님이 계신 곳이었습니다.

아브라함이 그렇게 원했던 하나님의 도성을 예수님은 이 땅에 이루어지게 하셨습니다. 우리가 하나님의 말씀을 붙들고 살면 어느 곳이든지 기적이 일어나게 되고 우리는 위대한 삶을 살게 될 것입니다. 그래서 오늘 우리의 선택은 이 세상에 있는 것을 붙잡고 시시하게 살 것이냐 아니면 하나님

의 말씀의 능력을 믿고 모험을 하느냐 하는 것입니다. 우리가 하나님의 말씀을 전적으로 붙잡을 때 이 세상에서는 망하지만 하나님의 능력은 우리에게 나타나게 될 것입니다.

모세의 신앙

23-26절 믿음으로 모세가 났을 때에 그 부모가 아름다운 아이임을 보고 석달동안 숨겨 임금의 명령을 무서워 아니하였으며 믿음으로 모세는 장성하여 바로의 공주의 아들이라 칭함을 거절하고 도리어 하나님의 백성과 함께 고난 받기를 잠시 죄악의 낙을 누리는 것보다 더 좋아하고 그리스도를 위하여 받는 능욕을 애굽의 모든 보화보다 더 큰 재물로 여겼으니 이는 상주심을 바라봄이라

모세의 믿음은 자기 자신의 믿음보다는 어머니의 믿음에서부터 시작 되었습니다. 모세가 태어났을 때 애굽의 바로는 모든 이스라엘의 남자 아이는 나일 강에 던져 죽이라는 명령을 내렸습니다. 그러나 모세의 어머니는 믿음이 있는 여자였기 때문에 모세를 그런 식으로 죽이지 않았습니다. 그 대신 그가 키울 수 있을 때까지 키우다가 도저히 키울 수 없게 되었을 때 하나님께 맡겼습니다. 아이를 바구니에 넣어서 나일 강에 띄었는데 바로의 공주가 목욕을 하러 왔다가 바구니를 보고 아이를 건져낸 것입니다.

모세의 어머니는 모세를 죽이는 것보다는 바로의 공주의 아들로 입양되는 것이 낫다고 생각했습니다. 그렇게 했더니 모세가 자기에게 도로 돌아왔습니다. 즉 이 아이를 젖 뗄 때까지 젖을 먹여 달라는 것이었습니다. 모세의 어머니는 모세가 젖을 뗄 때까지 철저하게 신앙 교육을 시켜서 바로의 왕궁에 보냈습니다. 바로의 공주는 무남독녀이었기 때문에 바로의 양자는

애굽의 왕이 될 수도 있었습니다. 굳이 애굽의 왕은 아니라 할찌라도 모세는 가만히 있기만 해도 애굽의 모든 부와 권력과 호화로운 생활을 누릴 수가 있었습니다. 그러나 모세의 마음속에는 애굽의 죄악된 쾌락보다는 더 좋은 것을 택하고 싶었습니다. 그것은 결국 하나님의 말씀이 있는 백성을 택하고 싶었던 것입니다. 이 당시 애굽은 최고의 나라였고 최고의 학문과 최고의 영화를 누리던 시대였고 전 세계 사람들이 모두 애굽 시민이 되고 싶어할 때였습니다. 그러나 모세는 애굽의 그 모든 영화를 준다고 해도 자기 영혼의 욕구를 거부할 수는 없었습니다.

결국 이스라엘 사람을 도우려고 하다가 공사 감독 한 명을 죽이고 살인자가 되어서 미디안 광야로 추방되었습니다.

27절 믿음으로 애굽을 떠나 임금의 노함을 무서워 아니하고 곧 보이지 아니하는 자를 보는것 같이 하여 참았으며

여기 '임금의 노함' 이라고 하는 것은 애굽 왕은 모세가 이스라엘로 가는 것을 그렇게 노했다는 것입니다. 즉 모세가 그냥 애굽에서 주는 직책을 받고 시키는 대로 했더라면 애굽의 왕이나 그의 주위에 있는 사람들이 모두 모세를 좋아하고 칭찬을 했을 것인데 모세는 그 모든 사람들이 미워하고 싫어함에도 불구하고 이 천한 이스라엘 백성들을 택했던 것입니다. 그 이유는 그들에게 하나님의 말씀이 있었고 약속이 있었기 때문입니다.

그 후에 모세는 하나님의 말씀에 붙들린 사람이 되었습니다. 모세가 바로를 만나는 것은 목숨이 위험한 일이었지만 열 번 만나서 죽지 않고 모두 다 말씀의 능력으로 이겼습니다. 모세는 하나님의 말씀을 믿고 어린양의 피를 문에 발랐습니다. 그래서 장자 죽이는 재앙에서 모든 이스라엘 장자들을 살게 했고 이스라엘이 하나님의 장자가 되게 했습니다. 모세는 이스라

엘 백성들을 이끌고 건널 수 없는 바다 쪽으로 갔다가 바다가 갈라지는 능력을 체험했습니다. 모세는 말씀을 믿고 양식도 없고 물도 없는 광야로 백성들을 이끌고 들어갔다가 시내산의 기적을 체험했고 반석에서 물이 터지는 기적과 40년 동안 하나님께서 만나로 먹이시는 기적을 체험했습니다.

모세는 이 세상이 주는 모든 부귀영화와 직책을 조금도 귀한 것으로 생각지 않았습니다. 모세는 오직 하나님의 말씀에 자신의 상식이나 의지나 목숨까지 다 바쳤을 때 하나님의 전무후무한 기적을 체험하게 되었습니다.

오늘도 하나님의 능력은 아무에게나 주어지는 것이 아닙니다. 과감하게 이 세상이 주는 거짓된 영광과 자랑을 거부하고 오직 하나님 안에서 빈손이 되어서 새로 시작하는 사람에게 하나님의 능력의 지팡이가 주어지는 것입니다. 믿음으로 산 사람들의 특징이 이 세상의 부귀나 영화나 쾌락에 대하여 조금의 가치도 두지 않았다는 사실입니다.

믿음으로 산 사람들

성경에는 아브라함과 모세 외에도 믿음으로 살았던 많은 영웅들의 이야기가 기록되어 있습니다. 이 사람들은 사람 자체가 다른 사람과 달랐던 것이 아닙니다. 모두 우리와 똑같은 사람들이었고 오히려 우리보다 못한 사람들도 있었습니다. 그런데 말씀이 그들을 위대하게 만들었고 영원히 지워지지 않는 믿음의 삶을 살게 만들었습니다.

31-32절 믿음으로 기생 라합은 정탐군을 평안히 영접하였으므로 순종치 아니한 자와 함께 멸망치 아니하였도다 내가 무슨 말을 더 하리요 기드온, 바락, 삼손, 입다와 다윗과 사무엘과 및 선지자들의 일을 말하려면 내게 시간이 부족하리로다.

여호수아는 모세 같은 체험이나 능력이나 카리스마가 없는 사람이었습니다. 모세는 열 가지 재앙도 내리게 했고 시내산에 올라가서 돌비도 받아 오면서 얼굴에 빛도 났고 손에 가지고 있는 지팡이로 수많은 기적을 일으켰던 사람입니다. 그러나 여호수아는 모세가 가진 능력을 하나도 가지지 못했습니다. 그러나 여호수아는 오직 하나님의 말씀을 믿었더니 모세보다 더 큰 능력을 체험하게 되었습니다. 그것이 바로 여리고성을 손도 대지 않고 무너뜨린 것입니다. 또 하나님께서는 그 멸망의 성 중에 있는 한 성도 라합을 보시고 정탐꾼을 보내어 만나게 하셨습니다. 무엇 때문에 하나님께서는 이미 망하기로 작정하신 성에 정탐꾼을 보내시겠습니까? 거기에 믿음을 가진 사람이 있다는 것을 아셨기 때문입니다. 그런데 역시 믿음이 있는 사람은 달랐습니다. 라합은 이스라엘 정탐꾼을 살리고 멋지게 추격자들을 따돌렸습니다. 만일 그 사실이 발각이 되면 여리고에서 비참하게 처형이 될 텐데 라합은 그런 것을 조금도 두려워하지 않았습니다. 믿음이 있는 사람은 이 세상과 하나님 나라 사이에서 머뭇거리는 법이 없습니다. 결단을 내릴 때에는 놀라울 정도로 결단을 내리는 것입니다.

여기에 믿음의 영웅들은 모두 처음부터 훌륭했던 사람들이 아니었습니다.

기드온은 겁이 많은 겁쟁이였습니다. 바락도 대담하지 못해서 드보라가 전쟁하러 가라고 했을 때 혼자 가지 못하고 드보라가 가겠다고 해서 상을 여자에게 빼앗겼던 사람입니다. 삼손은 드릴라의 유혹에 넘어가서 두 눈알이 뽑히고 머리털이 밀렸던 사람입니다. 입다는 어머니가 이방 신전의 창녀였기 때문에 형제들에 의해 집에서 쫓겨났던 사람입니다. 다윗은 신하의 아내를 범함으로 큰 죄를 지었습니다. 그러나 이 사람들은 모두 자신의 의를 믿지 않고 하나님의 말씀만 붙듦으로서 최후 승리를 거두었습니다. 그래서 우리는 우리 자신의 잘한 것이나 못한 것을 의지하는 것이 얼마나 어리석은 것인지 알아야 합니다. 내가 과거에 잘했든지 못했든지 혹은 실수를 했더라도 지금 이 순간 오직 하나님의 말씀을 붙잡고 믿음에 굳게 설 때 하나님은 최후의 승리를 주시는 것입니다.

33, 34절 저희가 믿음으로 나라를 이기기도 하며 의를 행하기도 하며 약속을 받기도 하며 사자의 입을 막기도 하며 불의 세력을 멸하기도 하며 칼날을 피하기도 하며 연약한 가운데서 강하게 되기도 하며 전쟁에 용맹되어 이방 사람들의 진을 물리치기도 하며

여기서 일단 우리가 금방 알 수 있는 사람부터 생각해 봅시다. '사자의 입을 막은 사람' 은 누구일까요? 이 사람은 다니엘입니다. 그리고 '불의 세력을 멸한 사람' 은 누구일까요? 다니엘의 세 친구 사드락, 메삭, 아벳느고입니다.

이 중에서 연약한 가운데서 강해진 사람은 누구를 말할까요? 아마도 눈알 뽑힌 삼손을 말할 것입니다. 적의 진을 물리친 사람은 누구를 말할까요? 아마도 기드온을 말할 것입니다. 믿음으로 '약속을 받은 자' 는 누구일까요? 아마도 히스기야일 것입니다. 히스기야는 죽을 병에 걸렸다가 눈물로 기도한 결과 병의 치료와 십오 년의 생명을 연장 받았습니다. 그 약속의 증표가 얼마나 엄청났는가 하면 아하스의 일영표 그림자가 뒤로 물러가는 기적을 통해서 약속을 받았습니다.

'믿음으로 나라들을 이기기도 하며 의를 행하기도 했다' 는 것이 구체적으로 무엇을 의미하는지는 알 수 없습니다. 그러나 고대의 전쟁을 군사력으로 볼 것이냐 신앙의 눈으로 볼 것이냐 하는 것은 언제나 정치인들에게 갈등이었습니다. 그런데 이것을 끝까지 신앙의 눈으로 보고 하나님의 능력을 끌고 와서 불가능한 위기를 이긴 예들은 성경에서 많이 찾아볼 수 있습

니다. 특히 엘리사 같은 사람은 철저하게 전쟁을 신앙의 눈으로 보았던 사람입니다. 그래서 수리아 군대가 새카맣게 쳐들어 왔을 때에도 자기 종으로 하여금 하늘의 불 부대와 불 말들을 보게 했습니다. 또 적군의 장군 나아만이 나병에 걸렸을 때에도 오히려 치료를 해주어서 보내었습니다. '의를 행한다' 는 것은 전쟁을 신앙의 눈으로 보았다는 뜻입니다. 히스기야는 앗수르 군대 십팔만 오천 명이 쳐들어 왔을 때 끝까지 하나님을 의지함으로 활 하나 쏘지 않고 그 많은 군대를 물리쳤습니다. 이것이 믿음의 결과인 것입니다.

그래서 우리는 하나님 앞에 섰을 때 우리가 이 세상에서 행한 것으로 판단을 받게 될 것입니다. 우리는 세상 사람들이 사는 것처럼 해서는 칭찬과 상급을 받지 못할 것입니다. 우리는 세상 사람들이 사는 것과는 다르게 살아야 합니다.

그러나 우리에게 두려운 것이 있습니다. 그것은 성경을 보면 믿음으로 승리한 사람들의 이야기가 많이 기록이 되어 있지만 실제로는 위기에서 건짐을 받지 못하고 비참하게 죽은 사람들도 많이 있습니다. 물론 사망의 쏘는 것은 너무나도 고통스럽습니다. '사망아, 너의 쏘는 것이 어디 있느냐? 너의 이기는 것이 어디 있느냐?' 사망의 쏘는 것은 전갈의 침보다 더 고통스럽고 독사의 이빨보다 더 고통스럽습니다. 사망은 우리 주님도 쏘아서 고통스럽게 죽게 했고 성도들도 모두 쏘아서 죽게 했습니다. 그러나 사망이 우리를 쏠 수는 있지만 이길 수는 없습니다.

성경에 보면 세례 요한은 계집아이의 춤 값으로 목이 베여서 죽었습니다.

신약 성경에 유명한 사도 바울이나 베드로 모두 다 진리로 인하여 죽은 것으로 알려지고 있습니다. 그러나 주님을 위하여 그리고 진리를 위하여 죽는 것보다 더 영광스럽고 복된 것은 없을 것입니다. 왜냐하면 천국에서 상이 가장 큰 것은 주님을 위하여 그리고 진리를 위하여 죽는 것입니다. 마귀가 주님의 백성들을 죽이는 것은 사실 그들을 상 받게 해주는 것 밖에 되지 않습니다. 실제로는 우리를 도와주는 것입니다. 왜냐하면 죽음의 고통은 잠깐이고 그 후에는 무한한 영광과 축복과 상급이 있기 때문입니다.

35-38절 여자들은 자기의 죽은 자를 부활로 받기도 하며 어떤 이들은 더 좋은 부활을 얻고자 하여 악형을 받되 구차히 면하지 아니하였으며 또 어떤 이들은 희롱과 채찍질뿐 아니라 결박과 옥에 갇히는 시험도 받았으며 돌로 치는 것과 톱으로 켜는 것과 시험과 칼에 죽는 것을 당하고 양과 염소의 가죽을 입고 유리하여 궁핍과 환난과 학대를 받았으니 이런 사람은 세상이 감당치 못하도다. 저희가 광야와 산중과 암혈과 토굴에 유리하였느니라

하나님께서는 이 세상에서 100퍼센트 우리에게 좋은 결과만 주시지 아니하십니다. 왜냐하면 이 세상에 있는 복이 우리에게 주실 복의 전부가 아니기 때문입니다. 이 세상에 있는 것보다 확실히 하나님 앞에 가 있는 것이 훨씬 더 좋습니다. 그러나 우리는 아직 저 세상에는 가 본 적이 없기 때문에 조금이라도 더 이 세상에 있고 싶어 하고 기왕 이 세상에 있는다면 좀 더 많은 것을 누리고 편하게 살고 싶어 하는 것이 우리의 본성입니다.

그러나 우리가 좀 더 천국의 소망이 분명해지면 이 세상의 고통은 정말 잠깐이고 그 고통과 말할 수 없는 영광과 축복과 기쁨이 우리를 기다리고 있다는 것을 알게 될 것입니다.

여기에 보면 '악형을 당한 자' 가 나오는데 이것은 묶어 놓고 고문을 해서 죽이는 것을 말합니다. 옛날에는 반역자를 죽일때 절대로 편하게 죽이지 않습니다. 말할 수 없는 고통을 주어서 비참하게 죽이는 것입니다. 그런

데 놀라운 것은 어느 정도 이상 고통을 주면 더 이상 고통이 느껴지지 않고 천국의 영광이 보이게 됩니다. 톱으로 죽이는 것은 이사야를 죽인 방법으로 알려지고 있는데 이것은 고통의 시간을 길게 하는 것입니다. 돌에 맞아 죽은 사람들도 있었는데 스데반도 돌에 맞아 죽었고, 예레미야도 애굽까지 붙들려가서 돌에 맞아 죽은 것으로 알려져 있습니다. 그리고 많은 사람들은 사회에서 추방이 되어서 광야나 산이나 굴 같은데서 사회적인 신분이나 직책을 다 빼앗기고 외롭게 살다가 죽기도 했습니다.

그런데 무엇이라고 말씀하고 있습니까?

39, 40절 이 사람들이 다 믿음으로 말미암아 증거를 받았으나 약속을 받지 못하였으니 이는 하나님이 우리를 위하여 더 좋은 것을 예비하였은즉 우리가 아니면 저희로 온전함을 이루지 못하게 하려 하심이니라

이 사람들은 모두 증거만 받았지 약속은 받지 못하였다고 말씀하고 있습니다. 즉 하나님의 나라의 말씀만 들었지 실제로 구체적으로 성취되는 것은 보지 못한 것입니다. 그런데 모두 우리가 아니면 온전할 수 없다고 했습니다. 이것은 지금 우리의 믿음이 얼마나 중요한 것인지 보여주는 것입니다. 이 사람들은 먼저 달렸지만 골인 지점을 보지도 못하고 달렸는데 우리는 골인을 하고 또 더 많은 것을 실현하는 사람이라는 뜻입니다.

즉, 구약의 성도들은 축구 선수로 치면 월드컵 경기에 출전하지 못하고 언젠가는 출전할 것을 기대하면서 준비하던 자들이라면 우리는 예선을 통과해 본 경기에 정식으로 출전한 사람들입니다. 모두 우리의 멋진 플레이를 기대하고 있는데 옛날 성도들만큼도 플레이를 하지 못하는 것은 아직 세상 욕심에서 벗어나지 못했기 때문입니다. 이제 우리 자신을 훈련시켜서 구약 성도들보다 더 멋진 믿음의 삶을 살 수 있도록 해야겠습니다.

우리가 믿음으로 나가면 아브라함이나 모세나 엘리야보다 더 큰 믿음의 삶을 살 수 있을 것입니다. 우리는 삼손이나 사무엘보다 더 엄청난 성령의 능력을 받은 사람들입니다. 이제 우리가 해야 할 것이 무엇입니까? 우리가 과감하게 이 세상의 틀을 깨는 것입니다. 이 세상의 행복의 조건이나 의의 조건을 다 깨어버리고 무조건 하나님의 능력과 의를 위하여 미친 듯이 달려 나가는 것입니다.

우리는 결코 이 세상의 자랑이나 영광에 속아서는 안 됩니다. 그런 사람을 부러워해서도 안 되겠습니다. 우리에게 주어진 이 귀한 믿음의 생애를 한 평생 후회하지 않을 곳에 투자하셔서 큰 상을 받으시기를 바랍니다.

CHAPTER • 15

믿음의 경주

히브리서 12:1-13

요즘 전 세계적으로 스포츠가 가지는 위력은 대단한 것 같습니다. 특히 우리나라 같은 경우에 사람들이 하나가 된다고 하는 것이 얼마나 어려운 일인지 모릅니다. 정치는 언제나 여당과 야당이 갈라져서 머리가 터지도록 싸우고 사회적으로도 이해관계가 다른 집단끼리 끊임없이 논쟁을 하고 다투고 있습니다. 그런데 놀라운 것은 월드컵 축구나 야구 같은 큰 대회가 있으면 온 국민들의 마음이 하나가 되면서 '대~한민국!'을 부르짖는 것입니다. 요즘도 월드컵 경기나 한일축구전 같이 큰 경기가 벌어지면 거리가 한산해지면서 사람들은 아예 텔레비전 앞에 붙어 앉아서 경기를 볼 준비부터 합니다. 그런데 옛날 기록을 보면 부흥이 일어났을 때가 이와 비슷했던 것을 알 수 있습니다.

옛날에 어떤 사람이 쓴 일기를 보면 유명한 설교자 조지 휫필드가 가까운 동네에 와서 설교한다는 소식을 듣고 농부는 일하던 쟁기를 그대로 밭에 팽개치고 집으로 달려가 부인을 말에 태워서 전 속력으로 집회가 열리는 교회로 달렸다는 것입니다. 그런데 말이 지치니까 말에서 내려서 뛰어갔는데 고개를 넘어가니 온 도시에 안개가 피어오르더라는 것입니다. 그런데 자세히 보니까 안개가 아니고 사람들이 타고 온 말이 일으키는 먼지였습니다. 얼마나 많은 사람들이 말을 타고 달려오는지 도시가 먼지로 덮였고 강에는 배들이 수도 없이 왔다 갔다 하면서 사람들을 예배당으로 날랐는데 교회에 올 때까지 말하는 사람들이 없었다고 합니다. 모두 조금이라도 늦을까봐 다른 사람들과 말도 하지 않고 예배당으로 달려갔는데 예배 시간에 시내에서는 사람의 그림자를 찾아볼 수도 없었다고 기록하고 있는 것을 보았습니다.

이제는 운동 경기의 위력이 얼마나 대단한가 하면 운동 경기가 열리는 운동장에 수만 명의 사람들이 모이게 하고 전 국민을 텔레비전 앞에 앉아서 목이 터져라 응원하게 합니다. 이기면 기뻐서 울고 지면 전 국민을 비통하게 만드는 것이 스포츠 경기입니다. 그래서 요즘은 애국하는 길이 옛날 일제 시대처럼 독립군을 조직해서 총과 칼로 싸우는 것이 아니라 축구나 야구, 스케이트를 잘해서 세계 최고가 되는 것이 진정한 애국을 하는 시대가 되었습니다.

오늘 성경 말씀은 우리의 믿음의 경주를 운동 경기에 비유해서 말씀하고 있습니다. 특히 운동 경기 중에서도 장거리 마라톤에 비유해서 말씀을 하고 있습니다. 올림픽 경기를 하면 많은 경기 종목이 있지만 그럼에도 불구하고 가장 마지막에 하는 경기는 마라톤입니다. 이것은 마라톤이 가장 많은 인내를 요구할 뿐 아니라 인간의 한계를 시험하는 가장 힘든 종목이기 때문에 그런 것 같습니다. 그래서 전 세계는 마라톤에서 우승한 사람에게 최고의 명예를 안겨 줍니다.

우리의 믿음 생활이 어려운 이유는 이것이 단거리로 끝나는 경기가 아니라 한 평생을 통해서 달려야 하는 영적인 마라톤이기 때문입니다. 우리는 바른 목표를 정해서 끝까지 쉬지 말고 계속 달려야 메달을 목에 걸 수 있을 것입니다. 중간에 넘어져도 안 되고 쉬어도 안 되고 더욱이 포기해서도 안 됩니다. 바른 목표를 가지고 옆이나 다른 곳을 돌아보지 않고 끝까지 달려야 상을 얻을 수 있는 것입니다.

믿음의 경주

1절 이러므로 우리에게 구름 같이 둘러싼 허다한 증인들이 있으니 모든 무거운 것과 얽매이기 쉬운 죄를 벗어 버리고 인내로써 우리 앞에 당한 경주를 경주하며

이 세상에 많은 경기가 있지만 그 경기가 중요한 경기인지 아니면 시시한 경기인지는 동원되는 관중을 보면 알 수 있습니다. 아무리 사람들이 축구나 야구를 좋아한다 하더라도 아마추어 경기나 별로 실력이 없는 팀들이 경기를 할 때에는 거의 관중들이 오지 않습니다. 그래서 선수들은 텅 빈 관중석을 두고서 자기들끼리 경기를 해야 합니다. 그러나 세계적인 팀끼리 경기를 하거나 아니면 국가 간에 도저히 피할 수 없는 한판의 승부를 벌려야 할 경우에는 경기가 시작하기도 전부터 수많은 관중들이 몰려와서 응원을 합니다.

그런데 오늘 성경 본문에서 히브리서 저자는 이 세상에서 가장 중요한 경기가 바로 우리 믿는 사람들이 펼치는 믿음의 경주라고 말씀하고 있습니다. 왜냐하면 우리의 이 믿음의 경주에는 구름같이 많은 증인들이 우리를 둘러싸고 응원을 하고 있기 때문입니다. 우리가 천국 갔을 때에는 올림픽 금메달 선수나 혹은 월드컵 경기의 우승 같은 것은 아무도 관심을 갖지 않을 것입니다. 천국에서 가장 인기가 있고 가장 큰 명예가 주어지는 경기는 바로 지금 우리가 펼치고 있는 믿음의 경기인 것입니다.

여기서 우리는 몇 가지를 생각해 보게 됩니다. 우선 첫째로 우리의 눈에

는 우리를 응원하는 사람이 아무도 보이지 않고 또 우리가 믿음 생활을 열심히 하거나 혹은 게으르게 한다고 해서 알아주거나 관심을 가져주는 사람이 없는 것 같다는 것입니다. 그런데 어떻게 우리에게 구름같이 둘러싼 많은 증인들이 있으며 또 우리의 믿음 생활이 큰 상과 명예가 걸린 큰 경기라고 생각할 수 있겠습니까? 이것이 우리의 문제입니다. 우리의 가장 심각한 문제는 막상 경기를 해야 하는 선수들 자신이 경기를 모르고 있다는 사실입니다. 경기의 목표도 모르고 경기의 룰도 모르고 자기를 응원하고 있는 사람들도 모르고 경기를 우승한 사람에게 주어지는 명예나 상도 모르고 있습니다.

어떤 의미에서 이것 자체가 하나님이 하신 것입니다. 하나님께서는 우리 인간들이 이 세상에 태어났을 때에도 인생의 사는 목적이나 인생의 심각한 문제를 일일이 사람들에게 가르쳐주시지 않으십니다. 오직 각자가 이 세상을 살면서 인생의 문제를 알아야 하고 영생의 길을 찾아야 하는 것입니다. 그래서 우리 인간들은 이 세상에 태어난 자체가 엄청난 기회이기도 하고 자칫 잘못하면 엄청난 불행이기도 한 것입니다. 사람들이 이 세상에 태어나서 돈을 벌고 학문적으로 성공하고 정치적으로 유명하게 되는 것이 절대로 성공한 것이 아닙니다. 누구든지 이 세상에 태어난 사람에게 가장 중요한 것은 하나님을 만나서 믿는 것입니다. 하나님을 알고 죄 씻음 받는 것이 인간에게 가장 중요한 일입니다. 이것이 안 된 상태에서 돈을 많이 벌고 세상적으로 유명해지는 것은 스스로 속는 것입니다. 그런데 우리가 하나님을 알고 새 생명을 얻었다고 해서 모든 것이 다 끝난 것은 아닙니다. 우리가 이 세상에 살면서 얼마나 하나님을 기쁘게 해드렸으며 믿음으로 살았느냐 하는 것에 대하여 하나님의 상급이 있습니다. 이것을 오늘 말씀은 믿음의 경주로 비유하고 있습니다.

이것은 어떤 의미에서 처음 예수 믿는 것보다 더 어렵다고 볼 수 있습니다. 우리가 하나님을 믿고 새 생명을 얻는 것은 예수만 믿으면 됩니다. 오직 예수만 믿고 죄를 회개하면 새 생명을 얻습니다. 그런데 도대체 이 믿음의 경주는 어디를 어떻게 달려야 하는 것일까요? 우리에게는 달려갈 길도 보이지 않고 심판도 보이지 않고 경기를 운영하는 사람들도 보이지 않습니다. 그런데 이것이 무슨 경기입니까? 그러나 이것이야말로 이 세상에서 가장 중요한 믿음의 경기인 것입니다.

우리 신앙은 항상 양면적입니다. 즉 하나는 우리가 믿음으로 의롭다 함을 얻었으면 또 하나는 우리가 이 세상에서 믿음으로 살아가야 하는 것입니다. 우리가 믿음으로 의롭다 함을 얻는 것이 새 생명을 얻는 것이라면 믿음으로 이 세상을 살아가는 것이 믿음의 경주를 하는 것입니다. 우리 믿음의 경주는 어떤 일을 많이 하는 것도 아닙니다. 우리 믿음의 경주는 열심을 많이 내는 것도 아닙니다. 믿음의 경주라고 하는 것은 하나님의 뜻을 잘 깨닫고 평생에 걸쳐 열심히 그 뜻을 이루어드리는 것입니다.

그것을 위해서 오늘 본문 말씀은 예수님을 예로 들고 있습니다.

2절 믿음의 주요 또 온전케 하시는 이인 예수를 바라보자 저는 그 앞에 있는 즐거움을 위하여 십자가를 참으사 부끄러움을 개의치 아니하시더니 하나님 보좌 우편에 앉으셨느니라

예수님은 이 세상에서 큰 전쟁에 이기지 않았습니다. 예수님은 이 세상에서 큰 나라를 세우지도 아니하셨고 많은 민족을 정복하지도 않으셨습니다. 예수님은 아버지께서 자신에게 원하시는 것이 오직 십자가인 줄 아시고 열심히 십자가의 길만 향하여 걸어가셨습니다. 그래서 예수님은 결국 십자가 위에서 죽으셨고 그 결과 하나님의 능력을 일으켜서 죽음에서 살아나시고 하나님의 보좌 우편에 앉으신 것입니다.

우리의 믿음의 경주는 우리 한 사람 한 사람을 향한 하나님의 뜻을 알아서 그것을 열심히 이루어드리는 것입니다. 그래서 우리가 믿음의 경주를 제대로 하기 위해서는 지금 이 순간에도 열심히 나를 향한 하나님의 뜻을 찾아야 합니다. 우리가 하나님의 뜻을 아는 방법은 군대의 통신 방법과 비슷합니다. 군인들이 작전할 때 자기 마음대로 해서는 안 되고 모든 것을 무전으로 본부에 물어서 본부에서 시키는 대로 해야 합니다. 우리는 하나님과 두 가지 방법으로 의사소통을 합니다. 우리가 하나님께 물어볼 때에는 기도로 물어보고 하나님의 대답은 성경에서 찾아야 합니다. 마치 간첩들이 통신을 할 때 알리는 것은 무전으로 알리고 아는 것은 암호문을 해독하는 것과 같습니다.

우리는 경기를 하듯이 이것을 해야 합니다. 하나님께 기도로 나의 처지나 형편을 말하고 지금 내가 어떻게 해야 하는지 하나님께 물어보아야 합니다. 그리고 그 답은 성경에서 하나님의 말씀으로 찾아야 하는 것입니다. 이것이 안 되는 사람은 일단 경기를 포기하고 있는 사람으로 보아야 합니다.

그런데 우리가 하나님의 뜻을 이루어 드리는데 많은 장애가 있다는 것을 알아야 합니다. 1절 후반에 '모든 무거운 것과 얽매이기 쉬운 죄를 벗어버리고 인내로써 우리 앞에 당한 경주를 경주하며' 라고 했습니다.

운동선수는 당연히 최소한도의 운동복만 입고 게임에만 몰두를 해야 할 것입니다. 운동선수가 여러 가지 짐을 잔뜩 지고 시합을 한다면 절대로 이길 수가 없을 것입니다. 그런데 우리에게는 무거운 것도 많고 얽매이기 쉬운 것도 많습니다. 우리에게 가장 무거운 짐이 이 세상에서 성공하고 많은 사람들로부터 인정받고 싶은 욕망일 것입니다. 이 세상에는 너무나 좋은 것이 많고 또 그것을 가지기만 하면 편하게 귀족적으로 살 수 있습니다. 그런데 하나님의 뜻은 알기도 어려운데다가 이 세상의 모든 성공과 출세와 인정받는 것을 포기해야 이 믿음의 경주를 할 수 있습니다. 우리는 앞으로 달려가야 하는데 뒤에서 우리를 잡아당기는 세상의 힘이 보통 센 것이 아닙니다. 그래서 우리가 믿음의 경주를 하는데 가장 큰 걸림돌은 바로 우리가 살고 있는 이 세상 자체라는 것을 알아야 합니다. 이것을 어떻게 포기해야 하느냐 하는 것이 우리의 믿음의 경주에서 가장 큰 관건이 되는 것입니다.

그리고 또 어려운 것이 '얽매이기 쉬운 죄' 가 있습니다. 우리는 겉으로 보기에는 모두 멀쩡한 것 같지만 속으로는 과거의 죄에 대한 죄책감과 현재의 좋지 못한 습관들이 모두 쇠사슬처럼 우리를 감고 있어서 앞으로 달려 나갈 수가 없습니다. 우리가 제대로 앞을 향하여 달려가려면 과거의 죄책감에서도 놓여나야 하고 여러 가지 좋지 못한 죄의 습관에서도 풀려나야 하는데 우리 힘으로는 이것이 불가능한 것입니다.

그런데 신앙의 위대한 점이 바로 여기에 있습니다. 우리의 마음속에 성령이 임하시고 하나님의 은혜가 임하면 그 재미있는 세상을 뒤로 하고 또 놀고 싶고 쉬고 싶은 자신을 스스로 채찍질해서 이 믿음의 길을 가는 것입니다. 이렇게 되기 위해서 우리에게는 하나님의 큰 은혜가 필요합니다.

하나님께서는 우리를 에워싸고 있는 구름같이 많은 증인들을 준비해 주셨습니다. 이 사람들은 우리가 지금 가고 있는 길이 옳은 길이며 바른 길을 가고 있다는 것을 증거해주는 사람들입니다. 그 사람들이 누구입니까? 성경에 나타나 있는 모든 사람들입니다. 우리가 성경을 읽으면 성경 속에 있는 인물들이 밖으로 튀어나와서 우리를 응원하게 될 것입니다. 모세도 엘리야도 다윗도 사도 바울도 우리 옆으로 튀어나와서 우리가 바른 길을 가고 있으며 잘 하고 있다고 격려를 할 것입니다. 지금 우리는 혼자서 이 믿음의 길을 달려가고 있는 것이 아닙니다. 우리는 수많은 믿음의 영웅들과 함께 이 길을 달려가고 있는 것입니다.

지금도 이 증인들은 우리를 에워싸고 있습니다. 즉 다른 사탄이나 적들이 이 믿음의 달음질을 방해하거나 해치지 못하도록 우리를 말씀의 능력으로 에워싸고 있습니다. 그리고 천국 문 앞에 이 많은 무리들이 서서 우리를 기다리고 있을 것입니다.

우리나라 선수들이 외국에 나가서 큰 경기를 하면 사람들은 거의 대부분 하던 일을 멈추고 텔레비전 앞에 앉아서 열심히 응원을 할 것입니다. 제 생각에는 천국에서도 이 세상의 모든 일은 세세하게 알려지지 않는다 하더라도 아주 중요한 일들은 중계가 될 것으로 생각합니다. 그래서 어느 누가 믿음의 큰 싸움에서 이기고 있다면 천국의 성도들도 크게 박수를 치면서 좋아할 것입니다. 우리는 천국에서 시시한 사람이 되어서는 안 되겠습니다. 천국에 있는 성도들이 우리가 하는 믿음의 싸움을 보고 실망해서 '저 선수를 빼버렸으면 좋겠다' 고 소리를 치게 해서는 안 되겠습니다.

우리가 고난 가운데 굴복하지 않고 끝까지 믿음으로 인내해서 성공하면 천국의 성도들이 환호하며 좋아할 것입니다. 우리가 이 세상에서 마귀의 세력을 물리치지 못하고 질질 끌려 다니고 있다는 소식을 듣는다면 천국의 성도들은 모두 자리에서 일어서서 '어서 한 방을 먹여라!' 고 소리를 칠 것입니다. 우리는 이 세상에서 가장 중요한 경기를 하고 있는 사람들입니다. 절대로 약한 마음을 먹어서는 안 되며 절대로 현실과 타협해서도 안 되며 목숨을 걸고 믿음의 경주를 싸워야 하는 것입니다.

믿음의 경주를 위해서 생각해야 할 것

우리가 이 믿음의 경주를 하는데는 생각보다 많은 어려움이 있습니다.

그 중 하나가 이 길은 바보들이 가는 길이라는 것입니다. 세상 사람들이나 주위 사람들이 보기에 너무나도 잘 살 수 있고 편하게 살 수 있는 길이 눈앞에 뻔히 보이는데도 불구하고 굳이 사서 고생을 해 가면서 믿음의 길을 걷는 사람들을 보면 너무나도 미련하고 바보스럽게 보이는 것입니다.

특히 우리도 사람이기 때문에 다른 사람들에게 인정받고 싶고 특히 가족이나 가까운 사람들에게 칭찬을 받고 싶어 합니다. 그러나 믿음의 길은 가까운 사람들이나 나를 기대하는 사람들을 실망시키는 길인 것입니다. 그리고 또 하나는 하나님의 뜻이 당장 우리에게 나타나는 것이 아니고 시간이 지나야 나타날 때도 있습니다. 이럴 때에는 하나님의 뜻도 모르고 세상 일도 못하고 무작정 기다려야 할 때도 많이 있습니다.

2절 믿음의 주요 또 온전케 하시는 이인 예수를 바라보자 저는 그 앞에 있는 즐거움을 위하여 십자가를 참으사 부끄러움을 개의치 아니하시더니 하나님 보좌 우편에 앉으셨느니라

이 믿음의 경주는 자기가 많은 것을 붙들고 큰 소리를 치는 것이 아닙니다. 이 믿음의 경주는 자기는 가진 것이 없이 하나님의 복을 끌고 와서 다른 사람을 행복하게 만드는 경기입니다. 즉 세상 사람들은 이 세상을 살면서 할 수 있으면 이 세상에 있는 것을 많이 가짐으로 행복을 누리려고 합니다. 그러나 그것은 욕심입니다. 진정한 복은 하늘에 있습니다. 그래서 예수님께서는 하늘의 복을 가져오시기 위해서 십자가에 죽으신 것입니다. 그래서 우리가 해야 하는 것도 세상에 있는 것을 많이 가지려고 하지 말고 하나님의 복이 다른 사람에게 많이 부어지게 하고 다른 사람들을 많이 행복하게 해야 합니다. 그렇게 하려면 내 자신을 말씀에 쳐 복종시켜야 합니다.

그래서 우리는 이 세상의 많은 것을 가지지 못하는 부끄러움을 참아야 합니다. 왜냐하면 우리가 이 세상의 것을 많이 가지면 하늘의 축복이 나를 통해서 올 수 없기 때문입니다. 그러나 이 세상에 많은 복이 임하게 하면 우리에게도 복이 오게 되어 있습니다. 왜냐하면 오병이어의 기적처럼 먹고 남은 광주리만 해도 열두 광주리가 되기 때문입니다.

예수님은 우리가 모두 구원받고 축복받는 즐거움을 위해서 모든 것을 다 참으셨습니다. 또 자기 자신을 철저하게 부인하셨습니다. 나중에는 가장 끔찍한 방법으로 죽으셨습니다. 그리고 그 결과 하나님의 용서와 축복이 이 세상에 부어지게 하시고 최고의 자리에 앉으신 것입니다.

또한 우리에게 가장 힘든 것은 이것을 한두 번이 아니고 세상 끝날까지 계속 해야 한다는 사실입니다. 우리가 이 믿음의 길을 가는 것은 끊임없는 긴장의 연속입니다. 우리에게 가장 힘든 것은 바로 이 부분일 것입니다. 어떻게 죽을 때까지 계속 긴장을 하면서 성령의 열매와 축복의 열매를 맺을 수 있을까 하는 것입니다. 그러나 우리는 긴장하고 있을 때가 가장 아름답고 긴장하고 있을 때가 가장 순수합니다. 만일 우리가 긴장을 풀어버린다면 그때부터는 아무런 매력도 없고 힘도 없을 것입니다. 그러나 성령님은 우리를 언제나 싱싱하게 유지시켜 줍니다.

특히 우리는 하나님의 뜻을 바로 알지 못할 때가 많습니다. 예수님께서도 나이가 삼십이 될 때까지 조용히 기다리셨고 요셉도 애굽의 총리가 될 때까지 오랫동안 노예로 고생을 해야만 했습니다. 그러나 우리가 모르는 가운데서도 하나님의 뜻은 이루어지고 있다는 것을 알아야 합니다.

우리를 향한 하나님의 뜻은 마치 거대한 모자이크 그림을 만드는 것과 같습니다. 처음에는 그림이 모두 조각으로 나누어져 있기 때문에 지금 내가 그리고 있는 부분이 어느 부분인지 모릅니다. 열심히 붙여 나가다 보면 어느 순간에 거대한 전체적인 윤곽이 드러나게 됩니다.

3절 너희가 피곤하여 낙심치 않기 위하여 죄인들의 이같이 자기에게 거역한 일을 참으신 자를 생각하라

우리는 하나님의 뜻을 모른다고 급히 소리를 지르지만 사실 오늘 이렇

게 하나님의 자녀로 만드시고 하나님의 백성으로 만들기까지 하나님은 너무 오래 기다리고 너무 오래 수고를 하셨습니다. 우리는 지금 준비가 안 되어 있다고 생각할지 몰라도 이 정도까지 되는 데만 해도 하나님은 너무나 공을 많이 들이셔서 우리를 만드신 것입니다. 지금 우리가 이 정도인 것만 해도 대단한 것입니다. 하나님께서는 그 동안 우리를 세상적인 것을 많이 가지는 쪽으로 훈련하지 않으시고 하나님의 은혜를 받을 수 있는 능력으로 훈련을 시키셨습니다. 그래서 우리가 이 정도의 믿음을 가진 것으로도 충분히 기적과 능력을 일으킬 수 있습니다. 우리는 우리가 가진 것을 생각하면 안 됩니다. 우리는 오직 믿음으로 하나님의 능력과 축복을 가져올 수 있어야 합니다.

그리고 우리는 죽을 각오를 하고 주님의 일을 해야 합니다.

4절 너희가 죄와 싸우되 아직 피흘리기까지는 대항치 아니하고

어떤 분은 4절은 권투 선수의 경기를 예를 들어 설명하고 있다고 말합니다. 즉 권투 선수들이 링 위에서 공이 울리면 저돌적으로 파고들어서 피를 흘리면서 경기를 해야 하는데 맞지 않으려고 링 주위를 빙빙 돌면 결국 상대방의 공격을 받아서 쓰러지게 된다는 것입니다.

어쩌면 히브리서를 받아보고 있는 교인들이 핍박을 당하기는 했지만 아직 순교자가 나지 않은 것에 대하여 말씀을 하고 있는지도 모르겠습니다. 우리가 죄와 싸우는데 가장 좋은 방법은 죽을 각오를 하는 것입니다. 죄라고 하는 거머리는 얼마나 질긴지 점잖은 방법으로는 절대로 떨어지지 않습니다. 오직 죽을 각오를 하고 싸우면 '아, 내가 여기 붙어 있어봐야 덕 볼 것이 없구나' 하고 떨어져 나가게 되는 것입니다.

술이나 다른 죄의 유혹을 끊는 것도 점잖은 결심으로 언젠가는 떨어져

나가겠지 하고 여유를 주면 절대로 해결되지 않습니다. 하나님께서 한번 망신을 당하게 하셨을 때 아예 죽을 각오를 하고 덤벼들면 그때서야 해결되게 되어 있습니다. 그래서 그리스도인들은 믿음의 경주를 할 때에도 죽을 각오를 하고 덤벼들면 반드시 길이 열리게 되어 있습니다.

그러나 때로는 모든 것을 다 걸때 부작용이 생길 경우도 있습니다. 예를 들어, 전혀 중요하지 않은 사소한 일에 목숨을 걸 때 우리는 굉장히 좋지 못한 결과를 맞이하게 될 것입니다.

예수님께서도 말씀하시기를 '온유한 자는 복이 있나니 저희가 땅을 기업으로 차지할 것임이라'고 하셨습니다. 덜 중요한 것에 피를 흘리는 자세로 해서는 안 됩니다. 우리는 오히려 덜 중요한 것은 온유한 마음으로 다 양보하는 것이 좋습니다. 그러나 내 자신과 다른 영혼을 위해서 가장 중요한 것은 절대로 양보해서는 안 되고 피를 흘리기까지 사력을 다해야 하는 것입니다. 우리는 바른 복음을 지키기 위해서 피를 흘려야 합니다. 우리는 죄를 물리치기 위해서 자기 자신의 피를 흘리는 각오를 해야 합니다.

고난 중에 하나님을 신뢰해야

우리도 사람의 욕심과 정욕을 가지고 있기 때문에 저절로는 이 믿음의 길을 갈 수 없습니다. 그래서 하나님께서는 우리가 붙들고 절대로 포기하지 않으려고 하는 욕심에서 우리를 떼어놓으십니다. 그리고 난 후에도 우리는 기회만 있으면 자꾸 세상 욕심으로 돌아가려고 하는데 끝까지 돌아가지 못하도록 막으셔야 합니다. 이것을 오늘 본문 말씀은 '징계'라고 말씀합니다.

즉, 우리가 끝까지 믿음의 길을 갈 수 있는 것은 우리의 믿음이 좋아서가 아니라 하나님께서 우리가 세상 욕심으로 가지 못하도록 끝까지 막으시기 때문입니다. 그래서 우리가 아무리 끝까지 믿음의 경주를 했다 하더라도 이것은 우리의 능력이 아니고 주님의 능력인 것입니다.

그래서 우리는 하나님 앞에서 주님이 우리 머리에 면류관을 씌워주실 때 우리가 그것을 도로 벗어서 주님께 던진다고 말씀하고 있습니다. 왜냐하면 우리는 결코 면류관을 쓸 자격이 없기 때문입니다.

그래서 우리는 하나님께서 내가 좋아하는 세상의 돈이나 명예나 자랑거리들을 빼앗아 가실 때에도 하나님을 신뢰해야 합니다. 또 내가 그렇게 바라던 것들을 하나님께서 주시지 않으셔도 우리는 하나님을 신뢰해야 합니다.

5-8절 또 아들들에게 권하는 것 같이 너희에게 권면하신 말씀을 잊었도다 일렀으되 내 아들아 주의 징계하심을 경히 여기지 말며 그에게 꾸지람을 받을 때에 낙심하지 말라 주께서 그 사랑하시는 자를 징계하시고 그의 받으시는 아들마다 채찍질하심이니라 하였으니 너희가 참음은 징계를 받기 위함이라 하나님이 아들과 같이 너희를 대우하시나니 어찌 아비가 징계하지 않는 아들이 있으리요 징계는 다 받는 것이거늘 너희에게 없으면 사생자요 참 아들이 아니니라

하나님께서 우리를 마음대로 세상으로 나가게 하지 않는 이유는 우리가 하나님의 친 자식이기 때문입니다. 만일 우리가 세상 욕심대로 나가도 하나님께서 내버려 두신다면 우리는 하나님의 자녀가 아닌 것입니다.

부모는 자식을 키우면서 때리게 되어 있습니다. 왜냐하면 아무리 사랑하는 자식이라 하더라도 그 속에 고집도 있고 거짓도 있고 나쁜 것이 있기 때문입니다. 아이들 속에 있는 이 다듬어지지 않은 죄성은 부모만이 바로 잡을 수가 있습니다. 그러나 친부모라도 이것을 바로 잡기란 쉽지 않습니다.

예를 들어, 아이를 사랑한다고 나쁜 버릇을 내버려두면 아이는 정말 어

느 누구의 말도 듣지 않는 버릇없는 아이가 되고 말 것입니다. 그렇다고 매일 때리고 야단만 친다면 더 난폭한 아이가 되고 말 것입니다. 그래서 우리에게 필요한 것이 '책임을 지는 사랑' 입니다. 이 '책임을 지는 사랑' 을 구약 성경에서는 '헤쎄드' 라고 부르는데 내 목숨을 걸고 상대방을 책임지는 것입니다. 이런 징계가 없으면 사생자라고 했는데 자기 친 부모가 아니면 책임을 지는 사랑을 하지 못합니다. 야단을 칠 수도 있고 잘 해줄 수는 있지만 상대방이 알아들을 수 있도록 야단을 치면서도 사랑을 하고 사랑을 하면서도 상대방을 바르게 키우려고 하는 이런 사랑이 없습니다.

그래서 너무 잘해주는 것도 좋은 것이 아니고 너무 야단만 치거나 때리는 것도 좋은 것이 아닙니다. 상대방을 내 목숨보다 더 사랑하는 마음으로 알아들을 수 있도록 가르칠 때 먼저 그 마음이 감동이 되면서 그 책망을 받아들이게 되는 것입니다.

그래서 히브리서 저자는 육신의 부모가 자식을 야단치거나 때리더라도 자식은 부모를 공경한다고 했습니다. 즉 부모가 지금 나를 죽이려고 하는 것이 아니며 나를 사랑해서 그런다는 것을 믿는다는 뜻입니다. 자식은 부모가 야단을 친다고 해서 집을 가출해버리거나 경찰에 신고하지 않을 것입니다. 그것은 부모를 믿기 때문입니다. 오히려 내가 잘못했는데도 부모가 아무 간섭도 하지 않고 '잘했다. 다음에는 더 큰 죄를 저질러라' 고 한다면 이것은 내가 그 집에는 포기한 자식이거나 주워온 자식이 분명한 것입니다. 그래서 어떤 때에는 자식이 잘못했을 때 부모에게 야단을 쳐달라고 하고 때려 달라고 하는 것입니다.

우리가 편안할 때에는 천국이 굉장히 멀리 느껴지고 주님도 희미하게 생각 될 것입니다. 그러나 고난 중에 보면 천국이 너무나도 확실하게 보이고 주님도 바로 눈앞에 계신 것처럼 선명하게 느껴지게 될 것입니다. 이것이 바로 우리의 소망이고 우리가 나아가야 할 길입니다.

하나님께서 우리를 사랑만 하셔서 세상 복만 잔뜩 주신다면 믿음의 길을 갈 수 있는 사람이 아무도 없을 것입니다. 우리는 모두 이 세상에 있는 재물이나 부귀영화를 좋아하고 놓치고 싶어 하지 않습니다. 그래서 하나님께서는 사랑하는 자녀들에게 세상의 재물이나 명예나 좋은 것을 강제로 빼앗아 가십니다. 물론 대개 자기가 잘못해서 그렇게 된 경우도 많이 있지만 더 멀리 내다보면 하나님께서 그렇게 하도록 시키신 것입니다. 그 후에도 우리는 줄기차게 세상의 욕심이나 명예를 향하여 돌아가려고 몸부림을 칩니다. 이미 하나님께서 더 이상 돌아갈 수 없도록 해 놓으셨는데도 우리는 세상의 욕심을 포기하지 못합니다. 그래서 하나님께서 끝까지 우리에게 틈을 주시지 않고 몰아가셔야 우리가 억지로 이 믿음의 길로 가게 하는 것입니다.

11-13절 무릇 징계가 당시에는 즐거워 보이지 않고 슬퍼 보이나 후에 그로 말미암아 연달한 자에게는 의의 평강한 열매를 맺나니 그러므로 피곤한 손과 연약한 무릎을 일으켜 세우고 너희 발을 위하여 곧은 길을 만들어 저는 다리로 하여금 어그러지지 않고 고침을 받게 하라

처음에 우리가 세상적으로 성공하지 못하고 믿음의 길로 떠밀려 갈 때 세상적으로 망한 것 같고 또 얼마 가지 않아 죽을 것 같아서 고통스러워합니다. 그래서 이 때 우울증이 생기기도 하고 비만이 오기도 합니다. 그러나 우리의 마음속에는 성령이 부어지고 하나님의 말씀이 그렇게 달고 상큼할 수가 없습니다. 그래서 하나님 앞에서 자꾸 울게 됩니다. 한편으로는 세상에서 실패한 것 때문에 울고 다른 한편으로는 성령이 주시는 사랑 때문에 감격해서 울게 됩니다. 그러면서 우리가 신앙적으로 어느 정도 성숙하게 되면 의의 열매를 맺게 됩니다. 이것은 우리 안에 생기는 믿음의 열매인 것

입니다. 즉 이제는 세상보다 하나님으로부터 받은 은혜가 더 좋고, 죄짓는 것보다 하나님의 말씀에 순종하는 것이 더 좋아집니다. 이때부터 우리는 본격적인 믿음의 달음질이 시작되게 됩니다.

그래서 '피곤한 손과 연약한 무릎을 일으켜 세우라' 고 말씀하고 있습니다. 지금 힘이 다 빠져서 팔도 흐느적거리고 다리도 다 풀려서 갈 '지' 자로 왔다 갔다 하고 있습니다. 이제 정신을 똑바로 차려 다리에도 힘을 주고 씩씩하게 달리기를 시작하라고 하십니다.

달리기를 할 때에는 심폐 기능과 다리 근육이 아주 중요합니다. 달리기를 하지 않다가 처음 달리기를 하면 숨이 차서 온 하늘이 노래지고 금방 땅에 주저 앉게 됩니다. 그러나 달리기 연습을 매일 하면 심폐 기능이 커지게 되고 다리 근육이 발달하게 되는데 그때에는 웬만한 거리는 달려도 지치지 않게 됩니다.

여기에 보면 두 가지를 말씀하고 있습니다. 하나는 길을 곧게 만들고 다른 하나는 저는 다리를 고치라는 것입니다. 길이 좋지 않거나 다리를 절게 되면 먼 길을 달릴 수가 없을 것입니다.

길을 곧게 하는 것은 습관을 바로 가지는 것입니다. 결국은 습관을 가져야 합니다. 바른 습관 없이 한두 번 노력하는 것으로는 끝까지 달릴 수가 없습니다. 바른 교회 안에서 바른 신앙의 가르침을 받아야지 자기 혼자 길을 만들어서 달리면 잘 되지 않을 것입니다. 그리고 저는 다리는 무엇인가 자기에게 경건의 결점이 있을 때 그것을 고치는 것입니다. 결점을 가지고 있으면 전력으로 달릴 수 없습니다. 아무리 잘 달린다 하더라도 자꾸 절게 되어 있습니다.

우리가 믿음의 경주를 달릴 때 세상은 알아주지 않지만 얼마나 마음이 기쁘고 황홀한지 모릅니다. 그리고 우리를 에워싸고 있는 증인들이 응원하는 소리가 들릴 것입니다.

모든 것은 우리가 이 세상 달려갈 길을 다 마친 후에 예수님의 심판대 앞에서 나타나게 될 것입니다. 이 세상에서 욕심을 위해서 산 사람들은 모두 다 엄한 지옥의 심판을 받게 될 것입니다. 그러나 믿음으로 의의 열매를 많이 맺은 사람들은 하늘의 해나 달이나 별처럼 빛나게 될 것입니다.

우리는 웬만하게 달려서는 상 받기 어렵다는 것을 알아야 합니다. 동메달이라도 받으려면 거의 죽을 정도로 수고를 해야 합니다. 우리는 다른 사람들이 세상에서 성공하고 잘 사는 것 쳐다보지 말고 죽을 힘을 다해서 자기 달음질을 끝까지 잘 마치는 성도들이 되시기를 바랍니다. 그래서 모두 영광의 자리에서 다시 만나 주님과 함께 기쁨의 시간을 가지는 성도들이 되기를 바랍니다.

CHAPTER • 16

우리의 위치

히브리서 12:14-29

우리나라 사람들이 완전한 자유를 얻기까지는 많은 희생이 있었습니다. 일제에 의해서 자유를 완전히 빼앗긴 적이 있었고, 한국 전쟁 때 삼백만 명 이상이 죽거나 실종되면서 자유를 지켰습니다. 이 자유를 기초로 해서 엄청난 경제 발전을 이루었습니다. 요즘 우리나라에서 시작된 한류는 전 세계를 향하여 뻗어나가고 있으며 미국이나 유럽에서도 삼성 전자가 만든 텔레비전이라든지 스마트폰이 인기 있게 팔리는 것을 보면 우리나라가 정말 대단한 나라라는 생각이 듭니다. 그렇지만 아직 우리나라는 여전히 사상적으로나 정치적으로 혼란스러운 부분이 많이 있습니다. 아직도 북한의 주장을 그대로 동조하며 추종하는 정치인들이나 젊은이들이 있는 것을 볼 수 있습니다.

그러나 북한의 많은 동포들은 자유의 나라를 찾아서 끊임없이 북한을 탈출하고 있습니다. 추운 겨울에 강을 맨발로 건너서 중국으로 넘어가면 그때부터 공안이나 탈북자를 추격하는 보안대에게 쫓기게 됩니다. 어떤 사람은 탈출했다가 붙들려서 북한 수용소로 끌려가기도 하고, 어떤 사람들은 끝없이 중국을 돌아다니기도 하고, 어떤 사람들은 중국에 있는 외국 공관을 뚫고 들어가거나 혹은 베트남 같은 국경을 통해서 남한으로 오기도 합니다. 그러나 그렇게 해서라도 남한에 오는 사람들은 탈출에 성공한 운이 좋은 사람들입니다. 그렇지 못한 많은 사람들은 중간에 죽거나 혹은 다시 끌려가거나 아니면 다른 나라의 감옥에 갇혀 있기도 합니다.

우리는 늘 대한민국에 살았기 때문에 이런 자유의 소중함을 잘 알지 못하지만 자유가 없는 사람에게는 이런 자유의 나라야말로 자기들이 소원하던 천국이며 꿈의 나라인 것입니다. 그래서 우리나라 사람들은 이런 사람들을 생각해서라도 자유를 잘 지키고 또 자유를 원하는 사람들을 잘 도와줄 수 있는 나라가 되어야 할 것입니다.

육체적 자유보다 더 중요한 것은 바로 영적인 자유입니다. 오늘 많은 사람들이 몸에 병이 생기면 병원에 찾아가고 자유를 빼앗기면 목숨을 걸고 탈출을 하지만 자기 영혼이 죄에 빠져 있는 것에 대해서는 잘 느끼지도 못할 뿐 아니라 어떻게 해야 할지도 모르는 형편에 있습니다.

오늘 성경 말씀은 과거 이스라엘 백성들이 애굽을 탈출한 후 시내산에서 하나님을 처음 만났던 체험을 상기시키면서 우리가 지금 신앙생활하고 있는 교회가 얼마나 영광스럽고 자유스러운 천국인지 설명을 하고 있습니다.

옛날 애굽을 탈출했던 이스라엘 백성들은 열 가지 재앙과 바다가 갈라지는 체험으로 애굽의 노예상태에서는 벗어났지만 그런 능력으로도 감히 하나님 앞에는 나아갈 수가 없었습니다. 왜냐하면 하나님 앞에는 무거운 불이 있었고 큰 나팔 소리가 있었고 땅이 진동하는 큰 두려움이 있었기 때문입니다. 그런데 우리는 그 모든 두려움을 다 뚫고 하나님의 백성이 되었습니다.

오늘 본문은 이런 위치에 있는 우리가 지금은 어떻게 신앙생활을 해야 하는지 말씀하고 있습니다.

불붙는 시내산과 시온산의 비교

애굽에서 종살이를 하다가 하나님의 능력으로 해방된 이스라엘 백성들은 이제 세상 어디에서 무슨 일을 해도 살아남을 것 같은 자신감을 가지고 있었을 것입니다. 왜냐하면 그 무서운 애굽 왕의 독재에서 살아남았고 열 가지 재앙 속에서도 살아남았는데 이 세상에서 하지 못할 일이 무엇이 있겠습니까? 그러나 이스라엘 백성들은 그들이 애굽에서 살아남고 애굽을 탈출하는 것보다 비교할 수 없을 정도로 어려운 일이 하나님의 백성이 되는 일이라는 것을 알게 되었습니다.

18-21절 너희의 이른 곳은 만질만한 불붙는 산과 흑운과 흑암과 폭풍과 나팔 소리와 말하는 소리가 아니라 그 소리를 듣는 자들은 더 말씀하지 아니하시기를 구하였으니 이는 짐승이라도 산에 이르거든 돌로 침을 당하리라 하신 명을 저희가 견디지 못함이라 그 보이는바가 이렇듯이 무섭기로 모세도 이르되 내가 심히 두렵고 떨린다 하였으나

이스라엘 백성들은 하나님을 만나서 하나님의 백성이 되는 것이 쉬운 일인줄 알았는데 그들은 물도 없고 양식도 없는 사막을 열흘씩이나 걸어서 시내산까지 갔고 거기서 하나님께서 말씀을 주실 때 온 산은 불이 붙었고 하늘에는 흑암과 구름이 덮이고 산은 진동을 하는 가운데 하나님의 말씀을 들었던 것입니다. 그때 하나님의 말씀 한 마디 한 마디가 얼마나 권세가 있고 무서웠는지 그들의 머리를 부수는 것 같았고 그들의 가슴을 창으로 찌르는 것 같아서 도저히 그 말씀들을 감당할 수가 없었습니다. 누구든지 하나님을 만나려고 하면 그 산 꼭대기에 올라가서 하나님의 말씀을 듣고 받아와야 하는데 아무도 불 가운데로 들어갈 수가 없었습니다. 누구든지 죄

가 조금이라도 있는 자는 산에 발을 딛는 순간 즉사를 했습니다. 심지어는 죄가 무엇인지도 모르는 짐승들까지도 산에 들어갔다가는 즉사를 했습니다. 그런 가운데 모세 자신도 산에 올라가는 것이 너무나도 두렵고 떨린다고 했습니다. 이스라엘 백성들이 하나님께로 나아가는 길은 마치 불이 붙는 용광로를 통과해서 나팔 소리 같은 하나님의 말씀을 듣는 것과 같았습니다. 그래서 이스라엘 백성들은 도저히 하나님의 말씀을 감당치 못해서 모세에게 대신 하나님의 말씀을 듣고 자기들에게 그 말씀을 전해달라고 부탁을 했습니다.

모세가 할 수 있는 것은 불붙는 산에 올라가서 하나님의 말씀을 듣고 그대로 이스라엘 백성들에게 전해주는 것이었습니다. 이스라엘 백성들은 여전히 저 멀리서 하나님의 산을 보기만 했지 아무도 하나님의 영광 가운데로 들어갈 수 없었습니다. 왜냐하면 하나님의 영광 속에 들어가려면 모세보다 더 강한 능력이 필요했던 것입니다. 즉 열 가지 재앙이나 홍해를 가르고 반석을 쳐서 생수가 터지게 하는 것보다 더 큰 은혜가 이스라엘 백성들을 감싸야 불을 통과해서 하나님의 은혜 속으로 들어갈 수 있는 것입니다.

이스라엘 백성들이 체험했던 것은 분명히 하나님의 영광을 보기는 보았고 그 말씀을 듣기는 들었지만 그 안에는 들어가지 못한 것입니다.

예를 들어, 어떤 고등학생이 아주 최고로 좋은 명문대학교에 시험을 쳐서 떨어졌을 때 그 학교를 구경하기는 했지만 그 안에 들어가서 생활해보지는 못한 것과 같습니다. 아마도 그 학생이 그 후에 내내 기억하게 될 것은 그 학교의 멋진 건물과 또 시험이 아주 어려웠던 것, 또 시험 치던 날 날씨가 너무 추워서 벌벌 떨었던 것만 기억하게 될 것입니다. 그러나 그 학교에 합격해서 입학을 한 학생은 도서관에서 밤늦도록 공부를 하기도 하고 또 좋은 친구들을 사귀기도 하고 축제 때에 어울려서 춤을 추기도 하면서 좋은 시간을 가질 것입니다.

결국 이스라엘 백성들은 하나님의 최고의 영광 앞에까지 갔습니다. 그러나 이스라엘 백성들의 신앙으로는 도저히 그 불을 통과해서 하나님의 말씀을 들을 자격이 되지 못했습니다. 그래서 이스라엘 백성들은 하나님의 영광 안에는 들어가 보지 못했습니다. 그렇다고 해서 그들이 하나님의 영광에서 완전히 쫓겨났던 것도 아닙니다. 단지 완전히 들어갈 자격을 얻지 못했기 때문에 모세가 하나님의 산에 오르락내리락 하면서 하나님의 말씀을 전해주었던 것입니다. 그러나 이스라엘 백성들은 하나님에 대한 무서운 체험만 했지 하나님의 말할 수 없는 사랑과 자비와 성령의 놀라운 축복은 알지 못했습니다.

그러나 오늘 우리 믿는 사람들의 형편은 어떻습니까?

22-24절 그러나 너희가 이른 곳은 시온산과 살아계신 하나님의 도성인 하늘의 예루살렘과 천만 천사와 하늘에 기록한 장자들의 총회와 교회와 만민의 심판자이신 하나님과 및 온전케 된 의인의 영들과 새 언약의 중보이신 예수와 및 아벨의 피보다 더 낫게 말하는 뿌린 피니라

오늘 말씀은 예수 믿는 것의 놀라운 신비에 대하여 말씀을 하고 있습니다. 우리가 예수를 믿는 것은 예수님과 함께 세례를 받는 것입니다. 즉 예수님과 함께 물속에 한번 들어갔다 나오는 것입니다. 우리가 예수님과 함께 한번 물속에 들어갔다가 나왔을 때 우리는 놀라운 세계 속으로 들어가게 됩니다. 한편, 이 세상은 그대로 남아 있습니다. 그러나 우리는 전혀 새로운 세계 안에 등장하게 되는데 그곳은 바로 어느 누구도 들어갈 수 없었던 하나님의 나라 한 가운데인 것입니다.

우리 예수 믿는 사람들에게 놀라운 것은 우리에게는 두 세계가 함께 있는 것입니다. 하나는 과거에 우리가 살던 죄의 세상이 그대로 살아있습니

다. 그런데 그것과 함께 놀라운 하나님의 나라가 우리에게 펼쳐지게 되는 것입니다. 하나님의 나라는 어떤 나라입니까? 구약 선지자들이 그렇게 꿈꾸어왔던 바로 그 시온산입니다. 즉 하나님께서 우리에게 율법을 가르치는 곳입니다. 그런데 그 말씀은 전혀 무서운 말씀이 아니고 너무나도 은혜스럽고 능력 있고 힘이 있는 진리의 말씀인 것입니다. 이제는 전혀 그 하나님의 말씀이 내 머리를 두들겨 부수지도 않고 가슴을 창으로 찌르지도 않는 꿀송이보다 더 달콤합니다. 이스라엘 백성들은 듣지 못했던 말씀입니다. 그러나 다윗은 이 말씀을 들었던 것이 분명합니다. 그래서 '여호와의 율법은 송이꿀보다 더 달다' 고 노래를 했습니다. 우리는 은혜스러운 하나님의 말씀을 듣는 것으로 끝나지 않습니다. 우리가 찬송을 부르고 예배를 드릴 때에는 바로 하나님의 영광의 보좌 앞에서 노래를 부르고 기도를 드리게 되는데 그때 천만의 천사들과 온전케 된 의인들의 영이 함께 합니다.

우리가 있는 곳은 만민의 심판자 되시는 하나님의 나라 안입니다. 단지 우리는 아직 육체로는 그 나라가 들어가지 못하고 예수님의 피와 성령과 하나님의 말씀으로 그 나라와 연결이 되어 있습니다. 이것은 모세가 불 속에 왔다 갔다 하면서 전해주던 하나님의 말씀과는 근본적인 차이가 있는 것입니다.

여기에 보면 교회에 대하여 몇 가지 표현이 나오는데 '하늘에 기록한 장자들의 총회와 교회와 온전케 된 의인들의 영' 이라고 말씀하고 있습니다.

여기서 '하늘에 기록한 장자들의 총회' 라고 하는 것이 구원받는 모든 성도들의 집합체를 말합니다. 그리고 '온전케 된 의인들의 영' 이라고 하는 것은 이미 죽어서 천국에 간 성도들을 말합니다. 그리고 단순히 '교회' 라고 하는 것은 지금 이 지상에 있는 성도들을 의미한다고 생각합니다.

그러면 지금 우리와 죽은 성도들은 어떤 차이가 있습니까? 모든 것은 다 똑같습니다. 즉 우리도 같은 하나님께 예배드리고 같이 찬송을 부르고 성도들과 교제를 나누고 있습니다. 단지 우리는 육신을 입고 장막 이쪽에서 예배를 드리고 아직 이 세상에 살고 있고 죽은 성도들은 육신마저도 벗어 버리고 더 자유로운 상태에서 인간적인 제약을 전혀 받지 않고 하나님을 찬송하고 예배하며 영광을 돌리고 있는 것입니다. 단지 우리와 죽은 성도들 사이에는 죽음이라는 장막이 가로막고 있을 뿐이지 우리들에게 하나님의 은혜와 축복이 임하는 것은 전혀 부족한 것이 없습니다.

단지 우리는 아직 이 세상에 살아서 하나님의 영광을 위해서 마귀의 세력과 싸워야 하며 다른 영혼들을 주님께로 인도해야 할 책임이 있는 것입니다. 놀라운 것은 바로 이것입니다. 우리는 열 가지 재앙 속에서 살아나온 것도 아니고 홍해를 건넌 것도 아닙니다. 단지 예수님이 내 죄를 대신해서 십자가에 죽으셨다는 말을 믿고 세례를 받았는데 우리가 눈을 떴을 때에는 이미 시내산 꼭대기를 통과해서 시온산성 안에 들어와 있는 것입니다.

이것은 마치 북한을 탈출하려고 애쓰는 동포들이 어떻게 해서 다른 사람의 도움을 받았는데 눈을 떠보니까 대한민국의 품속에 들어와 있는 것과 같습니다. 이제 우리에게는 더 이상 마귀의 정죄가 없습니다. 이제는 더 이상 이 세상의 것으로 우리를 차별하거나 저주할 수 없습니다. 이제 우리에게는 무한한 자유가 있고 무한한 축복이 있습니다. 우리는 며칠 밤을 세워가면서 찬송을 부르고 기도를 해도 잡아갈 사람이 없습니다. 우리가 지쳐 있을 때 기도를 하면 무한한 하나님의 능력과 은혜가 공급됩니다.

오늘 성경에 보면 '아벨의 피보다 더 낫게 말하는 뿌린 피' 라고 했고 '새 언약의 중보자이신 예수' 라고 했습니다. 인간이 자기 공로나 자기 지식이나 능력으로는 절대로 불 붙는 산, 시내산 꼭대기에 올라갈 수 없습니다.

참으로 놀라운 것은 산 밑에서 볼 때에는 시내산이 그렇게 무섭고 뜨거웠는데 막상 모세가 시내산 꼭대기에 올라갔을 때에는 그렇게 뜨겁지도 않았고 무섭지도 않았고 은혜가 충만했던 것 같습니다. 그래서 모세가 사십

일을 먹지도 않고 마시지도 않고 은혜가 충만한 가운데 있었던 것입니다.

아마도 시내산 꼭대기는 시온산과 같은 은혜가 있었던 것 같습니다. 그러나 인간은 자기 능력이나 자기 공로로는 절대로 시내산 속에 들어갈 수가 없습니다. 그런데 예수님의 십자가 보혈을 믿으니까 그 피가 우리를 얼마나 철저하게 감싸는지 불과 물을 통과해도 우리는 죽지 않고 한 순간에 하나님의 천국 안에 들어가게 된 것입니다.

오늘 우리는 하나님의 영광의 나라 속에 들어와 있습니다. 우리 믿는 사람들에게는 두 세계가 함께 공존하고 있습니다. 하나는 눈에 보이는 죄악세상이고 다른 하나는 눈에 보이지 않는 영광의 나라입니다.

교회의 역할과 사명

오늘 성경 말씀은 교회가 시내산 밑에 있는 교회가 아니고 시온산에 세워진 교회라고 말씀하고 있습니다.

이사야 선지자는 이렇게 예언을 한 적이 있습니다.

> 사 2:2-3 말일에 여호와의 전의 산이 모든 산꼭대기에 굳게 설 것이요 모든 작은 산 위에 뛰어나리니 만방이 그리로 모여들 것이라 많은 백성이 가며 이르기를 오라 우리가 여호와의 산에 오르며 야곱의 하나님의 전에 이르자 그가 그의 길을 우리에게 가르치실 것이라 우리가 그 길로 행하리라 하리니 이는 율법이 시온에서부터 나올 것이요 여호와의 말씀이 예루살렘에서부터 나올 것임이니라

여기서 말하는 여호와의 산과 시온은 신약 교회를 말합니다. 교회가 세상의 모든 산보다 높아질 이유는 세상의 모든 기관들은 인간의 사상을 가

르치지만 교회는 하나님의 말씀을 가르치고 성령의 능력으로 사람들을 변화시키기 때문입니다. 그래서 많은 이방 사람들이 여호와의 산으로 몰려들면서 하나님께서 우리에게 그 도를 가르칠 것이라고 하면서 몰려가게 되는 것입니다.

오늘 많은 사람들이 교회의 사명과 역할을 잊어버리고 있는 것 같습니다.

교회의 가장 중요한 두 가지 사명은 사람들에게 하나님의 진리를 가르치는 것이고, 성령의 능력으로 사람들을 변화시키는 것입니다. 그리고 이사야 선지자는 이렇게 할 때 이 세상에 진정한 평화가 올 것이라고 했습니다.

사 2:4 그가 열방 사이에 판단하시며 많은 백성을 판결하시리니 무리가 그들의 칼을 쳐서 보습을 만들고 그들의 창을 쳐서 낫을 만들 것이며 이 나라와 저 나라가 다시는 칼을 들고 서로 치지 아니하며 다시는 전쟁을 연습하지 아니하리라

하나님께서 열방을 판단하신다는 것은 복음으로 모든 인간이 하나님 앞에서 죄인이며 반역자인 것을 깨닫게 하신다는 것입니다. 그때 사람들은 모든 문제의 근본 원인이 우리가 하나님을 대적한 것에 있다는 것을 알고 서로에 대하여 다시는 전쟁을 하지 않는다는 것입니다. 왜냐하면 우리의 적은 죄이고 마귀이며 하나님의 말씀에 대해 무지하기 때문이지 서로 같은 사람들끼리 치고 찌르면서 싸우는 것이 아니기 때문입니다.

그래서 교회의 가장 중요한 사명은 죄인들을 말씀으로 초청해서 하나님의 말씀을 듣게 하는 것입니다. 그리고 또 하나는 성령의 능력이 나타나서 사람들의 영혼이 치료되게 하는 것입니다. 이것은 이 세상 다른 어느 곳에서도 할 수 없는 일입니다.

그래서 교회에서 가장 중요한 것은 하나님의 말씀과 성령의 역사가 인

간의 무지와 교만에 의해서 막히지 않게 하는 것입니다. 그러나 많은 경우에는 그렇지 못할 때가 많이 있었습니다. 그래서 오늘 본문에서 히브리서 저자는 교회의 사명을 잘 지키라고 권면을 하고 있습니다.

14절 모든 사람으로 더불어 화평함과 거룩함을 좇으라 이것이 없이는 아무도 주를 보지 못하리라

여기에 보면 모든 사람으로 더불어 '화평함과 거룩함을 좇으라' 고 말씀하고 있습니다. 사실 이 두 가지는 서로 반대되는 것입니다. '화평함' 이라는 것은 다른 사람을 포용하고 용납하는 자세를 말하고 '거룩함' 이라고 하는 것은 죄를 거부하고 죄인들을 멀리하는 것을 말합니다. 그래서 사실 화평함과 거룩함은 서로 함께 있을 수 없는 상반된 것입니다. 그러나 오늘 말씀은 이 두 가지가 반드시 함께 있어야 하며 이 두 가지가 없으면 아무도 주를 보지 못할 것이라고 했습니다.

이것은 교회가 바른 자신의 사명을 잘 감당할 때 가능한 것입니다. 교회는 모든 사람들을 평화의 복음으로 초청하고 용납해야 합니다. 교회는 사람을 외모로 판단하거나 어떤 사람은 자기와 맞지 않다고 해서 거부해서는 안 됩니다. 그러나 모든 사람들을 무조건 받아들인다고 해서 잘한 것이 아닙니다. 교회는 그 초청한 사람들을 말씀과 성령의 능력으로 변화를 시켜서 거룩한 사람이 되게 해야 하는 것입니다.

우리가 이 예를 병원에서 찾아볼 수 있을 것입니다. 병원은 모든 환자들을 일단 다 받아 들여야 합니다. 의사의 사명은 환자들의 생명을 구하는 것이기 때문에 일단 생명이 있는 환자는 받아 들여서 살 수 있도록 최선을 다해야 합니다. 그러나 병원이 환자를 받아 놓기만 하고 가만히 두면 안 됩니다. 최선을 다해 환자를 치료해서 살게 해야 하고 건강한 사람이 되게 해야

하는 것입니다.

마찬가지로 교회는 모든 사람들에게 다 오라고 초청을 합니다. 그러나 사람들만 많이 모아 놓았다고 해서 교회의 사명을 잘 감당한 것은 아닙니다. 하나님의 말씀으로 그들을 치료해서 거룩한 사람으로 만들어야 하는 것입니다. 여기서 거룩한 사람이라고 하는 것은 형식적인 종교인을 말하는 것이 아닙니다. 거룩한 사람은 본성까지 변화를 일으켜서 속에서 일어나는 죄의 세력을 이기고 외부에서 밀려오는 죄의 유혹을 거부하면서 하나님의 능력으로 살 수 있는 사람을 말하는 것입니다.

그러나 우리에게 감사한 것은 성도들의 모임인 교회가 신비의 공동체라는 사실입니다. 우리가 모여서 주님을 찬송하고 예배를 드릴 때 하나님께서 우리에게 능력을 주시고 기적을 일으키시며 죄를 이길 수 있는 능력을 주십니다. 그리고 아무리 세상이 어려워도 먹을 것과 입을 것과 이 세상에서 충분히 살 수 있는 힘을 주십니다. 그래서 우리가 이 세상에서 죄를 이기고 마귀를 이기고 고난을 이길 수 있는 길은 말씀을 중심으로 뭉치는 것입니다. 그러면 우리 안에서 말씀과 성령의 능력이 강같이 터져 나오게 되는데 이것으로 불같은 시험도 이기도 사자의 입도 막고 죽음의 광야도 건널 수 있는 힘을 얻게 되는 것입니다.

15절 너희는 돌아보아 하나님 은혜에 이르지 못하는 자가 있는가 두려워하고 또 쓴 뿌리가 나서 괴롭게 하고 많은 사람이 이로 말미암아 더러움을 입을까 두려워하고

그러나 오늘 말씀은 우리가 교회 안에서 신앙 생활하면서 두 가지를 주의해야 한다고 말씀하고 있습니다. 그 하나는 개인적인 것이고 다른 하나는 공동체인 것입니다.

하나는 개인적으로 교회는 다니지만 예수를 믿지 않아서 하나님의 은혜에 이르지 못하는 사람이 있을 수 있는 것입니다. 가룟 유다같은 사람은 예수님의 제자였지만 하나님의 은혜에 이르지 못했습니다. 사람들이 교회에 다니지만 은혜에 이르지 못하는 가장 중요한 이유는 첫 문을 잘못 들어와서 그런 것입니다.

존 번연의 『천로역정』에 보면 천국 길을 가려면 좁은 문으로 들어가서 십자가 앞에서 죄짐이 벗겨져야 하는데 담을 넘어서 들어가는 사람들이 있었습니다. 이 사람들은 예수를 믿기는 하지만 아직도 자기가 죄인인 줄 알지 못하는 사람입니다. 한 번도 예수 앞에서 자기가 죄인인 것을 깨달은 적이 없는 사람입니다. 단지 기독교의 사상이 좋거나 봉사가 좋거나 예배 의식이 좋아서 교회 안에 있는 것입니다. 그래서 교회는 교인들에게 정직해야 합니다. 하나님의 말씀을 바로 선포해서 우리가 하나님 앞에서 죄인인 것을 깨닫게 하고 죄에서 구원받는 것이 문으로 들어가는 것임을 알게 해야 합니다. 그리고 또 하나는 교회 안에서 '쓴 뿌리'가 나서 많은 사람들을 걸려 넘어지게 하는 것입니다. 모세가 신명기 29:9에서 '독초와 쑥의 뿌리가 너희 가운데서 나서'라고 말한 것은 우상 숭배의 불신앙의 뿌리를 말하는 것입니다. 그러나 교회 안에서는 우리가 바른 신앙으로 나아가는 것을 막는 많은 불신앙의 뿌리들이 있습니다.

우선 교회 안에서 복음 자체가 바로 선포되지 않으면 온 교회 안에 쓴 뿌리들이 퍼져서 사람들이 독초나 쑥을 먹고 신앙생활을 하려고 하기 때문에 예수를 믿으면서도 고통을 받을 수밖에 없습니다. 즉 예수님을 믿지만 또 인간의 행위로 인정을 받으려고 많은 고생을 하면서 양심의 가책과 다른 사람의 비난의 쓴 뿌리를 먹게 되는 것입니다. 그러면 반드시 교회 안에서 사랑이 없어지기 때문에 설교라든지 혹은 다른 사람의 말을 통해서 심한 마음의 상처를 받게 됩니다. 교회는 사람의 상처를 치료해 주어서 건강하게 해야 하는데 복음이 없으면 오히려 상처를 더 심하게 만듭니다. 하나님의 영광과 은혜가 넘치는 예루살렘이 아니라 불 붙는 시온산이 되어서 사람들마다 화상을 입거나 혹은 깊은 영적 침체에 빠지는 것이 쓴 뿌리인 것입니다.

특히 하나님의 은혜는 너무나 예민하기 때문에 우리가 하나님의 말씀을 생명보다 더 사랑하지 아니하고 성령의 역사를 목마른 사람이 생수를 사모하듯이 하지 않으면 말라 버립니다. 이것은 결국 우리 인간의 교만이 하나님의 은혜를 마르게 하는 것이고 그렇게 되면 온 교회에 쓴 뿌리가 퍼지게 됩니다.

16, 17절 음행하는 자와 혹 한 그릇 식물을 위하여 장자의 명분을 판 에서와 같이 망령된 자가 있을까 두려워하라 너희의 아는 바와 같이 저가 그 후에 축복을 기업으로 받으려고 눈물을 흘리며 구하되 버린 바가 되어 회개할 기회를 얻지 못하였느니라

교회 안에 음행하는 자와 물질을 탐하는 자가 있으면 안 된다고 했습니다. 그러면서 예로 든 것이 에서였습니다. 에서는 이삭의 장자였지만 하나님의 말씀을 믿지 않았고 하나님의 은혜를 소중하게 생각하지 않았습니다.

에서는 하나님의 축복의 가치를 알지 못했습니다. 배가 고프다고 팥죽 한 그릇으로 장자의 명분을 동생에서 팔아버렸습니다. 사실 이 장자의 명분은 사거나 팔 수 있는 것은 아닙니다. 그럼에도 불구하고 에서가 이 축복을 발로 차버린 것은 사실이었습니다.

오늘 본문은 지금 우리의 위치가 얼마나 대단한지 알라는 것입니다. 우리는 지금 부족한 것이 하나도 없는 천국의 장자들입니다. 믿지 않는 사람들이 이 세상에 있는 것을 모두 싹 다 가져가고 우리를 벌거숭이로 만들어

놓는다고 하더라도 우리는 어마어마한 부자들입니다. 사실 우리는 이 세상에 아무 재산이 없고 아무 것도 가진 것이 없어도 최고로 복 받은 자들입니다. 왜냐하면 하나님 앞에서 어마어마한 복이 우리를 기다리고 있기 때문입니다. 그런데 에서는 그것을 보지 못하였기 때문에 팥죽 한 그릇을 받고 그 엄청난 축복을 발로 차버렸던 것입니다. 에서는 하나님의 그 엄청난 영광의 축복을 믿지 않았기 때문에 한 순간의 정욕을 참지 못하고 음란하게 살았던 것입니다.

오늘도 얼마나 많은 사람들이 하나님의 영광과 축복을 믿지 못해서 이 짧은 세상을 정욕적으로 살아갑니까? 그리고 얼마 되지도 않는 돈이나 명예 때문에 영원한 하나님의 축복을 발로 차버립니까?

나중에 에서가 아버지 야곱에게 울면서 복을 달라고 했지만 이것은 운다고 해서 주어지는 것이 아닙니다. 이 축복은 믿음으로 받는 것이지 열심이나 노력으로 얻는 것이 아닌 것입니다.

성경은 교회 안에서 천국의 소망이 약해지면 교인들이 순간적인 정욕이나 욕심을 이기지 못해서 에서같이 될 가능성이 많다고 말씀하고 있습니다. 우리가 이 세상에서 복을 받는 것도 좋습니다. 그러나 이것은 모두 다 '더하여 주시는 것' 이고 우리에게 중요한 것은 하나님의 은혜와 성령의 능력이 더 많이 이 세상에 임하는 것입니다. 우리가 할 일은 세상에 있는 돈이나 명예를 많이 긁어모으는 것이 아니라 천국을 열어서 하나님의 사랑과 은혜가 이 세상에 임하게 해야 합니다. 요즈음 사람들은 돈은 많이 벌었지만 사랑이 없어서 서로 싸우고 미워하면서 살아가고 있습니다. 사람들은 공부는 많이 했지만 믿음이 없어서 정신병으로 고통을 받고 있습니다. 많은 사람들이 명예는 얻었지만 소망이 없어서 하루하루를 불안과 두려움 가운데서 살아가고 있습니다. 그래서 우리 인간들에게는 하나님의 사랑과 용서와 축복이 필요한 것입니다.

진동하지 않는 나라

우리는 더욱 더 하나님의 말씀에 집중하는 자들이 되어야 하겠습니다. 왜냐하면 이 하나님의 말씀은 온 세상을 진동시키는 능력의 말씀이기 때문입니다.

25절 너희는 삼가 말하신 자를 거역하지 말라 땅에서 경고하신 자를 거역한 저희가 피하지 못하였거든 하물며 하늘로 좇아 경고하신 자를 배반하는 우리일까보냐

히브리서 저자는 율법과 복음은 그 가치와 비중이 근본적으로 다르다고 말씀하고 있습니다. 율법은 이 땅에서 난 모세가 전하여 준 것이지만 복음은 하늘에서 오신 하나님의 아들이 전하여 주신 말씀입니다. 물론 같은 하나님의 말씀이지만 비중과 무게가 엄청나게 다른 말씀인 것입니다. 이스라엘 백성들이 시내산에서 하나님의 말씀을 받을 때에 그 말씀 앞에서 온 산과 들이 진동하는 것을 느꼈습니다.

26-29절 그때에는 그 소리가 땅을 진동하였거니와 이제는 약속하여 가라사대 내가 또 한번 땅만 아니라 하늘도 진동하리라 하셨느니라 이 또 한번이라 하심은 진동치 아니하는 것을 영존케 하기 위하여 진동할 것들 곧 만든 것들의 변동될 것을 나타내심이니라 그러므로 우리가 진동치 못할 나라를 받았은즉 은혜를 받자 이로 말미암아 경건함과 두려움으로 하나님을 기쁘시게 섬길찌니 우리 하나님은 소멸하는 불이심이니라

이스라엘 백성들이 시내산에서 하나님의 말씀을 받을 때 그 말씀이 얼

마나 위력이 있는지 말씀 한 마디 한 마디에 온 산이 쩌렁 쩌렁 흔들렸고 땅이 갈라지려고 했습니다. 땅이 그 정도였으니까 이스라엘 백성들의 마음은 말로 설명할 수 없을 정도로 두렵고 떨렸던 것입니다. 즉 하나님의 말씀 한 마디 한 마디가 이스라엘 백성들의 모든 죄를 다 파헤쳐서 심판하시는 말씀으로 들렸던 것입니다. 예를 들어, '살인하지 말지니라' 고 말씀을 하셨을 때 그 중에 살인하고 숨어 있던 자들의 마음에 지옥불이 일어나면서 숨이 막혀 죽을 것 같은 두려움이 임했고 '간음하지 말지니라' 고 말씀하셨을 때 간음했던 모든 자들의 마음속에 하나님의 벼락이 떨어지는 것을 느꼈던 것입니다. 그 만큼 하나님의 말씀은 두려운 말씀이었습니다.

이스라엘 백성들이 애굽에서 보았던 것도 모세의 말 한 마디 한 마디에 온 애굽 천지는 진동을 했습니다. 모세의 말 한 마디에 애굽에 풍년을 가져다주었던 나일강이 피로 변해서 죽어버렸습니다. 모세의 말 한 마디에 모든 개구리들이 경계선을 뚫고 올라와서 사람들의 집으로 들어와 버렸습니다. 지금도 쥐나 뱀 같은 것들이 모두 방안으로 들어와 버린다면 재앙이 될 것입니다. 모세의 말 한 마디에 우박이 떨어졌고 가축들이 죽었으며 해가 어두워졌습니다. 이것이 바로 하나님의 말씀의 능력인 것입니다.

그러나 이스라엘 백성들이 있는 곳에는 이런 재앙이 없었습니다. 왜냐하면 하나님의 은혜가 이 모든 재앙들을 축복으로 바꾸었기 때문입니다.

오늘 우리 믿는 사람들의 능력이 바로 여기에 있습니다. 우리는 진동하지 않을 나라를 받았기 때문에 하나님의 진노를 축복으로 바꿀 수 있는 능력이 있는 것입니다.

요즘 우리 사회도 한 번씩 세상을 진동하는 뉴스들을 접하게 됩니다. 주로 우리 사회를 흔드는 것은 부정과 부패인 것 같습니다. 어떤 회사가 비자금을 가지고 정치 자금에 썼다는 것이 들통이 나면 대기업들이 진동을 합니다. 또 어떤 정치인이 이상한 비도덕적인 추문을 일으키면 온 나라가 진동을 합니다. 왜 이런 일이 일어나게 됩니까? 이 세상은 원래 진동하는 세상이기 때문입니다. 사람들은 이 세상의 권력이나 부가 이렇게 약한 재질로 만들어졌다는 것을 모르고 그것을 붙들고 살다가 하나님이 한번 진노하시면 모든 것이 우수수 다 떨어지게 되는 것입니다.

성경은 무엇이라고 말씀하고 있습니까? 하나님은 소멸하는 불이십니다. 그러니까 이 세상에 일어나는 모든 재앙이 죄의 심판으로 생기는 것입니다.

이 세상은 구조 자체가 죄가 어느 정도 이상 쌓이면 저절로 재앙이 일어나도록 설계가 되어 있습니다. 그래서 사람들이 멸망을 당하지 않는 방법은 하나님을 두려워하고 죄짓는 것을 무서워하는 수밖에 없습니다. 그러나 현재 우리나라 사람들의 생각은 들통만 나지 않으면 무슨 죄라도 지어도 된다는 생각을 가지고 있습니다. 그러니까 세상이 늘 진동할 수밖에 없는 것입니다. 그런데 하나님은 앞으로 땅만 진동하는 것이 아니라 하늘도 진동시킬 것이라고 말씀하십니다. 그러면 온 세상이 다 끝장나는 것입니다.

그러나 하나님의 말씀을 붙들고 사는 자들은 절대로 영원히 진동하지 않을 것입니다. 왜냐하면 하나님의 말씀은 온 천지를 지으신 그 말씀이기 때문입니다. 그래서 우리는 이 세상을 영원한 것으로 생각해서 모든 것을 다 투자하지 말고 경건함과 두려움으로 하나님을 기쁘시게 해야 되겠습니다. 우리는 불타 없어질 세상을 사랑하지 말고 영원한 하나님의 나라와 그 축복을 위해서 끝까지 참고 인내하면서 믿음으로 사시기를 바랍니다.

CHAPTER • 17

그리스도 안의 새 생활

히브리서 13:1-9

사람은 누구나 살아가면서 새로운 삶의 계기가 필요합니다.

예를 들어, 건강한 사람은 한번 큰 병에 걸려서 병원에 입원해 보는 것이 중요하고, 정치인들 같은 경우에는 정치적인 이유로 감옥에 한번 갇혀서 고생을 해 보는 것이 필요합니다. 또 사업을 하는 분들은 한번 부도가 나서 완전히 빈털터리가 되어 보는 경험도 필요할 것입니다. 왜냐하면 이런 어려움을 한번 당해보면 인간들이 얼마나 쓸데없는 욕심에 붙들려서 한 평생을 낭비하고 있는가 하는 것을 깨닫게 될 뿐 아니라 이런 어려움을 통해서 다른 사람들의 처지를 이해할 수 있는 눈을 가지게 됩니다.

어떤 사람이 오래 병원에 입원해 있다가 기적적으로 병이 치료가 되어서 건강하게 되었다면 그는 이제 완전히 다른 식으로 살아갈 것입니다. 예를 들어, 옛날에는 병원 안에서 사는 것이 그의 생활의 전부였습니다. 병원에서 조금 덜 아프고 조금 더 맛있는 식사를 하고 누군가가 좀 더 찾아오고 병실에서 마음에 맞는 사람을 사귀고 좀 덜 짜증스럽게 조금 덜 고통스럽게 하루하루를 살아가는 것이 그의 생활이었을 것입니다. 그러나 건강을 되찾은 후에는 더 이상 환자의 생활을 해서는 안 될 것입니다.

물론 그가 아프기 전에는 오로지 자기 욕망을 따라서 자기 하고 싶은 대로 살았을 것입니다. 사업을 한다고 많은 사람을 만나고 술도 많이 마시고 온 세상을 내 세상처럼 생각하고 살았을 것입니다. 그러나 그가 큰 병에서 낫고 난 후에는 다시 옛날처럼 살아서는 안 될 것입니다. 그는 자기에게 주어진 이 두 번째 인생이 얼마나 소중한지 알 것입니다.

만일 그가 다시 옛날처럼 술 마시고 정욕적으로 살다가 병이 재발되면 이제는 바로 죽는 수밖에 없기 때문입니다. 그리고 매사를 감사하는 마음으로 살아야 할 것입니다. 왜냐하면 내가 이렇게 다시 살게 된 것은 하나님과 많은 사람의 사랑의 수고로 되어진 것이기 때문입니다. 그래서 이런 사랑의 빚을 갚는 심정으로 살아야 할 것입니다. 그렇다고 해서 병원에 입원해 있는 것처럼 병에 대하여 벌벌 떨면서 의사만 붙들고 살 필요는 없습니다. 자신의 건강을 확신하고 자신감을 가지고 살아야 할 것입니다. 그러나 더 이상 옛날처럼 자신의 정욕을 위해서 살아서는 안 될 것입니다. 이것이 바로 우리 그리스도인들의 삶입니다.

우리가 하나님을 모를 때는 자기 마음대로 정욕을 위하여 살았습니다. 그러다가 죄라는 병을 알고 난 후에는 율법의 병원에 입원해 있었습니다. 예수님께서는 우리 안에 자신의 깨끗한 피를 수혈하시고 성령을 주셔서 완전히 새로운 삶을 주셨습니다. 오늘 본문 말씀은 새로운 생명을 얻은 우리가 이 세상을 어떻게 살아야 할지 말씀하고 있습니다.

새로운 인생 목표

우리가 예수님을 알기 전에는 이 세상을 사는 목적이 이 세상에서 좀 더 행복하고 다른 사람으로부터 인정받는 것이었습니다. 그래서 우리는 이 세상에서 좀 더 다른 사람으로부터 인정을 받으며 돈이나 권력이나 학식을 많이 가지는 것을 목표로 해서 살았습니다.

그런데 우리가 예수를 믿고 난 후에는 하나님을 아는 영광이 너무 커서 이 세상에 있던 모든 명예나 자랑들이 모두 빛을 잃어버리게 됩니다.

우리가 예수를 믿는다는 것은 내가 단순히 어떤 종교를 선택하거나 기독교에 대한 교리를 배우는 정도가 아닙니다. 우리가 예수를 믿는다는 것은 나를 만드신 하나님을 아는 것이며 나를 죽이기도 하시고 살리기도 하시는 하나님을 만나는 것입니다. 우리가 진정으로 예수님을 믿게 될 때 살아계신 하나님을 만나게 되는데 지금까지 내가 살아있었는 줄 알았는데 실제로 죽어 있었고 지금까지 내가 열심히 살고 있는 줄 알았는데 멸망의 문턱을 향하여 가고 있었다는 것을 알게 됩니다.

우리가 예수님을 나의 주 나의 하나님으로 영접했을 때 하나님은 나와의 모든 원수 관계를 없애버리시고 나의 아버지가 되어주시며 나의 모든 미래를 축복해 주십니다. 이때 우리는 하나님의 살아있는 영광을 체험하게 되는데 하나님의 영광 앞에서 이 세상의 욕망들은 모두 다 형편없는 쓰레기로 변해버리는 것을 알게 됩니다. 오죽 했으면 사도 바울이 '내가 자랑하던 모든 것을 배설물로 생각한다.' 라고 말을 했겠습니까? 우리 인간들이 이 세상을 사는 목적이 바로 여기에 있습니다. 우리가 바른 하나님을 만나고 바른 하나님의 축복을 받는 것입니다. 그래서 예수를 믿는 사람은 이 세상에서 사는 목표가 이미 다 이루어진 사람들입니다. 이제 가장 어려운 문제는 이미 이 세상을 사는 목표가 다 이루어졌는데 더 이상 무엇을 위해서 몸부림을 치며 무엇을 위해서 노력해야 합니까?

우리 예수 믿는 사람들은 예수님을 믿음으로 도저히 이 세상에서는 볼 수도 없고 생각할 수도 없는 영광과 지위를 이미 가졌습니다. 우리 예수 믿는 사람들에게 가장 어려운 것이 도대체 예수를 믿고 난 후에 무엇을 위해

살아야 할 것인가 하는 것입니다. 우리는 이제 무엇을 하면서 살아야 할까요? 먼 곳에 가서 선교를 하다가 죽을까요? 아니면 내가 가진 재산을 다 가난한 사람에게 나누어주고 길에서 죽을 때까지 전도를 하면서 살아야 할까요? 오늘 성경 말씀은 우리가 살아야 할 목표를 분명히 제시해 주고 있습니다. 그것은 바로 사랑입니다.

1절 형제 사랑하기를 계속하고

하나님께서 우리를 만드신 것은 사랑하도록 하기 위해서입니다. 그래서 예수를 믿는 사람들은 이제부터는 다른 사람을 사랑하면서 살아야 하는 것입니다. 그러나 이 세상에서 가장 어려운 것이 바로 다른 사람을 사랑하는 일입니다. 왜냐하면 죄 때문에 모든 사람들이 정상적인 상태에 있는 것이 아니기 때문입니다. 예를 들어, 어떤 사람이 병들어 있는데 그 사람을 위한다고 술을 계속 마시게 하거나 혹은 몸에 해로운 음식을 많이 사준다고 할 때 그것은 결코 그 사람을 사랑하는 것이 아닐 것입니다.

또 어떤 여성이 잘못된 길에 빠져서 술집에서 일을 하게 되었는데 그 여성이 아름답게 생겼다고 해서 매일 쫓아다니거나 데이트를 한다고 해서 진정 그 여성을 사랑하는 것이 아닐 것입니다. 진정으로 우리 인간을 사랑하신 분은 하나님이시며 예수 그리스도이십니다. 하나님과 예수 그리스도는 우리 인간들이 타락하기 전의 모습을 알고 계십니다. 왜냐하면 하나님과 예수님이 우리 인간들을 직접 만드셨기 때문입니다. 그래서 지금 우리 인간들이 아무리 좋은 집에서 아무리 좋은 옷을 걸치고 있다 하더라도 지금 이 상태로는 아무 소망이 없다는 것을 하나님과 예수님은 아셨습니다.

이제 우리가 다른 사람을 진심으로 사랑한다고 하는 것은 우리 주위에 있는 한 사람이 자신의 소중한 모습을 회복하도록 돕는 것입니다.

그러나 사람들은 그런 필요를 모르고 있을 뿐 아니라 또 우리의 중심을 오해하고 의심합니다.

그래서 우리가 이 세상을 살면서 해야 할 가장 중요한 것은 '이것을 계속하는 것' 입니다. 오늘 본문에서 '형제 사랑하기를 계속하라' 고 했습니다. 여기서 한 가지 중요한 것은 '형제' 입니다. 여기서 말하는 '형제' 는 두 가지 의미를 가지고 있습니다. 하나는 우리 예수 믿는 다른 사람들을 말하는 것입니다. 예수 믿는 모든 사람들은 우리의 한 형제입니다. 그리고 한 걸음 더 나아가 모든 인류도 한 형제입니다.

왜 예수 믿는 사람들이 한 형제일까요? 같이 영원한 멸망에서 함께 구원받은 체험이 있는 사람들이기 때문입니다. 어떤 사람들이 함께 배를 타고 가다가 큰 사고를 당해서 다 죽게 되었을 때 요행히도 구제를 받게 되었다면 그때 산 사람들은 모든 인간적인 벽들은 다 사라지고 형제보다 더 친한 사이가 될 것입니다. 우리 예수 믿는 사람들은 모두 멸망으로 가다가 예수님을 믿음으로 극적으로 구원을 받은 사람들입니다. 그리고 우리 안에는 하나님이 주시는 말할 수 없는 공감대가 있기 때문에 서로 잘 통하고 또 서로 축복하고 서로 잘 되기를 바라는 마음이 있습니다. 우리는 모두 예수님 때문에 보석같이 빛나는 존재로 변한 사람들입니다. 우리는 서로 자랑스럽고 고마울 뿐입니다. 우리는 다른 사람이 예수를 믿어주는 것이 얼마나 고마운 일인지 모릅니다. 왜냐하면 그 사람이 예수를 믿음으로 우리 안에 더 충만한 은혜와 기쁨과 능력이 생기기 때문입니다. 그래서 예수 믿는 사람들은 자꾸 모이게 되고, 모이면 하나님의 축복과 능력이 넘치게 됩니다.

여기서 '형제 사랑하기를 계속하라' 는 것은 구원받고 난 후에 이기적인 생각으로 모이지 않고 자기 욕심을 찾아가지 말라는 뜻입니다. 왜냐하면 그렇게 하면 결국 자기 자신이 능력을 받지 못하고 자기 자신이 정체성을 잃게 되어서 쓰러지기 때문입니다. 우리가 모이면 하나님의 영광이 우리

가운데 나타나고 하나님의 능력이 임하며 마귀의 세력이 패배하게 되는 것입니다. 그래서 우리가 서로 사랑하는 것은 서로 계속 모이는 것이고 서로를 자랑스럽게 생각하는 것이고 우리 안에 소망이 있음을 믿는 것입니다.

그러나 우리가 다른 한편으로 생각해 보면 다른 모든 인류도 한 형제들입니다. 왜냐하면 그들도 과거의 우리와 똑같은 처지에 있고 오직 예수를 알기만 하면 모든 문제가 다 해결될 수 있기 때문입니다. 그러나 바로 이 한 가지 예수를 믿는 것이 얼마나 어려운 일인지 모릅니다. 이것을 위해서 우리는 계속 일관된 태도로 사람을 대해야 합니다. 즉 그들로부터 무슨 이익을 챙기려 하지 말고 기분에 따라서 변덕을 부리지도 말고 일관되게 그들이 소중하며 그들에게 주님이 필요한 것을 보여주어야 합니다. 그러면 언젠가는 그들의 마음속에도 주님의 빛이 비춰는 날이 있게 될 것입니다.

다른 사람의 어려움을 돌보는 삶

우리는 예수를 믿음으로 단번에 이 세상에 사는 모든 이유와 목적을 해결 받은 사람들입니다. 우리는 당장 죽어도 영생을 얻습니다. 또한 죽기 전에도 우리에게는 계속 하나님의 축복이 공급됩니다. 이제 우리는 어떻게 이 세상을 살아야 할까요? 가장 불쌍한 것은 예수님을 만난 후에도 믿지 않는 사람처럼 욕심을 위해서 살아가는 것입니다. 이것은 예수를 믿지 않는 것보다 더 못한 것입니다.

물론 우리는 예수를 믿었다고 해서 당장 천국에 가는 것은 아닙니다. 우리는 어차피 이 세상을 살아야 하는데 여전히 이 세상에 있는 것들은 다 너무나 좋습니다. 그리고 이 세상에 있는 것들을 가지려면 우리는 계속 쓰레기통을 뒤지면서 살아야 합니다. 우리가 어느 정도는 이 세상에서 살기 위해 세상 사람들이 원하는 조건을 채워주어야 합니다. 그럼에도 불구하고 우리가 궁극적으로 이 세상에 사는 목적은 사랑을 위해서입니다.

이것을 위해서 우리 그리스도인들은 어느 정도 손해 보는 것을 감수해야 할 것입니다.

2절 손님 대접하기를 잊지 말라 이로써 부지중에 천사들을 대접한 이들이 있었느니라

여기서 우선 중요한 것은 예수 믿는 사람들은 지나치게 이기적이 거나 폐쇄적이어서는 안 된다는 것입니다. 사람들이 자기만족에 빠지면 일체 다른 사람들을 자기 집에 들여보내려 하지 않을 것입니다. 그러나 그리스도인들은 물론 하나님을 믿음으로 이미 구원을 받았지만 그럼에도 불구하고 늘 하나님으로부터 오는 새로운 말씀에 굶주려 하고 또 자기 주위에 있는 어려운 사람들에 대하여 관심을 가져야 합니다.

아브라함이 하나님과 천사들을 만났을 때에는 그가 가장 피곤한 오정(낮 12시) 때였습니다. 팔레스타인의 목축업자들은 모두 새벽에 일찍 일어나서 일을 하기 때문에 오정에는 피곤한 시간이고 또 너무 더워서 잠을 자야 하는 시간이었습니다. 그럼에도 불구하고 아브라함은 자기 집 앞에 나타난 세 사람을 보고 이들을 외면하지 않고 정성껏 대접했습니다. 아브라함과 그 식구들은 이 세 사람의 불청객 때문에 오정에 잠자는 시간을 완전히 망쳐버렸습니다. 그들은 그 시간에 잠을 자야 오후에 다시 일을 할 수 있었습니다. 그러나 그들은 조금도 싫은 기색 없이 이들을 영접하여 대접했고 그 결과 하나님의 말씀을 직접 듣게 되었습니다. 하나는 사라가 내년 이 때에 아이를 가지게 된다는 것과 다른 하나는 소돔과 고모라 성을 그날 망 시키려고 한다는 것이었습니다. 아브라함과 그 식구들을 약간 불 것을 기쁨으로 감수했기 때문에 하나님께서 얼마나 그들을 사랑하시

그렇게 기다려왔던 축복의 시간이 얼마나 가까워졌는지 알게 되었습니다. 그리고 또 지금 자기가 성공했고 편하게 살고 있다고 생각해서 롯과 소돔 사람들이 얼마나 위험한 지경에 빠져 있는지 알게 되면서 기도하게 되었습니다. 여기서 그 유명한 아브라함의 협상이 나옵니다. 결국 아브라함은 의인 열 명만 있으면 소돔과 고모라를 멸망시키지 않겠다는 약속을 받아내게 되었던 것입니다. 그렇지만 소돔 사람들은 아브라함이 만들어놓은 구원을 열 명의 의인을 채우지 못해서 영원히 멸망하고 말았습니다.

그래서 우리는 영적으로 최상의 상태를 유지하도록 노력을 해야 합니다. 왜냐하면 일단 우리의 영적인 상태가 좋지 못하면 다른 사람들이 다 귀찮아지기 때문입니다. 우리가 기쁨이 충만하고 은혜가 충만할 때 다른 사람에 대해서도 마음이 열리게 되고 약간의 어려움이나 수고를 기꺼이 감수할 수 있게 됩니다.

아브라함의 조카 롯도 손님을 영접했다가 구원을 받았습니다. 특히 그가 영접한 두 사람은 소돔을 멸망시키러 온 장본인들이었습니다. 만약 롯이 이 사람들을 못 본체 했더라면 그들도 바로 그날 밤에 죽는 순간이었습니다. 그러나 롯이 두 천사를 영접한 것은 그야말로 주일학교를 잘 다녔기 때문이었습니다. 즉 이것은 순전히 어렸을 때 아브라함에게서 보고 배운 것이었습니다.

특히 이 두 사람은 소돔의 밤이 얼마나 위험한지 모르고 성 안에서 노숙을 하려고 하는데 롯은 그것을 못 본체 할 수가 없었습니다. 그래서 자기 집으로 모셔 갔는데 결국 자기를 찾아온 천사를 영접한 것이었습니다.

그래서 우리 성도들은 다른 사람들을 볼 때 하나님의 천사라고 생각해야 합니다. 사실 우리 예수 믿는 사람들은 서로에 대하여 천사이고 천사보다 나은 사람들입니다. 우리는 다른 사람을 도울 때 살게 되어 있습니다.

기독교의 경건은 절대로 산 위에서 도를 닦거나 혹은 사막에서 수도사

생활을 한다고 해서 얻어지는 것이 아닙니다. 나도 부족하지만 다른 어려운 천사를 돕다보면 결국 내가 살게 되어 있습니다.

또 하나는 고난당하는 성도들을 외면하지 않고 돌보아 주는 것입니다.

3절 자기도 함께 갇힌 것 같이 갇힌 자를 생각하고 자기도 몸을 가졌은즉 학대 받는 자를 생각하라

이때만 해도 신앙 때문에 붙들려 가서 감옥에서 고생하는 사람들이 많이 생기기 시작했던 것 같습니다. 즉 대개 감옥에 들어갈 정도라면 한 집을 책임지는 사람일텐데 그 사람이 감옥에 갇히면 그 사람도 고생을 하지만 집에 있는 가족들도 완전히 굶게 될 것입니다. 한 사람이 집에서 일을 하고 돈을 벌어도 시원치 않을 텐데 감옥에 들어가 있으면 갇힌 자의 옥바라지도 누군가 해 주어야 할 것이고 집에 있는 식구들도 누군가가 돌보아 주어야 합니다. 이런 일들은 그리스도인들이 책임을 지고 돌보아 줄 때 본인에게는 물론이고 감옥에 있는 다른 사람들에게도 굉장히 좋은 인상을 주게 될 것입니다. '아, 역시 예수 믿는 사람들은 입으로만 믿는 것이 아니고 행동이 따라주는 사람들이구나' 하는 것을 깨닫게 될 것입니다.

하나님의 능력과 기적은 인생 밑바닥에서 일어날 때가 많습니다. 그래서 마음을 높은데 두는 사람들은 이런 고난 중에서 하나님께서 축복하시는 놀라운 기적들을 전혀 경험하지 못할 것입니다. 돈 많은 사람들과 만나서 골프나 치고 맛있는 음식을 먹었다는 것을 자랑해봐야 헛된 자기 자랑밖에 되지 않을 것입니다. 그러나 어려운 사람들을 도울 때 남을 행복하게 하는 것이 얼마나 기쁘고 보람된 일인지 깨닫게 되는 것입니다. 사람들은 자기가 행복한 것보다는 다른 사람을 행복하게 할 때 몇 배 아니 몇십 배의 기쁨을 누리게 됩니다. 자기가 돈이 많아 거들먹거리면서 비싼 레스토랑에서

서빙을 받으며 음식을 먹는 것도 행복하겠지만 굶고 있는 사람들에게 먹을 것을 주었을 때 그 식구들이 기뻐하고 감사하고 행복한 식사의 시간을 갖는 것을 보고 더 큰 행복을 경험할 것입니다.

오스카 와일드라는 사람이 쓴 『행복한 왕자』라는 동화가 있습니다. 여기에 보면 왕궁에서 전혀 고생이라고는 해보지 않고 행복하게 살던 왕자가 병으로 죽었습니다. 나라에서는 이 행복한 왕자를 위해서 큰 동상을 만들고 눈에는 푸른 사파이어를 박고 칼에는 비싼 루비를 박고 온 몸을 금으로 입혔습니다. 그리고 지나가는 사람들마다 이 행복한 왕자의 상을 보면서 왕자는 살아서도 행복했고 죽어서도 행복하다고 부러워했습니다. 그러나 왕자는 그 높은 곳에 서서 불쌍한 사람들을 보게 됩니다.

어떤 아이는 병들었는데 엄마가 약을 살 돈이 없어서 계속 아프기만 합니다. 어떤 집 아이는 추운 날 맨 발로 성냥을 팔아야만 했습니다. 어떤 사람은 빚을 갚지 못해서 살던 집에서 쫓겨나게 되었습니다. 이 행복한 왕자는 걱정을 하고 있는데 놀다가 때를 놓친 제비 한 마리가 늦게 남쪽 나라로 간다고 이 왕자의 상 밑에서 잠을 자게 되었습니다. 그런데 잠을 자는데 갑자기 큰 물방울이 떨어졌습니다. 이 제비는 웬 비가 오는가 하고 위로 올려다보았더니 왕자가 울고 있었습니다. 제비가 왜 우느냐고 물으니까 자기는 참 행복한 왕자였는데 여기서 보니까 가난하고 비참한 사람들이 너무 많아 견딜 수 없어서 눈물이 난다고 하면서 하루만 자기 부탁을 들어 달라고 했습니다. 그래서 제비가 그렇게 하겠다고 하니까 자기 칼에 있는 루비를 빼어가지고 아픈 아이 집에 갖다 주라고 했습니다.

그리고 그 다음 날이 되었을 때 제비에게 하루만 더 있어달라고 애원을 하면서 이번에는 자기 눈에 있는 사파이어를 빼어가지고 성냥 파는 여자아이에게 주라고 했습니다. 그 다음 날에도 또 다른 쪽 눈에 있는 사파이아를 빼어서 다른 빚진 자에게 주라고 했습니다. 이제 왕자는 눈이 없어서 아무 것도 볼 수가 없었습니다. 그래서 제비에게 도시에서 일어나는 일을 보고 자기에게 이야기를 해 달라고 부탁을 했습니다. 제비가 너무 추워서 더 있을 수 없지만 남을 도와주는 것이 재미있어서 도시를 돌아다니면서 본 어려운 사람들의 이야기를 왕자에게 해주었습니다. 왕자는 이번에는 자기 금박을 벗겨서 가난한 아이들에게 나누어주라고 했습니다. 제비는 왕자의 금박을 벗겨서 굶주리고 가난한 아이들에게 주었습니다. 결국 제비는 남쪽 나라로 가야할 때를 놓쳐서 왕자 밑에서 얼어 죽고, 행복한 왕자는 루비와 사파이어와 금으로 입힌 것들이 다 없어져 비참하게 되고 말았습니다. 그래서 사람들은 그 왕자가 보기 싫다고 행복한 왕자의 상을 부수어 버렸습니다. 그러나 제비와 왕자는 진정으로 자신들이 행복하다고 생각합니다.

우리가 이 세상에서 자기 자신도 행복하기를 원하지만 다른 사람을 행복하게 할 때 얼마나 큰 기쁨이 있는지 모릅니다. 이것이 진정으로 우리가 이 세상을 사는 보람인 것입니다.

순결한 삶

우리가 예수를 믿는다고 해서 육체의 정욕이 없어지는 것이 아닙니다. 우리 안에는 여전히 성욕도 남아 있고 타락된 정욕도 남아 있습니다. 우리는 이 세상에 살면서 절대적으로 순결한 삶을 살아야 합니다.

4절 모든 사람은 혼인을 귀히 여기고 침소를 더럽히지 않게 하라 음행하는 자들과 간음하는 자들을 하나님이 심판하시리라

하나님의 백성과 하나님을 모르는 사람의 가장 큰 차이는 바로 이런 이

성적인 관계에 있을 것입니다. 하나님을 모르는 사람들이 이 세상을 사는 목적은 바로 자신의 행복을 위해서라고 생각합니다. 그렇다면 이 세상에서 행복을 가장 많이 누리는 방법은 일단 맛있는 것을 잘 먹는 것이고 그 다음에는 성적인 욕망을 채우는 것입니다. 그 다음에는 다른 사람들을 자기 마음대로 부리고, 많은 사람들의 칭찬과 인정을 받는 것입니다.

그러나 하나님의 백성들은 이 세상에 사는 목적이 자신의 행복이 아니고 하나님의 영광을 위하는 것입니다. 그래서 그리스도인들은 하나님께 영광 돌리는 것과 가장 상극이 되는 것이 자기 욕망을 절대시하는 것이라는 것을 압니다.

그래서 사도 바울은 데살로니가전서 3:5에서 탐심은 '우상숭배' 라고 말했습니다.

하나님께서는 인간의 성욕 자체가 죄라고 말씀하지 않으셨습니다. 하나님께서는 모든 인간들에게 이성을 좋아하고 사랑하는 마음을 주셨습니다. 그러나 아무리 이성이 마음에 들고 감정적으로 끌리더라도 하나님이 정해놓으신 법칙을 넘어서는 것은 마귀의 사랑이고 멸망으로 가는 길입니다.

그래서 모든 사람은 혼인을 귀하게 생각해야 합니다. 하나님께서 가장 참지 못하시는 죄가 성적으로 문란하게 되고 혼인을 더럽히는 것입니다.

요즘 사람들은 너무나도 많이 혼인을 더럽히고 있습니다. 그 이유는 자기 욕망이나 행복을 절대적으로 생각하기 때문입니다. 그리고 자신의 행동에 대하여 책임을 지지 않으려고 하기 때문입니다. 하나님은 이렇게 사는 사람들을 심판하신다고 분명히 말씀하셨습니다.

우리 예수 믿는 사람들은 자기 야망과 정욕을 십자가에 못 박아야 합니다. 그래서 아무리 야망이 자기를 부르고 정욕이 자기를 십자가에서 끌어내리려고 해도 십자가에 못 박혔기 때문에 거기서 내려올 수 없습니다.

우리에게 있어서 정욕이 얼마나 무서운지 밤에 강도같이 우리에게 덮칩니다. 우리가 이런 죄에 빠지지 않으려면 언제나 환한 빛 가운데 걸어가야 합니다. 조금이라도 오해를 받을 짓은 아예 하지 않는 것이 좋습니다. 하나님의 백성들은 아무리 숨어서 죄를 지어도 다 들통이 납니다. 때문에 아예 처음부터 죄는 가까이 하지 말고 오해 받을 짓도 하지 말아야 합니다. 그렇게 하려면 언제나 말씀의 등불을 환하게 밝혀 놓아야 합니다.

그리고 하나님의 백성들은 돈 욕심을 버려야 합니다.

5절 돈을 사랑치 말고 있는 바를 족한 줄로 알라 그가 친히 말씀하시기를 내가 과연 너희를 버리지 아니하고 과연 너희를 떠나지 아니하리라 하셨느니라

왜 우리에게 돈이 필요할까요? 이 세상에서 먹고 살기 위해서는 돈이 있어야 합니다. 그런데 우리는 언제나 먹고 사는 것보다 더 많은 돈을 가지기를 원합니다. 그 이유가 무엇일까요? 앞으로 아이들 공부도 시켜야 하고 또 미래에 어떤 어려운 일을 당할지도 모르고 누가 아파서 병원에서 수술을 받아야 할지도 모르기 때문이지요. 또 늙어서 아무 것도 없는 것보다는 돈이라도 많이 있으면 노후가 걱정이 되지 않고 든든하기 때문이겠지요. 이때 주님은 우리에게 질문을 하시기를 '만일 내가 너와 함께 하는데도 돈이 많이 있어야 하겠느냐' 고 하면 우리의 상황은 완전히 달라지게 될 것입니다.

만일 우리에게 주님이 안계시다면 우리도 세상 사람들처럼 돈을 많이 가지는 것이 우리의 미래를 행복하게 하는 방법일 것입니다. 그러나 주님이 나를 버리지 아니하시고 떠나지 아니하신다면 우리는 돈을 많이 가지는 것보다는 주님을 붙드는 편이 훨씬 더 나을 것입니다. 그렇다고 해서 주님은 우리에게 돈을 전혀 가지지 말라고 말씀하시지는 않습니다. 단지 우리가 돈을 잡을 것인지 주님을 잡을 것인지 분명히 결단을 하라는 것입니다.

성경은 돈을 사랑하지 말라고 하셨습니다. 이것은 돈을 모으거나 돈을 버는 것 자체가 사는 목적이 되어서는 안 된다는 뜻입니다. 우리가 어차피 이 세상에서 살기 위해서는 돈을 벌어야 하고 집을 가지고 살아야 합니다. 그러나 이것이 절대적인 목적이 되면 우리는 이 세상을 사는 목적을 잊고 있는 것입니다. 돈을 버는 것은 어디까지나 수단이지 목적이 될 수 없습니다.

그리고 있는 것을 족한 줄 알라고 하셨습니다. 사람들은 누구나 항상 더 가지고 싶어 합니다. 이것은 어쩔 수 없는 본능이고 그렇지 않은 사람은 아무도 없을 것입니다. 그러나 만일 우리에게 돈보다 더 좋은 것이 있다면 어떻게 하겠습니까? 돈보다 더 좋은 것이 있다면 그것을 택할 것입니다. 그것이 바로 하나님을 아는 지식이며 성령의 능력입니다. 이것은 결코 이 세상의 돈으로 살 수도 없고 구경도 할 수 없는 것들입니다.

진정한 보배는 우리 안에 있는 깨끗한 양심입니다. 우리 안에 있는 깨끗한 양심은 값으로 계산할 수 없는 가치가 있습니다. 이런 엄청난 가치가 우리 안에 있는데 무엇 때문에 시시한 것들을 사랑하겠습니까? 우리는 더 이상 이런 것보다는 내 속에 주님의 은혜와 사랑이 충만해지는 것을 더 좋아해야 할 것입니다.

바른 말씀의 공급

우리는 이미 구원을 약속받았고 하나님의 백성이 되었지만 완전한 상태가 아닙니다. 우리가 이 세상에 살아 있는 동안에는 계속 하나님의 말씀을 먹어야 살 수가 있습니다. 이스라엘 백성들이 애굽에서 나왔을 때 하나님께서는 이스라엘 백성들을 광야로 인도하시면서 '사람이 떡으로만 살 것이 아니요 하나님의 입에서 나오는 말씀으로 살 것이니라'(신 8:3)고 약속하셨습니다. 그리고 이스라엘 백성들은 실제로 하나님의 말씀만 듣고서 40년을 살았습니다. 그래서 하나님 백성들의 사활을 결정하는 것은 살아있는 하나님의 말씀을 지속적으로 듣는 것입니다. 만약 우리가 하나님의 말씀을 제대로 듣지 못한다면 우리는 영적으로 굶주리게 될 것이고 결국 힘을 내지 못할 것입니다.

오늘 많은 훌륭한 크리스천들의 문제가 제대로 말씀을 먹지 못한 상태에서 힘들게 봉사를 하면서 버티니까 나중에는 우울증이 오게 되고 냉소주의에 빠지게 되는 것입니다.

7-9절 하나님의 말씀을 너희에게 이르고 너희를 인도하던 자들을 생각하며 저희 행실의 종말을 주의하여 보고 저희 믿음을 본받으라 예수 그리스도는 어제나 오늘이나 영원토록 동일하시니라 여러가지 다른 교훈에 끌리지 말라 마음은 은혜로써 굳게 함이 아름답고 식물로써 할 것이 아니니 식물로 말미암아 행한 자는 유익을 얻지 못하였느니라

오늘 여기서 성경은 말씀을 가르치는 자는 무조건 맹목적으로 순종하라고 말씀하시지 않습니다. 오직 그 행실의 종말을 주의해서 보고 따라가라고 말씀을 했습니다. 그 이유는 아무리 말씀을 가르치는 자라고 하지만 얼마든지 소경이 소경을 인도할 수 있기 때문입니다. 말씀을 가르치는 자에게서 가장 중요한 것은 항상 하나님의 말씀을 자기 자신에게 먼저 설교하고 그 말씀에 자기 자신을 먼저 쳐 복종을 시키는 것입니다. 만일 말씀을 가르치는 자가 자기 자신은 말씀으로 쳐 복종시키지 아니하고 말씀만 가르칠 때에는 그 말씀이 권세가 없을 뿐 아니라 성령의 역사를 불러일으키지 못합니다.

하나님의 성령의 역사는 언제 나타나는가 하면 말씀을 가르치는 사람 자신이 그 말씀에 자기 자신을 완전히 쳐 복종시키고 자기 자신을 완전히

바쳤을 때 나타나게 되는 것이 특징입니다. 그래서 목회자가 먼저 자기 자신이 그 말씀에 죽어지지 않으면 그 말씀이 옳기는 한데 교인들의 상처가 치료되지 않고 죄와 유혹을 이길 수 있는 힘이 생기지 않습니다. 그리고 말씀을 전하는 자 자신이 말씀에 복종하지 않기 때문에 말씀은 하면서도 자기 야망을 향해서 교인들을 끌고 가게 됩니다. 그리고 이런 사람들의 특징이 어떻게 하면 다른 사람들을 살릴 것인가 하는 것을 생각하지 않고 이용할 것인가 하는 생각입니다. 이것은 굉장히 위험한 것입니다. 그래서 설교자는 설교로 다른 사람을 치기 전에 먼저 자기 자신을 쳐야 하고, 남을 울게 하기 전에 자기 자신이 먼저 울어야 하는 것입니다.

여기에 보면 '예수 그리스도는 어제나 오늘이나 동일하시느니라' 고 말씀하고 있습니다. 가장 중요한 것이 주님은 우리에게 이랬다 저랬다 하시는 분이 아니신 것입니다. 그래서 아무리 시대가 변해도 하나님의 원리는 변하지 않고 하나님의 구원 방법도 변하지 않습니다. 오직 복음의 미련한 것으로 세상을 구원하시기를 기뻐하시는 것입니다.

우리 믿는 사람들도 한 사람 한 사람이 보석으로 변하기 때문에 언제나 일정합니다. 우리는 이랬다가 저랬다가 해야 할 이유가 없습니다.

여기에 보면 '여러 가지 다른 교훈에 끌리지 말라' 고 하셨습니다. 왜 목회자나 교인들이 성경 외에 다른 교훈에 유혹을 받을까요? 그 이유는 성경 하나만으로 만족을 하지 못하기 때문입니다. 하나님의 말씀을 듣는 것 보다 귀를 즐겁게 해주는 사람의 소리를 더 듣고 싶어 하기 때문입니다. 그래서 히브리서에서는 '마음을 은혜로 굳게 하라' 고 말씀합니다. 이것은 절대로 성경외의 가르침에는 마음 문을 열지 말라는 뜻입니다. 우리가 이 세상에서 풍성한 삶을 사는 비결은 자신의 마음 문을 고집스럽게 지키는 것입니다.

아마도 요즘 세상에 대문을 언제나 활짝 열어 놓고 사는 사람들은 없을 것입니다. 그러나 마음문은 대문이 없어 누가 무슨 말을 하든지 다 듣고 따라가는 세상입니다. 텔레비전에서 한번 무엇이 몸에 좋다고 하면 그날로 슈퍼마켓에서 그 물건이 동이 나버리는 세상에 우리는 살고 있습니다. 이것은 아직 사람들이 자기 영혼을 지킬 능력이 없다는 것을 보여주는 것입니다. 이런 나라에서는 거짓말이나 사기로 얼마든지 돈을 벌 수가 있습니다. 왜냐하면 누가 무슨 말을 하더라도 열광하면서 따라오기 때문입니다. 그러나 양들은 목자의 음성이 아니면 따라가지 않는다고 했습니다.

여기에 보면 '식물로 말미암아 행하는 자는 유익이 없다' 고 말씀하고 있습니다. 이것은 복음에서 전혀 금지하지 않았음에도 불구하고 자기 나름대로 더 잘 믿어보려고 음식을 제한하거나 금식을 하거나 구약의 음식 제도를 지키려고 하는 것을 말합니다.

우리가 항상 주의해야 할 것은 비복음적인 영성이 항상 더 멋있게 보이고 좋아보인다는 사실입니다. 사람들은 정답을 찾는 것보다는 정답을 향하여 몸부림치는 것을 더 멋있게 생각합니다. 그래서 때로는 불교적인 사색이나 번뇌 혹은 천주교적인 영성을 기독교적인 경건보다 더 숭고하고 아름답다고 생각하는 사람들이 많이 있습니다.

이것은 예수님 당시에도 마찬가지였습니다. 사람들은 세례 요한이 금식을 할 때에는 귀신이 들렸다고 하더니 예수님께서 먹는 문제를 가지고 제자들을 구속하지 않으시니까 먹는 것을 탐하는 자라고 비난을 했습니다.

우리 복음은 노예 검투사들을 키우는 곳이 아닙니다. 세상적으로 보면 노예 검투사들이 영웅인 것 같지만 사실 그들은 비참한 사람들입니다. 하나님께서는 우리가 하나님의 자녀답게 자라는 것을 원하십니다. 하나님께서는 천 명의 노예보다 한 사람의 자유인 자녀를 더 기뻐하십니다.

교회도 욕심을 가지면 교인들을 잘못된 야망이나 비전으로 끌고갈 수 있습니다. 그렇지 않으면 정반대로 율법적인 훈련으로 헌신된 자를 양산해

내려는 유혹에 빠질 수 있습니다. 교인들을 율법적으로 훈련을 시키면 훨씬 더 열심이 있고 헌신적이며 순종을 잘 하는 사람들을 얻을 수 있습니다. 그러나 그들은 하나님의 사랑하시는 자녀가 아니고 노예만 잔뜩 만들어 놓게 되는 것입니다.

오늘 말씀을 보면 우리 믿는 사람들은 병원에서 퇴원을 한 사람과 같습니다. 우리는 한번 죽을 뻔한 병에 걸렸다가 살아났기 때문에 세상을 사는 자세 자체가 달라야 할 것입니다. 우리는 감사하는 마음으로 그리고 하나님의 사랑의 뜻을 이루어 드리는 자세로 살아야 할 것입니다.

오늘 말씀에는 특징이 우리가 어떻게 살아야 할 것인지 교훈을 주시면서 성경적인 말씀으로 뒤받침하고 있는 것입니다.

형제를 사랑하고 손님을 대접하라고 한 후에 부지중에 천사를 대접한 이가 있다고 말씀하고 있습니다.

혼인을 귀히 여기고 침소를 더럽히지 말라고 한 후에 하나님은 음행하는 자들과 간음하는 자들을 심판하신다고 말씀하고 있습니다.

또 돈을 사랑하지 말라고 한 후에 '내가 과연 너희를 버리지 아니하고 떠나지 아니하리라' 고 말씀하시고 '주는 나를 돕는 자시니 내가 무서워 아니하겠노라' 고 했습니다. 그리고 성경적인 목회자를 잘 따를 것을 말씀하시면서 '예수 그리스도는 어제나 오늘이나 동일하다' 고 말씀하셨습니다.

오늘 우리에게 주신 교훈은 이만큼 위대한 성경의 축복과 약속들이 있는 말씀입니다. 우리 모두 이 말씀에 순종해서 큰 축복을 받는 성도들이 되시기를 바랍니다.

CHAPTER • 18

능욕을 지고 가는 사람들

히브리서 13:10-25

우리가 살고 있는 이 도시가 깨끗할 수 있는 것은 누군가가 도시의 오물을 치우기 때문입니다. 이른 아침에 새벽기도 드리러 밖에 나오면 그때부터 이미 청소하는 분들이 활동을 시작하십니다. 어떤 분은 거리에서 길가에 흩어져 있는 휴지나 쓰레기들을 빗자루로 치우는 일을 하시고, 어떤 분은 집에서 버린 음식물을 수거해서 도시 밖에 있는 쓰레기 하치장으로 옮깁니다. 한때 어떤 도시에서 쓰레기 치우는 것 때문에 말썽이 생겨서 몇 주 동안 쓰레기들을 치우지 않은 때가 있었습니다. 그때 그 도시는 완전히 쓰레기와 오물 더미가 쌓여서 악취가 진동하는 곳으로 변하고 말았습니다. 지금처럼 정화조를 사용하기 전에는 통을 매고 다니면서 화장실의 오물을 치우는 분들이 있었습니다. 어느 집에서 화장실을 치운다고 하면 그 주위에 있는 사람들은 모두 코를 막아야 할 정도로 냄새가 진동을 했지만 그렇게 해서 집집마다 있는 오물이 넘치지 않고 위생적이고 깨끗한 생활을 할 수 있었던 것입니다.

그러나 요즘 우리는 남의 오물을 치우는 사람들이 아니라 자기 오물을 지고 가는 사람들을 많이 볼 수 있습니다. 대표적인 예가 유명한 사람들이 무슨 죄를 지어서 신문 기자들이 몰려와서 사진을 찍는 가운데 검찰에 조사를 받기 위하여 소환되는 것입니다. 다음 날이 되면 그의 사진이 대문짝만하게 신문에 나게 될 것입니다. 그러나 그렇게 할 수밖에 없는 이유는 자기 죄라도 지고 교도소에 들어가야 그만큼이라도 이 사회에 썩는 냄새가 덜 나는 곳이 될 수 있기 때문입니다.

오늘 성경 말씀은 예수님께서 능욕을 지고 영문 밖으로 나가셨다고 말씀하고 있습니다. 즉 예수님은 자신의 어깨에 세상의 냄새나는 오물이라는 오물은 다 짊어지시고 예루살렘 성문 밖으로 나가셔서 십자가에 못 박혀 죽으셨던 것입니다. 예수님은 우리 죄에 대한 진공청소기와 같습니다. 예수님께서는 당신이 지신 십자가로 우리의 모든 허물과 죄와 냄새나는 부끄러운 죄들을 모두 다 빨아가셨습니다.

그런데 성경 말씀은 우리들도 예수님을 본받아서 능욕을 지고 영문 밖으로 나가자고 말씀하고 있습니다. 즉 우리들은 또 다른 의미에서 이 세상의 죄를 청소하는 사람들이라는 뜻입니다. 우리는 많은 사람들의 환호 속에 고급 승용차를 타고 고급 호텔이나 큰 회의장 안으로 들어가는 유명한 사람들이 아니라 또 다시 예수님처럼 모든 더러운 죄들을 어깨에 짊어지고 영문 밖으로 나가야 하는 것입니다.

오늘 말씀은 히브리서의 결론 부분에 해당되는 말씀입니다. 그런데 오늘 말씀을 대하면서 느끼게 되는 것이 '역시 히브리서의 끝은 히브리서답다' 는 것입니다. 히브리서는 시작부터 웅장하게 시작이 되더니 역시 끝도 웅장하게 끝을 맺는 것을 볼 수 있습니다. 히브리서의 주제는 '대제사장 예수' 입니다. 즉 예수님께서 십자가 위에서 죽으신 것이 어떻게 우리의 모든 죄를 다 해결했느냐 하는 것입니다. 그러나 예수님은 십자가 위에서 죽으심으로 모든 죄를 사하시는 일로 끝이 나신 것이 아니라 지금도 하나님 보좌 우편에서 그 일을 하고 계십니다.

예수님이 죄를 사하는 일을 하는 기도하시는 곳과 바로 연결된 곳이 교회입니다. 더 정확하게 말하면 교회에서 예배드리는 시간입니다. 우리는 우리의 예배를 통하여 우리 자신의 죄만이 아니라 세상의 모든 다른 사람들의 죄까지도 어깨에 다 짊어지고 와서 하나님 앞에 내어 놓고 깨끗함을 받게 해야 되겠습니다.

능욕을 지고 가는 제사

10, 11절 우리에게 제단이 있는데 그 위에 있는 제물은 장막에서 섬기는 자들이 이 제단에서 먹을 권이 없나니 이는 죄를 위한 짐승의 피는 대제사장이 가지고 성소에 들어가고 그 육체는 영문 밖에서 불사름이니라

우리가 어떤 사람의 집에 초청되어 갔는데 집 앞에 먹다 남은 음식을 담은 그릇을 그대로 쌓아 놓고 방 구석 구석에도 오물이 그대로 있다면 우리는 잠시라도 그 집에 들어가고 싶지 않을 것입니다. 마찬가지로 하나님께서 아무리 우리 인간들을 사랑하시고 축복하기를 원하시지만 우리 인간들이 저질러 놓은 죄가 하나님 앞에 그대로 노출되어 있기 때문에 도저히 하나님께서 우리에게 오셔서 축복하실 수가 없는 것입니다. 바로 이 부분에 있어서 우리 인간들의 죄를 해결하는데 탁월한 능력을 가진 것이 구약의 성전이고 제사였습니다.

오늘 성경 말씀은 바로 그 구약 성전의 제사와 오늘 우리의 예배를 다시 연결시켜서 말씀하고 있습니다.

우리 인간들은 다른 사람의 마음을 볼 수 없기 때문에 겉모습만 화려하고 멋이 있으면 좋다고 생각을 할 것입니다. 그러나 하나님은 우리의 마음을 보시기 때문에 우리 안에 있는 죄 하나하나가 하나님 앞에서는 악취요

더러운 냄새를 풍기는 오물인 것입니다.

오늘 본문 말씀은 구약의 속죄제에 대하여 말씀을 하고 있습니다. 구약의 제사 중에서 중요한 것이 속죄제와 화목제인데 속죄제는 그 고기를 먹을 것 없는 것이 특징이었습니다. 속죄제로 드리는 제물은 피는 제단 주위에 뿌리고 몸은 각을 떠서 완전히 불살라 태웠습니다. 그리고 타고 남은 재와 오물은 성전 문밖에 버렸습니다. 그러나 속죄일에는 제사가 좀 더 극적이었습니다. 속제일의 제사는 짐승을 죽여서 피는 대제사장이 가지고 지성소에 들어가고 죽인 짐승은 성전 문 밖에서 태웠습니다. 그리고 그 짐승의 고기를 전혀 먹을 수가 없었습니다. 짐승의 고기를 먹을 수 있는 것은 화목제의 고기였습니다.

여기서 우리는 속죄제와 화목제가 무엇이 다른지 알 필요가 있습니다. 속죄제라고 하는 것은 우리의 죄를 완전히 제거하는 것입니다. 하나님 앞에서 우리의 죄를 완전히 태워버리는 것이며 그 재까지도 모두 영문 밖으로 다 가지고 가서 완전히 버리는 것입니다. 그래서 피는 뿌리고 몸은 태우는 것이 속죄제사입니다. 그리고 화목제라고 하는 것은 이렇게 죄가 완전히 해결된 후에 하나님께서 주시는 은혜를 서로 나누어 가지는 것입니다. 그래서 화목제는 내장의 기름만 태우고 고기는 제사장과 바친 사람과 식구들이 다 함께 나누어 먹게 되어 있습니다. 그러나 속죄제의 제물은 아무도 먹을 수가 없습니다. 왜냐하면 이것은 완전히 하나님 앞에서 태워없애야 했기 때문입니다. 그리고 난 후에 화목제가 있고 고기도 먹을 수 있는 것입니다.

오늘 본문은 이것을 예수님의 십자가 죽음과 연결을 시키고 있습니다.

12절 그러므로 예수도 자기 피로써 백성을 거룩케 하려고 성문 밖에서 고난을 받으셨느니라 예수님께서는 우리의 죄를 하나님 앞에서 다 해결하시기 위해서 우리의 죄와 수치를 짊어지시고 영문 밖으로 나가셨습니다. 사람들이 예수님을 보고 욕을 하고 비웃었지만 예수님의 그 비참한 모습은 우리의 추악한 죄를 지고 가신 것이었습니다. 예수님께서는 십자가 위에서 자신의 피를 한 방울도 남기지 않고 다 흘리심으로 우리의 죄를 거기서 다 태우셨습니다. 예수님의 십자가가 있었기 때문에 예루살렘 성전이 깨끗해질 수 있었고 우리는 율법의 무서운 저주에서 풀려날 수 있게 되었습니다.

그런데 오늘 성경이 무엇이라고 말씀하고 있습니까? 10절에 '우리에게 제단이 있는데 그 위에 있는 제물은 장막에서 섬기는 자들이 이 제단에서 먹을 권이 없나니' 라고 했습니다. 우리에게 새로운 제단이 있고 제물이 있는 것입니다. 아니, 예수님께서 우리의 죄를 다 짊어지시고 영문 밖으로 나가셔서 마지막 한 방울의 피까지 다 쏟으셨는데 우리에게 또 무슨 제단이 있고 또 무슨 제물이 있어야 합니까? 문제는 예수님이 십자가 위에서 죽으신 후에도 사람들은 계속 죄를 짓고 있는데 이 죄를 어떻게 해야 하겠습니까? 누군가는 이 세상에 계속 쌓이고 있는 죄를 처리해야 하지 않겠습니까? 사람들이 이 세상에 살면서 먹지 않고 배설하지 않는다면 얼마나 이 세상이 깨끗해지겠습니까? 그러나 우리 인간이 이 세상에 사는 이상은 끊임없이 무엇인가를 만들어서 먹어야 하고 또 배설을 해야 합니다. 마찬가지로 인간들은 살아 있는 이상은 죄를 짓습니다. 이 세상 여기저기에 계속 오물이 쌓여가고 있으며 악취가 진동을 하고 있는 것입니다. 예수님께서 바로 이런 식으로 쌓여가고 있는 죄들을 해결하기 위하여 교회에 예배를 허락하셨습니다.

지금 하나님의 보좌 우편에 계신 예수님과 우리의 예배가 연결이 되어 있습니다. 대제사장이신 예수님께서는 이 예배를 통해서 우리의 모든 죄와 수치와 허물을 다 빨아 가시는 것입니다. 그렇다면 우리는 이 예배가 어떤 예배가 되어야 하겠습니까? 우리가 가지고 있는 모든 죄와 허물을 예수님 앞에 다 내어놓는 시간이 되어야 할 것입니다. 그래서 예배를 드리는 시간은 오늘 본문이 말씀하시는 것처럼 무엇을 먹는 시간이 아닙니다.

고급 레스토랑에서 멋진 드레스를 입고 좋은 음악을 들어가면서 음식을 먹는 시간이 아닙니다. 예배를 드리는 시간은 내 영혼과 우리 집안과 우리 사회의 모든 오물들을 예수님 앞에 다 가지고와서 내어드리는 시간인 것입니다. 우리가 집에서 음식물 쓰레기를 버릴 때 고급 드레스를 입고 품위 있는 모습으로 쓰레기를 버리지는 않을 것입니다. 집에서 일하던 옷 그대로 추우면 겉옷만 하나 걸치고 총총 걸음으로 나와서 음식물 쓰레기를 버리고 갈 것입니다.

우리의 예배 시간은 내 죄와 수치를 완전히 끄집어내어서 태우는 시간이 되어야 합니다. 어떻게 해야 우리 안에 있는 죄와 허물과 수치를 다 끄집어낼 수 있습니까? 오직 탄식과 눈물과 고백을 통해서입니다.

그렇게 해야 우리는 그 후에 화목 제물의 음식을 먹을 수가 있는 것입니다.

우리는 예배드리는 시간이 죄와 허물을 태우는 시간이라는 것을 안다면 내 것만 태울 것이 아니라 다른 사람의 것도 태워주어야 할 것입니다. 우리는 우리 가족이나 우리 친구나 우리 교인들의 허물도 하나님 앞에 내어놓을 수 있습니다. 성경에 보면 본인들이 깊은 병에 걸려 있거나 믿음이 없었을 때에 주위에 믿음 있는 사람들이 대신 예수님께 나아와서 간청을 했는데 예수님께서 그들의 믿음을 보시고 병자들을 고쳐주신 것을 볼 수가 있습니다. 우리는 다른 사람들의 죄나 허물에 대하여 미워하거나 욕만 할 것이 아니라 예배 시간에 예수님 앞에 내어놓으면 됩니다. 심지어는 우리나라와 민족의 허물과 죄에 대해서도 예배 시간에 하나님 앞에 내어 놓고 태워야 합니다.

그래서 오늘 본문이 무엇이라고 말씀을 하고 있습니까?

13절 그런즉 우리는 그 능욕을 지고 영문 밖으로 그에게 나아가자

우리 예수 믿는 자들은 어떤 의미에서 이 세상에서 쓰레기와 오물을 치우는 자들이라고 말씀하고 있습니다. 즉 우리는 이 세상의 죄와 허물들을 어디서 어떻게 치우는지 아는 사람들이기 때문에 일단 눈에 보이는 죄가 있으면 그것을 다 짊어지고 예수님께로 나아가야 하는 것입니다.

그런데 오늘 성경에는 '교회 안으로' 라고 말씀하지 않고 '영문 밖으로' 라고 말씀하고 있습니다. 그것은 결코 교회가 세상의 영광을 받는 곳이 아니기 때문입니다. 또한 신약의 제사장의 직분을 이 세상 사람들이 알아주거나 인정해주지 않기 때문입니다. 사실은 이곳이 하나님의 지성소인데 세상 사람들이 보기에는 그들의 영문 밖인 것입니다.

우리가 이것을 통해서 볼 때 우리 예수 믿는 사람들이 얼마나 신앙적으로 성숙해 있어야 하며 얼마나 깨어 있어야 하는지 알게 됩니다.

우선 우리는 하나님 앞에서 죄와 허물을 태우는데 가장 적극적이어야 합니다. 세상 사람들은 할 수 있는 대로 죄를 감추고 숨기려고 합니다. 왜냐하면 죄를 치료할 수 있는 길을 모르기 때문입니다. 그들은 할 수 있는 대로 죄를 덮어놓으려고 합니다. 그러나 신문지 같은 것으로 죄를 덮어놓으면 죄가 없어지는 것이 아니라 그 안에서 썩으면서 더 심한 악취를 풍기게 됩니다. 우리가 하나님 앞에서 예배드리는데 가장 좋지 못한 것이 위선적인 태도입니다. 자기 죄는 감추어 놓고 하나님의 은혜를 감상하려고 하면 그 예배가 아무 유익이 없습니다. 그리고 우리는 다른 사람들의 죄와 허물에 대해서도 미워하거나 비난하기 보다는 그들을 격려하고 바른 길로 인도해 줄 수 있어야 하겠습니다. 왜냐하면 어떤 죄든지 예수님 앞에 내어놓기만

하면 다 치료가 되기 때문입니다. 우리는 주저하고 망설이고 있는 다른 사람들에게 두려워하지 말고 걱정하지 말라고 하면서 격려를 해 줄 수 있습니다.

그래서 오늘 성경은 우리도 '능욕을 지고 영문 밖으로 그에게 나아가자' 라고 말씀하고 있습니다. 즉 세상에서 인정받으려 하지 말고 사람들 앞에서 높아지려고 하지 말고 세상의 모든 죄를 다 짊어지고 예수님께 나아가서 태워버리는 그 사람이 진정으로 다른 사람을 사랑하는 자이고 인류를 사랑하는 자라는 뜻입니다. 만일 이 세상이 더러운 오물로 가득 차 있다면 어떻게 하나님께서 이 세상을 살리고 싶으시겠습니까? 다른 사람들은 우리에게 청소부같이 구질구질하다고 할지 모르겠지만 실제로 이 세상의 죄를 치우는 사람이 전쟁도 막고 전염병도 막고 재앙도 막는 사람인 것입니다.

천국을 향한 순례자들

14, 15절 우리가 여기는 영구한 도성이 없고 오직 장차 올 것을 찾나니 이러므로 우리가 예수로 말미암아 항상 찬미의 제사를 하나님께 드리자 이는 그 이름을 증거하는 입술의 열매니라

우리 예수 믿는 사람들은 모두 이 세상에서 길을 잃고 헤매다가 천국 가는 길을 찾은 사람들입니다. 우리들이 해야 할 것은 우리가 찾은 이 천국 길을 끝까지 꾸준히 걸어가는 것입니다. 우리가 천국을 향한 순례의 길을 가면서 해야 할 것은 항상 하나님을 찬양하는 것입니다. 이것을 오늘 본문은 찬미의 제사라고 말씀하고 있습니다.

봄 가을이 되면 많은 사람들이 관광버스를 타고 여행을 떠납니다. 그들이 버스를 타고 여행을 떠나면 신이 나서 노래를 부르는데 모두 세상 노래

를 부릅니다. 어떤 사람들은 너무 신이 나서 버스 복도에 나와서 덩실 덩실 춤을 추기도 합니다. 그러나 예수 믿는 사람들은 긴 인생의 순례의 길을 떠나면서 하나님을 계속 찬송하는 사람들입니다. 그들이 부르는 찬송의 내용이 무엇입니까? 예수님께서 십자가 위에서 못 박혀 죽으신 것과 하나님께서 우리에게 행하신 놀라운 구원들을 완전히 소화를 해서 노래를 만든 것입니다. 우리가 이런 노래를 부르면 예수님의 십자가 은혜와 하나님의 구원이 우리 온 마음과 인격 구석구석에 스며들면서 충만하게 됩니다. 그리고 우리의 몸과 마음 전체가 하나님께 드려지는 산제사가 되는 것입니다.

옛날 로마 시대에 그리스도인들을 죽이기 위해서 경기장에 넣고 사자를 풀어 놓아도 이들은 찬송을 불렀습니다. 그들은 지하 감옥에 예배를 드릴 때에도 찬송을 불렀습니다. 그들은 모든 일에 앞서 하나님을 찬송하는 일부터 했습니다. 그것은 그들을 하나님의 은혜와 예수 그리스도의 십자가 구원에 완전히 통째로 삶는 것이었습니다.

오늘 말씀에서 중요한 것은 우리는 이 세상 사람이 아니라는 것입니다. 우리는 지금 이 세상을 여행하고 있는 여행객들인 것입니다. 여행하는 사람들은 여러 가지 것들을 보기만 하지 그곳에 정착하지 않습니다. 그들의 가정과 직장은 자기 나라에 있는 것입니다.

우리는 이 세상의 일에서 한 걸음 벗어날 필요가 있습니다. 왜냐하면 이 세상 일에 너무 빠져버리면 완전히 이 세상에 발목이 잡혀버리기 때문입니다.

그러면서도 우리는 이 세상에 대하여 구경꾼처럼 살아서는 안 됩니다.

16절 오직 선을 행함과 서로 나눠주기를 잊지 말라 이같은 제사는 하나님이 기뻐하시느니라 여기에 또 제사라는 표현이 나오고 있습니다. 즉 우리가 하나님을 찬송하고 예배드리는 것만이 제사가 아니라 선을 행하고 서로 나눠주는 것도 제사가 된다는 것입니다. 우리 예수 믿는 사람들은 이 세상에서 아주 특이한 사람들이라는 것을 알 수 있습니다. 우리는 이 세상에 속하지 않은 사람들이면서도 기회가 있는 대로 사랑을 베풀고 어려운 사람들을 도와주는 사람들인 것입니다.

그럼에도 불구하고 세상 사람들이 하나님의 백성들을 미워하고 싫어하는 이유가 어디에 있을까요? 세상 사람들은 이 세상을 위해서 모든 것을 다 바치는 사람들을 좋아합니다. 이 세상을 더 살기 좋은 곳으로 만들고 이 세상이 더 좋아지기 위해서 모든 노력을 다 바치는 사람들을 보면 '아, 이 사람은 이 세상에 속했구나' 라고 해서 좋아하지만 이 세상에 살면서 다른 나라를 더 좋아하는 사람들은 이 나라 사람들이 아니라고 해서 싫어하는 것입니다. 우리는 이런 취급당하는 것을 싫어하면 안 됩니다.

우리는 모두 언젠가는 이 세상을 떠나서 아버지 집으로 가야 할 사람들입니다. 이 세상이 너무 좋으면 어떻게 이 세상을 떠나서 아버지 집으로 갈 수 있겠습니까? 그래서 우리 아버지는 사랑하시는 자녀들에게 이 세상의 모든 좋은 것을 다 주시지 않으십니다. 때로는 그들로 하여금 이 세상에 대하여 환멸을 느끼게도 하십니다. 그래야 우리가 하나님 나라를 더 소망하게 되기 때문입니다.

그런데 우리가 이 넓은 세상에서 어떻게 천국 길을 찾아갈 수 있을까요?

이것이 가장 중요한 문제입니다. 우리는 지금 이 세상에서 살고 있는데 어떻게 천국을 찾아갈 수 있습니까? 이것은 예수님이 잡히시기 전에 도마가 예수님에게 질문한 것이기도 합니다.

요 14:5 도마가 이르되 주여 주께서 어디로 가시는지 우리가 알지 못하거늘 그 길을 어찌 알겠사옵나이까?

그러나 이미 우리는 천국을 향하여 가고 있습니다. 우리가 예수를 믿는 그 순간부터 우리는 이미 천국을 향해서 가고 있습니다. 우리가 비행기를 타거나 배를 탔을 때 가지 않는 것 같지만 가고 있는 것과 같습니다. 우리에게 중요한 것은 이미 천국을 향하여 가고 있지만 하나님의 말씀에 잘 복종하는 것이 중요합니다.

17절 너희를 인도하는 자들에게 순종하고 복종하라 저희는 너희 영혼을 위하여 경성하기를 자기가 회계할 자인 것 같이 하느니라 저희로 하여금 즐거움으로 이것을 하게하고 근심으로 하게 말라 그렇지 않으면 너희에게 유익이 없느니라

'너희는 인도하는 자에게 순종하라' 는 것은 바른 말씀의 가르침에 순종하라는 뜻입니다. 왜냐하면 우리가 바른 예수를 믿었으면 이미 구원받은 것과 같습니다. 그러나 아직 우리는 천국에 간 것은 아닙니다. 아직 이 세상에 많은 죄와 유혹이 있는 가운데를 우리는 걸어가고 있습니다. 그래서 우리가 이 세상에서 사망의 골짜기에 떨어지지 않으려면 하나님의 말씀에 귀를 기울이고 말씀에 민감하게 반응을 해야 합니다.

우리가 예수님이 우리와 함께 계신 것을 어떻게 알 수 있습니까? 목자의 음성이 들리는 것을 통해서 알 수 있습니다. 우리에게 하나님의 말씀이 바로 들리고 있다면 주님이 우리와 함께 계신 것입니다. 주님이 우리와 함께 계신다면 우리는 걱정할 것이 아무 것도 없습니다. 주님이 우리를 가장 풍성하고 아름다운 삶으로 인도하실 것입니다. 그러나 많은 사람들은 하나님의 말씀을 따르는 것을 좋아하지 않습니다. 왜냐하면 하나님의 말씀을 듣

는 것이 비현실적인 것 같고 또 내 기질이나 능력을 죽이는 것처럼 생각하기 때문입니다. 그래서 이스라엘 역사를 보면 결국 이 두 가지 신앙이 언제나 대립하고 갈등을 일으켰던 것을 알 수 있습니다.

하나는 모세의 두 돌비의 신앙입니다. 즉 오직 하나님의 말씀을 듣고 그 말씀에 순종해서 사는 것입니다. 그리고 다른 하나는 금송아지의 신앙입니다. 즉 하나님의 말씀을 치워버리고 내 생각대로 먹고 마시고 뛰노는 것입니다. 그러나 이스라엘 백성들이 금송아지를 따라갔을 때에는 세상적으로는 성공하는 것 같았는데 결국은 멸망했습니다. 왜냐하면 금송아지는 죄를 해결하지 못하기 때문입니다. 그러나 모세의 두 돌비는 세상적으로 보면 촌스럽고 시대에 뒤떨어지는 것 같지만 결국 하나님의 능력과 기적을 끌고 오는 힘이 있었습니다.

그래서 우리 믿는 자들에게 가장 중요한 것은 하나님의 말씀을 대적하지 않는 것입니다. 이스라엘 백성들이 애굽에서는 나왔지만 광야에서 하나님의 말씀을 대적하고 원망하며 불평했을 때 그들은 모두 안식에 들어가지 못하고 광야에서 죽었습니다. 하나님께서는 사람을 통해서 말씀을 주십니다. 그렇게 하시는 이유는 우리가 나 혼자의 기분이나 기질로 미쳐서 날뛰면서 스스로 잘 믿는다고 도취하지 않도록 하시는 것입니다. 우리는 사람에게 복종함으로 하나님에게 복종하고 사람을 섬김으로 하나님을 섬긴다는 것을 꼭 기억하셔야 합니다. 여기에 보면 자기가 '회계할 자같이 한다.'고 했습니다. 잘못을 저지르기는 딴 사람이 했는데 나중에 변상하는 것은 인도하는 사람이 하는 것처럼 한다는 말입니다. 왜 그렇습니까? 신앙이 어린 사람은 잘못을 저지르기는 하지만 수습할 능력이 없기 때문입니다. 그래서 수습할 능력이 없는 어린 아이에게 너무 큰 책임을 맡기지 않는 것이 중요합니다. 결국 교인들에게서 일어나는 모든 어려움들은 교회의 어른들이 나서서 책임을 지라는 뜻입니다.

하나님의 약속

20, 21절 양의 큰 목자이신 우리 주 예수를 영원한 언약의 피로 죽은 자 가
운데서 이끌어 내신 평강의 하나님이 모든 선한 일에 너희를 온전케 하사
자기 뜻을 행하게 하시고 그 앞에 즐거운 것을 예수 그리스도로 말미암아
우리 속에 이루시기를 원하노라 영광이 그에게 세세무궁토록 있을찌어다
아멘

우리가 예수님을 우리의 목자로 모시고 함께 신앙생활을 해 나갈 때 하나님의 놀라운 능력이 우리와 함께 하는 것을 알 수 있습니다.

여기에 보면 첫째로 예수님을 양의 큰 목자라고 말씀하고 있습니다. 즉 여러 목자들이 교회를 맡고 있지만 결국 궁극적으로는 예수님께서 우리의 큰 목자가 되셔서 우리를 모두 진리의 길로 축복의 길로 인도하시는 것입니다.

그래서 우리는 언제나 큰 목자이신 예수님의 말씀을 들어야 하고 작은 목자들도 자기 야망이나 욕심으로 양들을 끌고 가면 나중에 큰 목자에게 책망을 받게 될 것입니다. 주님은 교인들을 더 풍성한 진리로 인도하는 것을 기뻐하십니다. 교인들이 하나님의 말씀을 잘 먹으면 모두 힘을 내게 되어 있고 그래서 모두 축복을 받을 수 있습니다. 그래서 우리는 언제나 주님의 말씀을 주님처럼 생각하고 말씀을 의지하고 사는 것이 안전합니다.

하나님의 말씀은 양 우리의 문 역할을 하기 때문에 도둑들이 양을 훔쳐가지 못합니다. 요즘 세상이 아무리 무섭고 어지러워도 집 안에서 문을 잠그고 있으면 안전한 것처럼 우리가 하나님의 말씀으로 잘 잠그고 있다가 목자가 나와서 풀을 뜯어 먹으라고 하면 나가서 뜯어 먹으면 되는 것입니다.

그런데 우리가 그렇게 사는 것이 안전한 이유는 '언약의 피'가 있기 때

문입니다. 즉 목자는 우리의 행복을 위해서 죽으셨습니다. 우리 한 사람 한 사람에게는 목자의 피가 있습니다. 나중에 하나님의 무서운 심판이 올 때에도 예수님의 피가 있는 사람에게는 재앙이 넘어갈 것입니다.

그럼에도 불구하고 우리는 언제나 조심을 해야 합니다. 왜냐하면 마귀가 우는 사자처럼 삼킬 자를 찾아 돌아다니고 있기 때문입니다. 아무리 예수님의 피가 있다고 해도 사자의 입안에 머리통을 집어넣는다면 물릴 수밖에 없을 것입니다.

그리고 우리에게는 예수님을 죽은 자 가운데서 살려내신 평강의 하나님이 계십니다. 우리가 평안할 수 있는 것은 예수님을 살리신 부활의 능력이 있기 때문입니다. 어떤 죄나 마귀의 시험이 와도 우리가 평안할 수 있는 것은 부활하신 예수님과 우리가 연결되어 있기 때문입니다. 하나님의 성령이 우리에게 임하시면 우리는 어떤 시험도 이길 수 있습니다. 그래서 우리는 말씀과 성령의 능력으로 이 험한 세상을 끝까지 이겨나갈 뿐만 아니라 하나님이 기뻐하시는 뜻도 다 이루어 드리게 되는 것입니다. 순례의 길은 수도승처럼 무미건조한 삶의 연속이 아닙니다. 우리는 이 세상을 살아가면서 이미 하나님의 놀라운 능력을 다 체험하면서 하나님과 함께 동역하면서 이 세상을 살아가게 되는 것입니다. 그래서 우리가 이 세상을 사는 목적은 많은 돈을 모으거나 업적을 이루는데 있는 것이 아니라 하나님과 함께 동역하는데 있습니다.

하나님의 말씀은 우리를 붙들어주는 안전벨트와 같습니다. 사고가 나도 말씀은 우리가 추락하지 않도록 붙들어줍니다. 그리고 목자의 세미한 음성이 있습니다. 이 세미한 음성으로 사탄의 모든 궤계와 모략을 이길 수 있도록 지혜를 주십니다. 그리고 성령의 능력으로 언제나 우리 마음의 상처를 치료해주시고 우리는 더 강하게 예수님께 밀착시킴으로 예수님과 우리가 하나가 되게 하십니다.

그리고 우리에게는 신앙의 공동체인 교회가 있습니다. 교회는 우리를 안전하게 천국까지 항해하게 하는 배와 같습니다. 우리가 거친 바다를 항해할 때 많은 위기나 어려움이 있지만 하나님의 말씀대로 가면 안전하게 모두 가나안 땅까지 갈 수 있을 것입니다. 왜냐하면 하나님의 말씀은 배의 엔진과 같기 때문입니다. 배가 내부 장식은 좀 화려하지 못해도 엔진만 튼튼하면 얼마든지 태평양도 건너고 대서양도 건널 수 있습니다. 그러나 배가 외부만 화려하고 엔진이 힘이 없으면 큰 파도를 만났을 때 얼마가지 못해서 엔진이 꺼지게 됩니다. 그렇게 되면 온 교인들이 큰 시험에 빠지게 되는 것입니다.

오늘 말씀 끝 부분에서 히브리서 저자는 몇 가지 부탁을 하고 있습니다. 그 하나는 자기를 위해서 기도를 해 달라는 것이었습니다.

18, 19절 우리들을 위하여 기도하라. 우리가 모든 일에 선하게 행하려 하므로 우리에게 선한 양심이 있는 줄을 확신하노니 내가 더 속히 너희에게 돌아가기를 위하여 너희 기도함을 원하노라

하나님의 일은 기도의 도움 없이는 불가능합니다. 우리는 하나님의 일을 할 때 기도가 있는 것과 없는 것을 느낄 수가 있습니다. 기도의 힘이 있을 때에는 갑자기 둑이 터지듯이 하나님의 능력이 나타나게 됩니다. 그러나 사람의 힘으로 하려고 하면 아무리 애는 써도 열매가 없습니다. 특히 주님의 일을 할 때 자기 욕심이나 야망으로 할 수도 있습니다. 그러면 온 교인을 자신의 야망의 제물로 만들어버리게 되는 것입니다. 특히 목회자들이 조심해야 할 것은 이 사람들은 세상 일에 만족을 못하는 사람들이기 때문에 영적으로 욕심을 부리기 쉽습니다. 특히 자기 생각에 확신을 가지고 있

기 때문에 이 확신이 잘못된 확신이라면 잘못된 길을 하나님의 뜻인 줄 알고 달려가게 되는 것입니다. 예수님께서도 소경이 소경을 인도하면 둘 다 구렁텅이게 빠지게 된다고 하셨습니다. 그러나 자기는 절대로 소경이 아니라고 주장할 것입니다.

23, 24절 우리 형제 디모데가 놓인 것을 너희가 알라 그가 속히 오면 내가 저와 함께 가서 너희를 보리라 너희를 인도하는 자와 및 모든 성도에게 문안하라 이달리야에서 온 자들도 너희에게 문안하느니라

여기에 디모데가 감옥에 갇혔다가 풀린 것을 알 수 있습니다. 그러나 언제 이런 일이 있었는지는 알 수 없습니다. 그리고 이달리야에서 온 자들이 문안을 한다고 했는데 이달리야 출신들이 문안하는 것을 봐서 이 편지를 받아보는 자들이 로마의 이달리야에 있는 성도들이 아니겠느냐고 추측을 하지만 여전히 히브리서의 저자가 누구인지 그리고 받아 보는 자들이 누구인지는 분명히 알 수가 없고 오직 대제사장이신 예수님만 나타나는 서신인 것을 알 수 있습니다.

25절에 '은혜가 너희 모든 사람에게 있을지어다' 라고 축복했습니다. 우리 모두가 대제사장 예수님을 바라보면 은혜가 임하게 될 것입니다. 모든 죄와 허물을 예수님을 통해서 다 청산해버리고 새로운 마음, 새로운 가정, 새로운 교회, 새로운 사회가 되기를 바랍니다.